A GUERRA, A ENERGIA
E O NOVO MAPA
DO PODER MUNDIAL

Dados Internacionais de Catalogação na Publicação (CIP)
(Câmara Brasileira do Livro, SP, Brasil)

A Guerra, a energia e o novo mapa do poder mundial / organização de José Luís Fiori. – Petrópolis, RJ : Vozes ; Rio de Janeiro : INEEP, 2023.

Outros autores: José Sérgio Gabrielli de Azevedo, Rodrigo Pimentel Ferreira Leão, William Vella Nozaki

2ª reimpressão, 2023.

ISBN 978-65-5713-825-0

1. Ciências políticas 2. Energia – Fontes alternativas 3. Geopolítica 4. Guerra 5. Petróleo e gás – Brasil I. Fiori, José Luís. II. Azevedo, José Sérgio Gabrielli de III. Leão, Rodrigo Pimentel Ferreira IV. Nozaki, William Vella.

23-146169   CDD-320

Índices para catálogo sistemático:
1. Ciência política 320

Eliane de Freitas Leite – Bibliotecária – CRB 8/8415

JOSÉ LUÍS FIORI **(org.)**

A GUERRA, A ENERGIA E O NOVO MAPA DO PODER MUNDIAL

© 2023, Editora Vozes Ltda.
Rua Frei Luís, 100
25689-900 Petrópolis, RJ
www.vozes.com.br
Brasil

 Avenida Rio Branco, 133 – Sala 2101/2107
Centro
20040-006 – Rio de Janeiro, RJ

Todos os direitos reservados. Nenhuma parte desta obra poderá ser reproduzida ou transmitida por qualquer forma e/ou quaisquer meios (eletrônico ou mecânico, incluindo fotocópia e gravação) ou arquivada em qualquer sistema ou banco de dados sem permissão escrita da editora.

CONSELHO EDITORIAL

Diretor
Volney J. Berkenbrock

Editores
Aline dos Santos Carneiro
Edrian Josué Pasini
Marilac Loraine Oleniki
Welder Lancieri Marchini

Conselheiros
Elói Dionísio Piva
Francisco Morás
Gilberto Gonçalves Garcia
Ludovico Garmus
Teobaldo Heidemann

Secretário executivo
Leonardo A.R.T. dos Santos

Editoração: Rafaela Milara
Diagramação: Raquel Nascimento
Revisão gráfica: Alessandra Karl
Capa: WM design

ISBN 978-65-5713-825-0

Este livro foi composto e impresso pela Editora Vozes Ltda.

Uma nova ordem mundial começa a tomar forma. A competição econômica, as lutas regionais e as rivalidades étnicas podem substituir a ideologia como foco do conflito internacional – e nacional – ajudadas e instigadas pela produção dos armamentos modernos. Um novo tipo de ideologia e de extremismo religioso passou para o primeiro plano. Qualquer que seja a evolução dessa nova ordem mundial, o petróleo continuará a ser um produto estratégico de importância crítica para as estratégias nacionais e para a política internacional.

YERGIN, D. O petróleo. Uma história mundial de conquistas, poder e dinheiro. Rio de Janeiro: Paz e Terra, 2012.

Sobre os autores

José Luís Fiori
Professor emérito de Economia Política e de Ética dos Programas de Pós-graduação em Economia Política Internacional (PEPI) e em Bioética e Ética Aplicada (PPGBIOS), ambos da Universidade Federal do Rio de Janeiro (UFRJ). Coordenador do Grupo de Pesquisa (GP) Poder Global e Geopolítica do Capitalismo, do Conselho Nacional de Desenvolvimento Científico e Tecnológico (CNPq); e do Laboratório de Ética e Poder Global, do Núcleo de Bioética e Ética Aplicada (Nubea/UFRJ); e pesquisador do Instituto de Estudos Estratégicos de Petróleo, Gás Natural e Biocombustíveis (Ineep). Publicou, dentre outros livros, *Poder global e a nova geopolítica das nações* (2007); *História, estratégia e desenvolvimento* (2014); *Sobre a guerra* (2018); *A síndrome de Babel* (2020); e *Sobre a paz* (2021).

José Sérgio Gabrielli de Azevedo
Graduado em Economia pela Universidade Federal da Bahia (UFBA), na qual também cursou o mestrado. Formado em Economia pela Universidade de Boston, Estados Unidos. Foi pesquisador visitante da London School of Economics. Na UFBA, foi pró-reitor de Pesquisa e Graduação, diretor da Faculdade de Ciências Econômicas e coordenador do Mestrado em Economia. Escreveu diversos livros e artigos sobre reestruturação produtiva, mercado de trabalho, macroeconomia e desenvolvimento regional. Foi presidente da Petrobras e membro do Conselho de Administração da empresa.

Rodrigo Pimentel Ferreira Leão
Graduado em Ciências Econômicas (Faculdades de Campinas – Facamp, 2006) e mestrado em Desenvolvimento Econômico (Universidade Estadual de Campinas – Unicamp, 2010), na área de Economia Social e do Trabalho. Atualmente, cursa o doutorado em Economia Política Internacional na Universidade

Federal do Rio de Janeiro (UFRJ). Atuou como pesquisador bolsista do Instituto de Pesquisa Econômica Aplicada (Ipea) e como técnico no Departamento Intersindical de Estatística e Estudos Socioeconômicos (Dieese). É professor na Pós-graduação da Facamp e coordenador técnico do Instituto de Estudos Estratégicos de Petróleo, Gás Natural e Biocombustíveis (Ineep).

William Vella Nozaki
Graduado em Ciências Sociais pela Universidade de São Paulo (USP) e mestrado em Desenvolvimento Econômico pela Universidade Estadual de Campinas (Unicamp), na qual, atualmente, cursa doutorado na mesma área. É professor da Fundação Escola de Sociologia e Política de São Paulo (FESPSP) e diretor técnico do Instituto de Estudos Estratégicos de Petróleo, Gás Natural e Biocombustíveis (Ineep).

Sumário

Apresentação, 13
José Luís Fiori

Prefácio – A "paz" acabou se transformando na maior das utopias humanas, 15
José Luís Fiori

Bloco I – O poder e a guerra, 21

Sete potências e um destino: conviver com o sucesso da civilização chinesa, 23
José Luís Fiori

As estranhas derrotas de uma potência que não para de se expandir, 29
José Luís Fiori

Sobre a leveza da paz: hipóteses, fatos e refutações, 34
José Luís Fiori

Poder e desenvolvimento: os ponteiros do mundo, 39
José Luís Fiori e William Nozaki

A social-democracia europeia e a guerra, 44
José Luís Fiori

A "questão do critério", a guerra e a confusão da esquerda, 49
José Luís Fiori

Bloco II – A guerra e a energia, 55

O vírus, o petróleo e a geopolítica mundial, 57
José Luís Fiori

O aumento da tensão mundial e o desafio ao poder naval dos Estados Unidos, 62
José Luís Fiori e William Nozaki

A guerra, a preparação para a guerra e a "transição energética", 68
José Luís Fiori

Transição energética: a necessidade, a utopia e a vontade, 73
José Luís Fiori

O veto americano ao gasoduto do Báltico, 78
José Luís Fiori

Nos bastidores de Glasgow: um mundo tensionado e sem liderança, 83
José Luís Fiori

A crise energética de 2021: origem e impactos, 88
José Luís Fiori

Bloco III – A Guerra da Ucrânia, 93

A escolha europeia, a crise energética e a "reviravolta russa", 95
José Luís Fiori

Acordos energéticos e militares bloqueiam o isolamento da Rússia, 100
Rodrigo Leão e William Nozaki

Guerra da Ucrânia: a conjuntura e o sistema, 107
José Luís Fiori

Ao frear a Otan e se reaproximar do Oriente, Putin já conseguiu uma grande vitória no conflito com a Ucrânia, 112
José Luís Fiori e Rodrigo Leão

Sobre a guerra econômica entre o G7 e a Rússia, 118
José Luís Fiori

Bloco IV – A guerra e o preço do petróleo, 123

Conflito pode sangrar russos e europeus, 125
Rodrigo Leão

Barril derrete com tensões econômicas e políticas globais, mas futuro é imprevisível, 128
Rodrigo Leão

A reação da Opep+ ao G7 para manter o controle sobre o preço do petróleo, 132
Rodrigo Leão

O papel da guerra nos ciclos de preço do barril de petróleo, 135
Rodrigo Leão

A guerra e a bomba no posto de combustível, 140
José Sérgio Gabrielli e William Nozaki

Bloco V – O poder e a energia depois da guerra, 143

A guerra econômica e energética entre Estados Unidos e Rússia impacta o mundo inteiro, 145
Rodrigo Leão

Os Estados Unidos usam as exportações de GNL para ganhar espaço na geopolítica energética, 148
Rodrigo Leão

A guerra e a pandemia mostram que a transição energética na Europa ainda está distante, 151
William Nozaki e Rodrigo Leão

Europa aposta no carvão para enfrentar crise de energia que se aproxima, 155
José Sérgio Gabrielli

O mundo depois da Ucrânia, 159
José Luís Fiori

Faixa de Gaza: o ocaso de um conflito, 165
José Luís Fiori

O dilema de Taiwan e a nova "ordem mundial", 171
José Luís Fiori

Davos, Kiev e Brasília: o ocaso de um projeto, 177
José Luís Fiori

Posfácio – O "duplo movimento" e a conquista da soberania, 182
José Luís Fiori

Entrevistas com José Luís Fiori, 187

A peste, o petróleo e a guerra, 189

Os Estados Unidos mantêm o poder, e a competição com China deverá promover um salto tecnológico espetacular, 200

Os europeus temem a superioridade dos russos e uma crise energética, 209

A volta de Lula é um novo alento para a América Latina e para um mundo em transe, 213

Apresentação

A guerra, a energia e o novo mapa do poder mundial reúne trinta e três artigos de José Luís Fiori, José Sérgio Gabrielli, Rodrigo Leão e William Nozaki – todos pesquisadores do Instituto de Estudos Estratégicos de Petróleo, Gás Natural e Biocombustíveis (Ineep), associado à Federação Única dos Petroleiros (FUP) –, além de quatro entrevistas de José Luís Fiori. São artigos e entrevistas que foram publicados entre os anos 2018 e 2022, analisando as conjunturas nacional e internacional, mas que fazem parte, ao mesmo tempo, de uma pesquisa de largo fôlego que vem sendo realizada no Ineep sobre "as grandes transformações internacionais e sobre a reconfiguração da geopolítica energética do sistema mundial".

Sempre existiu uma relação muito estreita entre a disputa pelos recursos energéticos mundiais e as guerras travadas entre os grandes impérios clássicos e entre os Estados nacionais modernos. Mas não há dúvida de que essa relação se estreitou ainda mais depois da descoberta do petróleo, no século XIX, e se transformou num componente essencial de quase todas as grandes guerras travadas pela humanidade nos séculos XX e XXI. E agora, de novo, a questão energética vem ocupando lugar central na Guerra da Ucrânia, iniciada em 24 de fevereiro de 2022.

As grandes transformações geopolíticas e geoeconômicas mundiais vinham se acelerando desde o início do século XXI, mas assumiram ainda mais intensidade e velocidade depois que se deflagrou essa nova "guerra europeia" entre a Rússia e a Ucrânia, envolvendo, também, os Estados Unidos e todos os países da Organização do Tratado do Atlântico Norte (Otan). Um conflito militar localizado e, ao mesmo tempo, uma guerra econômica de proporções desconhecidas e universais, que se somou à pandemia de covid-19, provocando uma gigantesca crise energética na Europa e modificando, radicalmente, a geopolítica internacional e de todos os mercados globais do petróleo, do gás e dos demais biocombustíveis. Além disso, esse conflito explicitou a estreita (e, muitas vezes, paradoxal) relação que existe entre a preparação e o desdobramento das guerras e o próprio processo da "transição energética".

Todos os textos incluídos neste livro tratam desse tema central, de suas múltiplas dimensões e de alguns de seus efeitos em cadeia, ao redor do mundo e também no Brasil.

Rio de Janeiro, dezembro de 2022
Do organizador

Prefácio

A "paz" acabou se transformando na maior das utopias humanas[1]

José Luís Fiori

> *É bom lembrar que a esperança e a previsão, embora inseparáveis, não são a mesma coisa [...] e toda previsão sobre o mundo real tem que repousar em algum tipo de inferência sobre o futuro a partir daquilo que aconteceu no passado, ou seja, a partir da história* (HOBSBAWM, 1998, p. 67).

No dia 30 de julho de 1932, Albert Einstein postou uma carta no pequeno vilarejo de Caputh, perto de Potsdam, na Alemanha, dirigida a Sigmund Freud, tratando do tema "da guerra e da paz" entre os homens e as nações. Nessa carta, Einstein perguntava a Freud como ele explicaria a permanência das guerras, por meio dos séculos e de toda a história humana, e questionava, também, se Freud considerava "possível controlar a evolução da mente do homem de modo a torná--la à prova das psicoses do ódio e da destrutividade" (FREUD, 1969, p. 205 e 207). Desde Viena, Freud respondeu a Einstein que, do ponto de vista de sua teoria psicanalítica, "não havia maneira de eliminar totalmente os impulsos agressivos do homem", apesar de ser possível "tentar desviá-los num grau tal que eles não necessitassem encontrar sua expressão na guerra" (FREUD, 1969, p. 217).

Mas, ao mesmo tempo, na sua "carta-resposta", Freud colocou uma outra questão, aparentemente insólita, dirigida a Einstein e a todos os demais "homens

---

[1]. Este artigo apresenta ideias e algumas passagens do livro *Sobre a paz*, organizado por J. L. Fiori (Petrópolis: Vozes, 2021).

de boa vontade": "Por que o senhor, eu e tantas outras pessoas nos revoltamos tão violentamente contra a guerra, mesmo sabendo que o instinto de destruição e morte é inseparável da libido humana?" E se apressou em responder, falando para si mesmo: "A principal razão por que nos rebelamos contra a guerra é que não podemos fazer outra coisa. Somos pacifistas porque somos obrigados a sê-lo, por motivos orgânicos, básicos [...], temos uma intolerância constitucional à guerra, digamos, uma idiossincrasia exacerbada no mais alto grau" (FREUD, 1969, p. 218-220).

Tudo indica que Freud conseguiu identificar, acertadamente, a ambiguidade dos impulsos naturais dos indivíduos que poderiam estar por trás de uma história coletiva da humanidade, marcada por uma sucessão interminável de guerras que se sucedem de forma quase compulsiva, a despeito de que a maioria das sociedades humanas considera e defende a "paz" como um valor universal. Mas, apesar disso, não existe, até hoje, nenhuma teoria que tenha conseguido explicar como essas guerras deram origem a uma sucessão de "ordens éticas internacionais" que duraram até o momento em que foram destruídas ou modificadas por novas grandes guerras, e assim sucessivamente, por meio dos séculos. Como aconteceu com a Guerra dos Trinta Anos (1618-1648), e com a assinatura da Paz de Vestfália, em 1648, que deu origem ao sistema de Estados nacionais europeus, o qual, depois, se universalizou e foi sendo modificado ao mesmo tempo pelas guerras entre os europeus e, posteriormente, entre os europeus e o "resto do mundo", nos séculos XVIII, XIX, XX e XXI.

Foi o caso, por exemplo, da Guerra dos Nove Anos (1688-1697), envolvendo as principais potências europeias da época, e que culminou com a assinatura do Tratado de Rijswijk; ou com a Guerra de Sucessão Espanhola (1701-1714), considerada a primeira "guerra global", que terminou com a assinatura do Tratado de Utrecht; ou, ainda, a Guerra dos Sete Anos (1756-1763), que se desenvolveu, simultaneamente, na Europa, na África, na Índia, na América do Norte e nas Filipinas e que terminou com a assinatura de vários tratados de paz, os quais produziram mudanças territoriais em quatro continentes. E assim, sucessivamente, com as Guerras Revolucionárias e as Guerras Napoleônicas francesas (1792-1815), que mudaram o mapa político da Europa e foram encerradas com a assinatura da Paz de Viena, que foi responsável pela criação de uma "ordem internacional" extremamente conservadora, quase religiosa, e muito reacionária do ponto de vista social; ou, também, com a Primeira Guerra Mundial e a Paz de Versalhes, de 1919; e, finalmente, com a Segunda Guerra Mundial e o estabelecimento dos acordos de paz de Yalta, Potsdam e São Francisco, de 1945, responsáveis pelo nascimento da chamada "ordem liberal internacional", tutelada pelos Estados Unidos e contemporânea da Guerra Fria dos norte-americanos e de seus aliados ocidentais com a União Soviética.

Isso não aconteceu depois do fim da Guerra Fria e da Guerra do Golfo, em 1991, quando não foi assinado nenhum novo grande acordo de paz entre vitoriosos e derrotados, e o mundo entrou num período de trinta anos de guerras quase contínuas, sobretudo no Oriente Médio, no Norte da África e na Ásia Central, envolvendo Estados Unidos, Rússia e todas as potências europeias da Organização do Tratado do Atlântico Norte (Otan), que invadiram ou bombardearam, pelo menos, onze países situados nas três regiões anteriormente mencionadas. Um período que foi festejado, no início dos anos 1990, como a vitória definitiva da ordem liberal, cosmopolita e pacífica, preconizada pelas "potências ocidentais", mas que se transformou numa das épocas mais violentas e destrutivas da história moderna.

E agora de novo, já na terceira década do século XXI, depois de os Estados Unidos e a Otan retirarem, de maneira desastrosa, as suas tropas do Afeganistão e do Iraque e se deslocarem para a região do Pacífico e do Oceano Índico, com o intuito de cercar e conter a China, os homens voltam a se perguntar – como Einstein e Freud, na década de 1930 – se é possível sonhar com uma paz duradoura entre as nações ou se a humanidade está apenas se preparando para uma nova sucessão de guerras entre as suas grandes potências. Nessa hora, para não incorrer em expectativas e esperanças frustradas, como aconteceu nos anos 1990, o melhor que se pode fazer, na ausência de alguma teoria que dê conta dessa sucessão infinita de "guerras" e de "pazes", é recorrer à própria história e a algumas de suas lições. Com esse objetivo, destacaríamos quatro grandes ensinamentos do passado, dos quais é melhor não voltar a esquecer.

O primeiro ensinamento é que o objetivo de todas as guerras nunca foi a "paz pela paz", mas sim a conquista de uma "vitória" que permitisse ao "ganhador" impor a sua vontade aos derrotados, junto a seus valores, suas instituições e suas regras de comportamento, a serem aceitos e obedecidos a partir da vitória consagrada pela assinatura dos "acordos" ou dos "tratados de paz", que passam a regular as relações entre vencedores e perdedores. Entretanto o que a história também ensina é que a paz conquistada por meio da guerra e da submissão dos derrotados acaba se transformando – quase invariavelmente – no ponto de partida e no motivo principal da nova guerra de "revanche" dos derrotados. Exatamente como previu o diplomata francês Abbé de Saint-Pierre (2003), na sua obra clássica *Projeto para tornar perpétua a paz na Europa*, em que formulou, pela primeira vez, a tese que foi retomada e defendida por Hans Morgenthau (1993, p. 65-66), sobre o "ressentimento dos derrotados" como causa principal das novas guerras. Os dois autores compartilham a convicção de que toda paz é sempre, e em última instância, apenas uma "trégua", que pode ser mais ou menos longa, mas que jamais interrompe a preparação da nova guerra, seja por parte dos derrotados, seja por parte dos vitoriosos.

O segundo grande ensinamento do passado é que "paz" não é sinônimo de "ordem", nem é uma condição necessária da "ordem", mesmo quando a "ordem" é uma condição necessária da "paz". Haja vista o caso clássico da Paz de Vestfália, que definiu as bases de uma "ordem europeia" cujo árbitro, em última instância, foi sempre a própria guerra, ou melhor, a capacidade que alguns têm mais do que outros de fazer guerra. E agora, de novo, nos últimos trinta anos, depois da vitória dos Estados Unidos na Guerra Fria e na Guerra do Golfo, quando conquistaram o comando unipolar do mundo, com condições excepcionais de exercício de seu poder global, sem nenhum tipo de contestação. O que se assistiu, na prática, como já vimos, foi uma nova ordem mundial mantida por meio do exercício da guerra contínua, ou de uma "guerra sem fim", como chamaram os próprios norte-americanos. Isso confirma a ideia de que toda "ordem internacional" requer hierarquias, normas e instituições, árbitros e protocolos de punição, mas deixa claro, ao mesmo tempo, que quem estabelece essas normas e hierarquias, em última instância, são as próprias potências dominantes por meio de suas guerras.

O terceiro ensinamento é que o poder precisa ser exercido de forma permanente, para que seja reconhecido e obedecido. Por isso, no sistema interestatal criado pelos europeus, as "potências dominantes" de cada época precisam estar em permanente preparação para a guerra, para poder exercer e preservar o próprio poder. No plano internacional, como diria Maquiavel, o poder precisa ser temido mais do que amado, e ele é temido pela sua capacidade de destruição, muito mais do que por sua capacidade de construção ou reconstrução dos povos, dos países ou das nações que tenham sido castigados e destruídos por sua "desobediência" com relação à vontade dos "poderosos".

Além disso, o poder das grandes potências precisa expandir-se para que elas possam manter – pelo menos – a posição que já possuem. A própria lógica dessa "expansão contínua" acaba impedindo que as potências dominantes aceitem o *status quo* que elas próprias instalaram por meio de suas vitórias. Com esse objetivo, inclusive, as "grandes potências" são obrigadas, muitas vezes, a destruir as "regras" e as "instituições" que elas mesmas criaram, sempre que tais regras e instituições ameaçarem a sua necessidade e o seu processo de expansão. Foi sempre assim, mas essa tendência se agravou nos últimos trinta anos, após 1991, quando os Estados Unidos se viram na condição de detentores exclusivos do poder global dentro do sistema internacional. Isso corrobora a nossa tese de que o *hegemon* é o principal desestabilizador do sistema internacional que ele lidera, pelo simples motivo de que ele precisa mudar o próprio sistema para poder manter a sua preeminência ou a sua supremacia. Um fenômeno que parece, à primeira vista, surpreendente e contraditório, mas que se repete ao longo da história, e que nós mesmos apelidamos, num outro texto, de "paradoxo do hiperpoder"[2].

E o quarto ensinamento, finalmente, é que, apesar da permanência das guerras, a "busca pela paz" acabou se consolidando, nos últimos séculos, como uma utopia cada vez mais universal e de quase todos os povos do mundo. E essa utopia adquiriu uma particular dramaticidade depois da invenção e da utilização das armas atômicas em Hiroshima e Nagasaki, anunciando a possibilidade de autodestruição do próprio universo do *Homo sapiens*. A partir desse momento, como previu Freud, é possível que esse "desejo de paz" tenha adquirido uma dimensão ainda mais instintiva e quase biológica de preservação e defesa da espécie humana, contra o seu próprio instinto ou a sua "pulsão de morte". E, nesse sentido, pode-se dizer que a "paz" acabou se transformando na maior das utopias humanas. Ao mesmo tempo, é necessário reconhecer que, apesar de sua destruição, as guerras do passado funcionaram, muitas vezes, como já vimos, como instrumento consciente ou inconsciente de criação da chamada "moral internacional", que foi sendo tecida pelos "acordos" e pelos "tratados de paz", impostos pelos "vitoriosos" e, depois, negados ou reformados pelos antigos "derrotados", numa sucessão contínua de novas guerras, novas "pazes" e novas "conquistas éticas".

Essa relação dialética e necessária entre a guerra e a paz sempre foi muito difícil de compreender e de aceitar, assim como é tão ou mais difícil entender e aceitar a existência de uma pulsão de morte ao lado da própria libido humana. Mas a verdade é que, na história, assim como na conjuntura atual do sistema internacional, guerra e paz são inseparáveis e atuam de forma conjunta, como fontes energéticas de um mesmo processo contraditório de busca e construção de uma ordem ética universal que vai sendo tecida aos poucos, mas que está situada sempre mais à frente, como uma utopia ou uma grande esperança da espécie humana.

---

2. "O grande problema teórico está na descoberta de que as principais crises do sistema mundial foram sempre provocadas pelo próprio poder hegemônico que deveria ser o seu grande pacificador e estabilizador" (FIORI, J. L. Formação, expansão e limites do poder global. *In*: FIORI, 2004, p. 15). Recentemente, o cientista político norte-americano Michael Beckley chegou a uma conclusão semelhante no seu artigo "Rogue Superpower – Why This Could Be an Illiberal American Century" (2020, *on-line*).

Referências

BECKLEY, M. Rogue Superpower – Why This Could Be an Illiberal American Century. *Foreign Affairs*, nov./dez. 2020. Disponível em: https://www.foreignaffairs.com/print/node/1126558. Acesso em: 8 fev. 2023.

FIORI, J. L. Formação, expansão e limites do poder global. *In*: FIORI, J. L. (org.). *O poder americano*. Petrópolis: Vozes, 2004.

FREUD, S. *Novas conferências introdutórias sobre psicanálise e outros trabalhos (1932-1936)*. Rio de Janeiro: Imago, 1969. [Edição Standard Brasileira das Obras Psicológicas Completas de Sigmund Freud, vol. XXII].

HOBSBAWM, E. *Sobre a história*. São Paulo: Cia das Letras, 1998.

MORGENTHAU, H. *Politics among nations. The struggle for power and peace*. Boston: McGraw Hill, 1993.

SAINT-PIERRE, A. de. *Projeto para tornar perpétua a paz na Europa*. Brasília: Editora Universidade de Brasília, Instituto de Pesquisa de Relações Internacionais; São Paulo: Imprensa Oficial do Estado de São Paulo, 2003.

Bloco I
O poder e a guerra

Sete potências e um destino: conviver com o sucesso da civilização chinesa[3]

José Luís Fiori

> *A China permanece sendo uma "civilização" que finge ser um Estado-nação [...] e que nunca produziu temática religiosa de espécie alguma, no sentido ocidental. Os chineses jamais geraram um mito da criação cósmica, e seu universo foi criado pelos próprios chineses* (KISSINGER, 2011, p. 28).

O espetáculo foi montado de forma meticulosa, em cenários magníficos, e com uma coreografia tecnicamente perfeita. Primeiro foi o encontro bilateral entre Joe Biden e Boris Johnson, os líderes das duas grandes potências que estiveram no centro do poder mundial nos últimos trezentos anos. A assinatura de uma nova Carta Atlântica foi a forma simbólica de reafirmar a prioridade da aliança anglo-americana frente aos demais membros do G7 e aos seus quatro convidados, que se reuniram nos dias 11 e 12 de junho numa praia da Cornualha, sul da Inglaterra, como um ritual de retorno dos Estados Unidos à liderança da "comunidade ocidental", depois dos anos isolacionistas de Donald Trump. Em seguida, os sete governantes voltaram a se encontrar em Bruxelas, na reunião de cúpula da Organização do Tratado do Atlântico Norte (Otan) encarregada de redefinir a estratégia da organização militar euro-americana para as próximas décadas do século XXI. E ali mesmo, na capital da Bélgica, o presidente americano reuniu-se com os vinte e sete membros da União Europeia pela primeira vez desde o Brexit; portanto, sem a presença da Grã-Bretanha. Por fim, para coroar esse verdadeiro

---

3. Artigo publicado, originalmente, no jornal *Sul 21* (sul21.com.br), em junho de 2021.

tour de force de Joe Biden em território europeu, o novo presidente dos Estados Unidos teve um encontro cinematográfico com Vladimir Putin num palácio do século XVIII, no meio de um bosque de pinheiros, às margens do Lago Leman, em Genebra, Suíça.

A reunião do G7 discutiu três temas fundamentais: a pandemia, o clima e a retomada da economia mundial. Com relação à pandemia, as sete potências anunciaram a doação coletiva de 1 bilhão de vacinas para os países mais pobres; com relação ao clima, reafirmaram a decisão coletiva de cumprir com os objetivos do Acordo de Paris; e, com relação à reativação da economia global, anunciaram um projeto de investimentos em infraestrutura, nos países pobres e emergentes, sobretudo no entorno da China, no valor de US$ 40 trilhões, em clara competição com o projeto chinês do *Belt and Road*, lançado em 2013, e que já incorporou mais de sessenta países, inclusive na Europa. Na reunião da Otan, com a presença de Joe Biden, pela primeira vez na sua história, a organização militar liderada pelos Estados Unidos declarou que o seu novo e grande "desafio sistêmico" vem da Ásia e responde pelo nome de China. Este se transformou no estribilho de todos os demais discursos e pronunciamentos do presidente americano: de que o mundo vive uma disputa fundamental entre países democráticos e países autoritários, destacando-se, nesse segundo grupo, uma vez mais, a China. Por fim, na reunião de cúpula entre Biden e Putin, que foi sobretudo um espetáculo, os dois interpretaram papéis rigorosamente programados, reafirmando as suas divergências e concordando apenas no seu desejo de preservar e administrar em comum seu duopólio atômico mundial.

O problema desse espetáculo programado com tamanho esmero é que o seu enredo e a sua coreografia já estão ultrapassados. Em certos momentos, inclusive, um observador desatento poderia imaginar que tivesse voltado aos anos 1940-1950, quando foi assinada a primeira Carta Atlântica, em 1941; quando começou a Guerra Fria, em 1946; quando foi criada a Otan, em 1949; e quando a atual União Europeia deu os seus primeiros passos, em 1957. Para não falar também do lançamento, pelos Estados Unidos – ainda nos anos 1940 –, do Plano Marshall de investimentos na reconstrução da Europa e, ainda, do projeto desenvolvimentista de mobilização de capitais privados para investimento no "Terceiro Mundo", em competição direta com a atração exercida pelo modelo econômico soviético que havia saído vitorioso na sua guerra contra o nazismo. A diferença é que, no *revival* atual, a promessa de vacinas do G7 está muito aquém dos 11 bilhões solicitados pela Organização Mundial da Saúde (OMS); da mesma forma, as novas metas climáticas das sete potências não inovaram em praticamente nada com relação ao que elas já haviam decidido previamente; e, por fim, o novo "projeto desenvolvimentista" proposto pelos Estados Unidos e apoiado pelo G7 envolve recursos e contribuições que não foram definidos, empresas privadas que não foram consultadas e projetos de investimento que não têm nenhum tipo de detalhamento. Além disso, a Grã-Bretanha e os demais países europeus estão divididos e mantêm relações separadas com a Rússia e com a China; são governos fracos, em muitos casos, porque estão em fins de mandato como na Alemanha e na França, ou com eleições parlamentares marcadas para 2022, como no caso dos Estados Unidos, quando os democratas poderão perder sua estreita maioria congressual, paralisando o governo Biden.

Mais importante do que tudo isso, entretanto, é que a nova política externa americana e a estratégia proposta aos seus principais aliados ocidentais estão ultrapassadas e são inadequadas para enfrentar o "desafio sistêmico chinês". A elite política e militar americana e europeia segue prisioneira do seu sucesso e de sua vitória na Guerra Fria, e não consegue perceber as diferenças essenciais que distinguem a China da antiga União Soviética. Não apenas porque a China é, hoje, um sucesso econômico indispensável para a economia capitalista internacional, mas também porque a China já foi a economia mais dinâmica do mundo ao longo dos últimos vinte séculos. Basta dizer que, em dezoito dos últimos vinte séculos, "a China produziu uma parcela maior do PIB mundial total do que qualquer sociedade ocidental. E ainda, em 1820, ela produzia mais de 30% do PIB mundial – quantidade que ultrapassava o PIB da Europa Ocidental, da Europa Oriental e dos Estados Unidos combinados" (KISSINGER, 2011, p. 29). Além do sucesso econômico, o que realmente distingue a China da antiga União das Repúblicas Socialistas Soviéticas (URSS), e a situação atual da antiga Guerra Fria, é o fato de a China ser uma "civilização milenar" muito mais do que um Estado nacional. E uma civilização que nasceu e se desenvolveu de forma inteiramente independente da civilização ocidental, com os próprios valores e objetivos que não foram alterados por seu novo sucesso econômico.

Por isso, soa absurdo aos ouvidos chineses quando os governantes ocidentais falam de uma luta que os separa da China, entre a democracia e o autoritarismo, sem que os ocidentais consigam se dar conta de que essa polaridade é inteiramente ocidental. E que, na verdade, trata-se de uma disputa que está sendo travada, neste momento, dentro das próprias sociedades ocidentais, sobretudo nos Estados Unidos, mas também em alguns países europeus, nos quais a democracia vem sendo ameaçada pelo avanço de forças autoritárias e fascistas. A civilização chinesa não tem nada a ver com isso, nem pretende se envolver com essa briga interna do Ocidente. A sua história e os seus princípios éticos e políticos nasceram e se consolidaram há 3 mil anos, muito antes das civilizações greco-romana e cristã do Ocidente. Até hoje, os chineses não tiveram nenhum tipo de religião oficial, nem jamais compartilharam o seu poder imperial com nenhum tipo de instituição religiosa, nobreza hereditária ou "burguesia" econômica, como aconteceu no Império Romano e em todas as sociedades europeias. Durante as suas sucessivas dinastias, o Império Chinês foi governado por um mandarinato meritocrático que pautou a sua conduta pelos princípios da filosofia moral confuciana, laica e extremamente hierárquica e conservadora, que foi adotada como doutrina oficial pelo Império Han (206 a.C.-221 d.C.) e, depois, manteve-se como a bússola ética do povo e da elite governante chinesa até os dias de hoje. Uma visão absolutamente rigorosa e hierárquica do que seja um "bom governo" e do que sejam as suas obrigações com o povo e a civilização chinesa.

Foi o Império Han que construiu a "Rota da Seda" e começou a instituir o sistema de relações "hierárquico-tributárias" da China com os povos vizinhos. Depois, a China dividiu-se várias vezes, mas sempre voltou a se reunificar, mantendo a fidelidade à sua civilização e à sua moral confuciana. Isso aconteceu no século IX, com a Dinastia Song (960-1279), e voltou a ocorrer com a Dinastia Ming (1368-1644), que reorganizou o Estado chinês e liderou uma nova "época de ouro" da civilização chinesa, de grande criatividade e conquistas territoriais. E isso voltaria a ocorrer, finalmente, durante a Dinastia Qing (1644-1912), quando a China duplicou o seu território. Depois, entretanto, a China foi derrotada pela Grã-Bretanha e pela França nas duas Guerras do Ópio, de 1839 a 1842 e de 1856 a 1860, e foi submetida a um século de assédio e humilhação por parte das potências ocidentais, até os chineses reassumirem o seu próprio comando, após a revolução republicana, de 1911, e a vitoriosa revolução comunista, de 1949.

A história recente é mais conhecida de todos: nos últimos trinta anos, a economia chinesa foi a que mais cresceu e, hoje, é a segunda maior economia do mundo, devendo superar a norte-americana até o fim da terceira década do século XXI. Nos últimos cinco anos, a China logrou erradicar de seu território a pobreza absoluta, venceu a luta contra a pandemia, vacinou mais de 1 bilhão de chineses e já exportou ou doou cerca de 600 milhões de vacinas para os países mais pobres do sistema mundial. Ao mesmo tempo, nos primeiros meses de 2021, a China pousou o seu robô Zhu Ronc na superfície do Planeta Marte; iniciou a montagem e colocou em funcionamento a sua própria estação espacial ao redor da Terra – Tiangong; enviou com sucesso a nave Shezhou 12, com três taikonautas para permanecerem três meses na nova estação; anunciou, para 2024, a colocação em órbita de um telescópio trezentas vezes mais potente do que o Hubble, dos norte-americanos[4]; tornou público o *roadmap* feito com os russos para a criação de um laboratório e para a experimentação lunar, com instalações colocadas na superfície e na órbita da Lua; concluiu a construção do protótipo de computador quântico – batizado como Jihuzang –, capaz de executar certos tipos de cálculo cem trilhões de vezes mais rápido do que o atual supercomputador mais potente do mundo; e avançou na construção do seu reator de fusão nuclear (o Toka Mak Experimental Super Conductor), o "sol artificial" que já atingiu uma temperatura de 160 milhões de graus centígrados. Por outro lado, com os pés na terra, a China já é, hoje, depois de apenas vinte anos do começo do seu programa de trens de alta velocidade, o país com a maior rede de trens-bala e acabou de apresentar o protótipo de seu novo trem com levitação magnética, que poderá alcançar até 800 km/h[5].

Assim, apesar de todo o estrondoso sucesso social, econômico e tecnológico, a China não está se propondo ao mundo como um modelo de validade universal, nem está se propondo a substituir os Estados Unidos como centro articulador do "poder global". Não há dúvida de que o seu sucesso já a transformou numa vitrine extremamente atrativa para o mundo. Mesmo assim, o que mais aflige os governantes ocidentais é o sucesso de uma civilização diferente da sua e que não mostra o menor interesse em disputar ou substituir a tábua de valores da Cornualha. O que parece que as potências ocidentais não conseguem perceber inteiramente é que está instalada, no mundo, uma nova espécie de "equipotência civilizatória" que já rompeu com o monopólio ético do Ocidente, tornando público um dos segredos mais bem guardados pelas grandes potências vitoriosas de todos os tempos: o fato de que só elas definem os valores e as regras do sistema mundial, porque só elas fazem parte do que o historiador e teórico inglês Edward Carr (2001, p. 80) chamou de "círculo privilegiado dos criadores da moral internacional".

Hoje, parece rigorosamente impossível reverter a expansão social, econômica e tecnológica chinesa. E seria uma "temeridade global" tentar bloqueá-la por meio da guerra convencional. Assim mesmo, se prevalecerem a onipotência e a insensatez das "potências catequéticas", o "acerto de contas" do Ocidente com a China já está agendado e tem lugar e hora marcados: será na ilha de Taiwan. Mas não é impossível imaginar um futuro em que o hiperpoder econômico e militar dessas grandes civilizações que dominarão o mundo no século XXI impeça uma

---

4. Para efeito de comparação, o Programa Espacial Chinês foi criado em 1991, apenas três anos antes da criação da Agência Espacial Brasileira, em 1994.

5. Ainda para efeito de comparação, o Brasil havia planejado, há uma década, inaugurar o seu primeiro trem-bala importado no dia 30 de junho de 2020.

guerra frontal e possibilite um longo período de "armistício imperial", em que se possa testar a proposta chinesa de um mundo em que todos ganhem, como vem defendendo o Presidente chinês Xi Jinping, ou mesmo a proposta alemã de uma "parceria competitiva" com a China, como propõe Armin Laschet, provável sucessor de Angela Merkel. O problema é que um "armistício imperial" desse tipo requer que as "sete potências da Cornualha" abram mão de sua "compulsão catequética" e do seu desejo de converter o resto do mundo aos seus próprios valores civilizatórios.

Referências

CARR, E. H. *The Twenty Years' Crisis, 1919-1939*. Nova York: Perennial, 2001.

KISSINGER, H. *Sobre a China*. Rio de Janeiro: Objetiva, 2011.

As estranhas derrotas de uma potência que não para de se expandir[6]

José Luís Fiori

> *O poder político é fluxo, mais do que estoque. Para existir precisa ser exercido; precisa se reproduzir e ser acumulado permanentemente. E o ato de conquista é a força originária que instaura e acumula poder* (FIORI, 2007, p. 17).

Na madrugada do dia 2 de julho de 2021, as tropas norte-americanas se retiraram de forma sorrateira de sua base militar de Bragam, a última e mais importante base dos Estados Unidos no Afeganistão, depois de uma guerra que durou exatamente vinte anos e acabou de forma absolutamente desastrosa. No conflito, morreram 240 mil afegãos e cerca de 2,5 mil militares americanos; os americanos ganharam muitas batalhas, mas, finalmente, perderam a guerra, e seu exército deixa para trás um país destruído e dividido, às portas de uma nova e violenta guerra civil entre as forças do Talibã e do atual governo afegão. Neste momento, as forças talibãs vêm avançando por todos os lados, e a perspectiva é de que assumam o governo central do país muito mais cedo do que tarde.

Ainda mais surpreendente ou chocante é acompanhar as conversações de paz entre os dois lados do atual conflito afegão, que negociam as possibilidades de um pacto de convivência em Teerã, sob o patrocínio do governo iraniano arqui-inimigo dos Estados Unidos. Ao mesmo tempo, os países-membros da Organização para Cooperação de Xangai, sob a liderança da China e da Rússia, também se mobilizam para encontrar uma fórmula que pacifique o país e sobretudo impeça que o fundamentalismo talibã se expanda além das fronteiras do Afeganistão, ameaçando

---

6. Artigo publicado, originalmente, no jornal *Sul 21* (sul21.com.br), em julho de 2021.

os seus vizinhos, incluindo a própria China. Ou seja, depois dos atentados de 11 de setembro e após vinte anos de guerra, os Estados Unidos conseguiram promover uma cambalhota entregando o Afeganistão de volta aos seus principais inimigos militares desde o primeiro minuto dos bombardeios americanos no território afegão, então controlado pelas forças talibãs.

O mais surpreendente em tudo isso, entretanto, é que não se trata de uma situação excepcional, ou de uma derrota imprevista. Pelo contrário, essa parece ter sido a regra nas guerras americanas depois da Segunda Guerra Mundial. Os Estados Unidos lideraram as forças da Organização das Nações Unidas (ONU) na Guerra da Coreia, entre 1950 e 1953, e, depois de três anos de avanços e recuos, foram obrigados a assinar, em 27 de agosto de 1953, uma trégua com as tropas do Exército Popular da Coreia e com os representantes do Exército de Voluntário do Povo Chinês, a qual já dura sessenta e sete anos. Depois, os norte-americanos foram derrotados na Guerra do Vietnã, de onde tiveram que se retirar de forma quase tão ou mais vergonhosa do que agora no Afeganistão, culminando com a famosa cena da evacuação da embaixada americana em Saigon e a retirada apressada, por helicópteros, do pessoal civil e militar que ainda estava na capital sul-vietnamita, às vésperas de sua ocupação pelas tropas comandadas pelo general Van Tien Dung, do Vietnã do Norte, no dia 30 de abril de 1975.

Algum tempo depois dessa humilhação histórica, os Estados Unidos lideraram uma nova coalizão das Nações Unidas e venceram a Guerra do Golfo de 1991, mas, após matar cerca de 150 mil iraquianos, desistiram de tomar Bagdá e depor e substituir o Presidente Saddam Hussein, o qual havia sido protegido e aliado militar dos americanos durante a guerra Irã-Iraque, na década de 1980, e, depois, foi transformado no seu grande inimigo nas duas guerras dos Estados Unidos contra o Iraque. Da mesma forma, em 2003, as tropas americanas, apoiadas por soldados ingleses, voltaram a derrotar os iraquianos e, dessa vez, mataram o seu presidente, mas, em seguida, "perderam o fio da meada" e acabaram entregando o Iraque aos seus principais inimigos, os xiitas iranianos. Depois disso, os americanos se envolveram na guerra civil da Líbia, ajudaram a matar o presidente e antigo aliado, Muammar al-Gaddafi, e acabaram abandonando o país à própria sorte, destruído e dividido em estado de guerra civil crônica até hoje. E algo análogo teria ocorrido na Síria, se não tivesse havido a intervenção militar russa que sustentou o Presidente Bashar al-Assad, deu uma contribuição decisiva para derrotar as tropas do chamado Estado Islâmico e, agora, vem liderando o esforço de juntar os pedaços de um país inteiramente destruído, dividido e na mais absoluta miséria. E tudo indica que isso voltará a acontecer em alguns meses, depois de os Estados Unidos retirarem o seu apoio militar à intervenção da Arábia Saudita no Iêmen.

Deve-se agregar a esse quadro de derrotas e fracassos sucessivos da diplomacia e das tropas norte-americanas o distanciamento de seus antigos aliados – Paquistão e Turquia –, cada vez mais próximos da zona de influência russa e chinesa. Uma perda de influência que se reflete na ausência americana das negociações que estão em pleno curso em vários pontos do Oriente Médio e da Ásia Central visando pacificar o "Grande Médio Oriente", inventado pelo governo Bush e destruído pelas sucessivas administrações democratas e republicanas desses últimos trinta anos. Pode-se lembrar, aqui, como um verdadeiro ponto de inflexão nessa história, a irrelevância dos Estados Unidos no conflito recente entre o Azerbaijão e a Armênia, em torno ao território disputado de Nagorno-Karabakh, e sua completa irrelevância nas negociações da trégua que foi lograda com a mediação e a tutela da Rússia e da Turquia.

No entanto, é realmente difícil de entender e explicar como os Estados Unidos atravessaram todas essas derrotas ou esses fracassos no logro de seus objetivos imediatos sem perder o seu poder global. Mais do que isso, como conseguiram aumentar o seu poder a cada nova derrota? Uma pergunta muito importante para entender o passado do sistema mundial em que vivemos, e ainda mais importante para pensar sobre o seu futuro. Mas, ao mesmo tempo, uma pergunta que não tem uma resposta imediata e conjuntural, e só se pode encontrar uma explicação recorrendo-se à história de longo prazo do sistema de Estados nacionais que nasceu na Europa entre os séculos XVII e XVIII e que, depois, se universalizou nos séculos XIX e XX, por meio da expansão e das conquistas das grandes potências coloniais europeias. Durante toda a história desse sistema de Estados nacionais, houve sempre Estados ganhadores e Estados perdedores, e o sistema como um todo foi sempre competitivo, bélico e expansivo. E todos os seus "membros" foram obrigados a competir e a fazer guerra para sobreviver nessa verdadeira corrida pelo poder e pela conquista de uma riqueza maior do que a de seus competidores, até porque a acumulação da riqueza se transformou numa peça fundamental da luta pelo poder.

Como disse uma vez o grande historiador e psicanalista alemão Norbert Elias (1993, p. 134), a regra básica do sistema de Estados nacionais inventado pelos europeus é: "Quem não sobe cai" – uma regra válida mesmo para as grandes potências que já se encontram na frente dessa corrida sem fim. Ou seja, mesmo as chamadas "grandes potências" desse sistema estão obrigadas a se expandir permanentemente, aumentando o seu poder e a sua riqueza, para seguir ocupando as posições que já ocupam e necessitam preservar por meio de suas novas conquistas e guerras que apontam na direção da criação de um império universal que conseguisse monopolizar o poder dentro do sistema internacional. Só que esse "império universal" é uma impossibilidade lógica dentro do próprio sistema, porque, se ele se realizasse, o sistema se desintegraria ou entraria em estado de entropia, por causa do desaparecimento da própria competição, que é de onde vem a energia que move todo o sistema que funciona em conjunto como se fosse uma verdadeira máquina de criação de mais poder e de mais riqueza.

Por isso mesmo, a preparação para a guerra e as próprias guerras não impedem a convivência, a complementaridade e até as alianças e as fusões entre os Estados envolvidos nos conflitos. Às vezes, predomina o conflito; às vezes, a complementaridade, mas é essa "dialética" que permite a existência de períodos mais ou menos prolongados de paz dentro do sistema mundial, sem que se interrompam a concorrência e o conflito latente entre os Estados mais poderosos. A própria "potência líder" ou "hegemônica" precisa seguir expandindo o seu poder de forma contínua, para manter a sua posição relativa, como já dissemos, mas também para manter vivo esse poder. O poder dentro desse sistema é fluxo, é conquista, e ele só existe enquanto é exercido, não importa se afinal os vencedores conseguem impor ou não os objetivos imediatos em cada uma de suas guerras. Por mais absurdo que possa parecer, nesse sistema, é mais importante que os Estados líderes façam guerras sucessivas e demonstrem o seu poder militar do que consigam realizar os seus objetivos que são declarados e utilizados para justificar o seu exercício sem fim de novas guerras. O passado confirma que a potência líder do sistema – fosse ela a Inglaterra, nos séculos XVIII e XIX, ou os Estados Unidos, no século XX – foram os Estados que fizeram mais guerras durante toda a história do sistema interestatal que foi inventado pelos europeus, e o número de conflitos iniciados por essas duas potências líderes aumentou com o tempo e à medida que foi aumentando o poder dessas grandes potências anglo-saxônicas que lideraram o sistema internacional nos últimos trezentos anos.

É por isso mesmo, aliás, que as grandes potências acabam por ser também as principais "desestabilizadoras" da ordem mundial, sendo que a sua "potência hegemônica" é, invariavelmente, quem destrói com mais frequência as regras e as instituições que ela mesma construiu e tutelou num momento anterior da história. Um exemplo disso é quando, em 1973, os Estados Unidos se desfizeram do "padrão monetário dólar-ouro" que eles próprios haviam criado em Bretton Woods, em 1944. E agora, mais recentemente, quando o governo de Donald Trump passou a atacar e destruir todas as regras e as instituições criadas e tuteladas pelos Estados Unidos desde o fim da Segunda Guerra Mundial – em particular, após o fim da Guerra Fria.

Por fim, resumindo e voltando à discussão sobre as sucessivas derrotas americanas no período em que os Estados Unidos estiveram no epicentro do sistema mundial e do seu movimento permanente de expansão: do nosso ponto de vista, o sistema mundial é um "universo em expansão", em que todos os Estados que lutam pelo "poder global" – em particular, a potência líder ou hegemônica – estão sempre criando, ao mesmo tempo, ordem e desordem, expansão e crise, paz e guerra. Por essa razão, crises, guerras e derrotas não são, necessariamente, o anúncio do "fim" ou do "colapso" da potência derrotada. Pelo contrário, podem ser uma parte essencial e necessária da acumulação de seu poder e sua riqueza, e o anúncio de novas iniciativas, guerras e conquistas. O que passou já ficou para trás, como se fosse uma perda de estoque que não altera, necessariamente, o fluxo do seu poder dirigido para frente e para novas competições e conquistas. E é exatamente isso que está acontecendo agora, do nosso ponto de vista, quando os Estados Unidos estão realinhando as suas forças, as suas velhas alianças, e preparando todos os seus estados vassalos para a disputa de poder e riqueza que já está em curso dentro do novo eixo asiático do sistema mundial. E, em particular, para enfrentar o seu novo grande desafio e o motor do seu próprio poder: a China. E desse ponto de vista, aliás, a própria retirada americana do Oriente Médio e da Ásia Central pode ser vista como parte dessa nova disputa e como uma forma de fragilizar o seu novo adversário, desencadeando uma explosão fundamentalista e uma grande guerra religiosa e civil no território que os Estados Unidos estão abandonando, situado, exatamente, na retaguarda continental da China.

Referências

ELIAS, N. *O processo civilizador*. Rio de Janeiro: Jorge Zahar Editor, 1993, vol. 2.

FIORI, J. L. *O poder global e a nova geopolítica das nações*. São Paulo: Boitempo, 2007.

Sobre a leveza da paz:
hipóteses, fatos e refutações[7]

José Luís Fiori

> *O longo debate filosófico e ético dos clássicos, sobre a guerra e a paz, permanece até hoje prisioneiro de um raciocínio circular. Para eles a paz é um valor positivo e universal, mas ao mesmo tempo, a guerra pode ser "virtuosa" sempre que tenha como objetivo a paz. Ou seja, para os clássicos seria perfeitamente ético interromper a paz e declarar a guerra para obter a paz, o que vem a ser um paradoxo lógico e ético (FIORI, 2018, p. 96).*

No início da década de 1970, dois cientistas sociais norte-americanos – Charles Kindleberger e Robert Gilpin – formularam, quase ao mesmo tempo, uma tese sobre a "ordem mundial" que ficou conhecida pelo nome de "teoria da estabilidade hegemônica". O mundo vivia o fim do sistema de Bretton Woods e assistia à derrota dos Estados Unidos no Vietnã. Esses dois autores estavam preocupados com a possibilidade de que se repetisse a Grande Depressão dos anos 1930, por falta de uma liderança mundial, e foi com essa preocupação que Kindleberger (1973, p. 304) formulou o argumento de que "uma economia liberal mundial necessitaria de um estabilizador e um só país estabilizador" para poder funcionar "normalmente" – um país que assumisse a responsabilidade e garantisse ao sistema mundial certos "bens públicos" indispensáveis para o seu funcionamento, como seria o caso da moeda internacional, do livre-comércio e da coordenação das políticas econômicas nacionais.

---

[7]. Artigo apresentado na mesa de lançamento do livro *Sobre a paz* (Petrópolis: Vozes, 2021), realizada no dia 10 de dezembro de 2021, no IV Encontro Nacional de Economia Política Internacional, promovido pelo PEPI/UFRJ.

A tese de Kindleberger era quase idêntica à de Robert Gilpin: "A experiência histórica sugere que, na ausência de uma potência liberal dominante, a cooperação econômica internacional mostrou-se extremamente difícil de ser alcançada ou mantida". Primeiro, Kindleberger falou da necessidade de uma "liderança" ou "primazia" no sistema mundial, mas, depois, um número cada vez maior de autores passou a utilizar a expressão "hegemonia mundial", referindo-se, às vezes, a um poder acima de todos os demais poderes e, outras vezes, ao poder global de um Estado que fosse aceito e legitimado pelos demais Estados.

Na época da Segunda Guerra Mundial, e preocupado sobretudo com a questão da paz dentro de um sistema internacional anárquico, o cientista social inglês Edward Carr chegou a uma conclusão realista e análoga à de Kindleberger e Gilpin. Segundo Carr (2001, p. 211), para que existisse paz, seria necessário que houvesse uma legislação internacional, e, para que "existisse uma legislação internacional, seria necessário que existisse também um superestado". E, alguns anos depois, o cientista social francês Raymond Aron (2002, p. 47) também reconhecia a impossibilidade da paz mundial "enquanto a humanidade não tivesse se unido num Estado Universal". Aron, no entanto, distinguia dois tipos de sistemas internacionais que coexistiriam lado a lado: um mais "homogêneo", no qual haveria mais consenso e menos guerras; e outro mais "heterogêneo", em que as divergências culturais e as guerras seriam mais frequentes, e no qual se faria mais necessária a presença de um "Estado Universal" ou um "superestado", que cumprisse a função de "apaziguar" o sistema.

Do lado oposto ao dos realistas, alguns autores "liberais" ou "pluralistas", como Joseph Nye e Robert Keohane, defendiam a possibilidade de que o mundo fosse pacificado e ordenado por meio de um sistema de "regimes supranacionais", mas mesmo eles reconheciam a existência de situações "em que não existiriam acordos sobre as normas e os procedimentos, ou em que as exceções às regras fossem mais importantes do que as adesões", e consideravam que, nessas circunstâncias, era necessária a existência ou a intervenção de uma potência hegemônica.

Edward Carr e Raymond Aron, assim como Joseph Nye e Robert Keohane, estavam preocupados com o problema e o desafio da estabilização da paz entre as nações; Charles Kindleberger e Robert Gilpin, por sua vez, pensavam no bom funcionamento da economia mundial como uma condição indispensável à preservação da paz entre os povos. Mas todos chegaram a uma mesma conclusão: a necessidade de um "superestado" ou um "*hegemon*" como condição indispensável para poder ordenar e estabilizar a paz mundial. No entanto, apesar desse grande consenso teórico, por cima de diferentes escolas de pensamento, o que aconteceu no mundo depois de 1991 refutou, na prática, e de forma indiscutível, todas essas hipóteses realistas e liberais.

A supremacia político-militar conquistada pelos norte-americanos depois do fim da Guerra Fria – e, em particular, depois de sua esmagadora vitória na Guerra do Golfo – transformou os Estados Unidos numa potência hegemônica unipolar, ou mesmo numa espécie de "superestado", como preconizava Edward Carr. Apesar disso, nos trinta anos que se seguiram, aumentou o número das guerras que se sucederam de forma quase contínua, e em quase todas elas os Estados Unidos estiveram envolvidos de forma direta ou indireta.

Por outro lado – como preconizaram Kindleberger e Gilpin –, os Estados Unidos concentraram em suas mãos – durante quase todo esse período – todos os instrumentos de poder indispensáveis ao exercício da liderança ou da hegemonia econômica mundial, arbitraram isoladamente o sistema monetário internacional, promoveram a abertura e a desregulação das demais economias nacionais, defenderam o livre-comércio e promoveram, ativamente, a convergência das políticas macroeconômicas de quase todos os países capitalistas relevantes. Além disso, mantiveram e aumentaram o seu poder nos planos industrial, tecnológico, militar, financeiro e cultural. E, apesar de tudo isso, o mundo viveu, nesse período, uma sucessão de crises financeiras, e a maior delas, a de 2008, acabou atingindo a economia mundial e destruindo a utopia da globalização. A partir daí, a maior parte da economia internacional entrou em um período de baixo crescimento, prolongado com a notável exceção dos próprios Estados Unidos, da China e da Índia, e de alguns pequenos países asiáticos.

Somados todos esses fatos e essas evidências, pode-se afirmar que as guerras e as crises econômicas dos últimos trinta anos refutam, peremptoriamente, a tese central da teoria da "estabilidade hegemônica" e colocam sob suspeita todas as esperanças pacifistas depositadas na existência de um ou mais Estados "homogêneos" e "superiores" que seriam capazes de ordenar e pacificar o resto do sistema interestatal. Mas, ao mesmo tempo, a experiência histórica das últimas décadas deixou no ar, e sem explicação, duas grandes observações ou constatações muito intrigantes: a primeira é que a maioria das guerras ocorridas nesse período envolveu um ou mais membros do grupo das "grandes potências homogêneas" de que fala Raymond Aron; a segunda é que os Estados Unidos, que viria a se transformar num "superestado" depois de 1991, iniciou ou participou, direta ou indiretamente, de todos os grandes conflitos travados depois do fim da Guerra Fria.

Essas duas observações estiveram na origem de nossas perguntas e de nossa pesquisa sobre o tema da guerra e da paz, que começou pelo estudo dos grandes impérios clássicos que dominaram o mundo a partir dos séculos VII e VI a.C., para depois se debruçar de forma particular sobre o estudo da guerra e da paz dentro do sistema interestatal europeu a partir dos séculos XV e XVI. Os resultados parciais da nossa pesquisa aparecem nos dois livros que publicamos nos últimos anos: o primeiro, intitulado *Sobre a guerra* (FIORI, 2018); e o segundo, *Sobre a paz* (FIORI, 2021).

A primeira grande conclusão que extraímos desse nosso estudo da história é que a experiência recente dos Estados Unidos não é um caso excepcional. Pelo contrário, o que a história do sistema interestatal ensina é que as suas grandes "potências homogêneas" – e a sua "potência hegemônica", em particular – foram as grandes responsáveis pela maioria das grandes guerras dos últimos cinco séculos, tanto no caso da Espanha e da França, entre os séculos XV e XVII, quanto no caso da Inglaterra e dos Estados Unidos, entre os séculos XVII e XXI. Comprova-se, em todos os casos, que "a" ou "as" "grandes potências hegemônicas" iniciam as suas guerras e desestabilizam todas as situações de paz simplesmente porque necessitam seguir expandindo o seu poder para poder manter o poder que já possuem, ou seja, de forma mais concreta, precisam estar sempre à frente de seus competidores imediatos, para impedir que surja, em qualquer ponto do sistema, algum rival com poder suficiente para ameaçar a sua dominação ou a sua liderança global ou regional, em todo e qualquer canto do mundo. Tudo isso porque, em última instância, no campo das relações internacionais, não existe nada que possa se desenvolver fora do espaço-tempo das relações hierárquicas, assimétricas e conflitivas de poder, seja entre os antigos impérios, seja entre os Estados nacionais modernos.

Para entender um pouco melhor como funciona esse sistema de poder internacional em que vivemos, basta olhar com mais cuidado, por exemplo, para o movimento contemporâneo das nações favoráveis à redução dos gases de efeito estufa, e da substituição das fontes de energia fóssil por novas fontes de "energia limpa", que é apoiada por cento e noventa e seis países e conta com a bênção generosa do papa. A própria transição "ecológica" ou "energética" não poderá ser jamais pacífica ou multilateral, tendo em vista que envolve disputas e competições não declaradas que terão ganhadores e perdedores, e que darão origem às hierarquias e às desigualdades de poder entre os que têm e os que não têm, por exemplo, acesso a algumas das novas fontes ou componentes da "energia limpa" – como "cobalto", "lítio" ou "terras raras" –, que estão mais concentradas do que as reservas tradicionais de petróleo, carvão e gás natural. E, nessas disputas assimétricas, nunca haverá possibilidade de uma arbitragem "justa", "consensual" ou definitiva, dependendo da posição que o árbitro ocupe na hierarquia e da assimetria do próprio poder. E, por isso mesmo, nunca haverá uma paz conquistada por meio da guerra que possa ser equânime, porque toda paz será sempre injusta do ponto de vista dos derrotados.

Sendo assim, concluímos os nossos dois livros com uma tese que não é realista nem idealista, mas simplesmente dialética:

> A paz é quase sempre um período de "trégua" que dura o tempo imposto pela "compulsão expansiva" dos ganhadores, e pela necessidade de "revanche" dos derrotados. Por isso se pode dizer que toda paz está sempre "grávida" de uma nova guerra. Apesar disto, a "paz" mantém-se como um desejo de todos os homens, e aparece no plano da sua consciência individual e social como uma obrigação moral, um imperativo político, e uma utopia ética quase universal. Por isso, a guerra e a paz devem ser vistas e analisadas como dimensões inseparáveis de um mesmo processo, contraditório e permanente de busca dos homens, por uma transcendência moral muito difícil de ser alcançada (FIORI, 2021, contracapa).

Referências

ARON, R. *Paz e guerra entre as nações*. Brasília: Editora UnB, 2002.

CARR, E. *The Twenty Year's Crisis 1919-1939*. Londres: Perennial, 2001.

FIORI, J. L. (org.). *Sobre a guerra*. Petrópolis: Vozes, 2018.

FIORI, J. L. (org.). *Sobre a paz*. Petrópolis: Vozes, 2021.

KINDLEBERGER, C. *The World in Depression, 1929-1939*. Los Angeles: University of California Press, 1973.

Poder e desenvolvimento: os ponteiros do mundo[8]

José Luís Fiori
William Nozaki

> *Em última análise, os processos de desenvolvimento econômico são lutas de dominação; e os interesses da nação constituem os últimos e decisivos interesses que devem orientar sua política econômica* (WEBER, 1982, p. 18 – tradução livre dos autores).

A história do desenvolvimento econômico moderno e da origem da teoria econômica clássica possui três dimensões que costumam ser, convenientemente, esquecidas pela "narrativa liberal".

A primeira é que o Estado ocupa um papel estratégico no desenvolvimento econômico das nações. Sem o poder estatal, não haveria as rotas comerciais italianas, a expansão colonial ibérica, a revolução comercial holandesa, assim como as revoluções industriais inglesa, francesa e, mais tarde, americana. Mais ainda, sem o poder estatal, não haveria o desenvolvimento tardio da Alemanha, da Rússia e da Itália, ou o desenvolvimento a convite de Japão e Coreia do Sul, para não mencionar os casos recentes de planejamento estatal exitoso na China e no Vietnã nesse início de século XXI.

A segunda dimensão histórica oculta pelo liberalismo econômico é a do nascimento da economia política clássica, ligada, diretamente, à necessidade dos primeiros Estados em aumentar o excedente econômico para atender a necessi-

---

8. Artigo publicado, originalmente, em *Le Monde Diplomatique* (diplomatique.org.br), em fevereiro de 2022.

dades fiscais, territoriais e navais, além de obrigações com a garantia de alimentação e saúde para os cidadãos, como fica explícito nas recomendações do pioneiro William Petty ao Estado inglês.

A terceira dimensão esquecida pelos liberais é que a própria teoria econômica do livre-cambismo e do livre-comércio, de Adam Smith e David Ricardo, só surgiu e se impôs como uma "teoria hegemônica" e uma "política econômica vitoriosa" depois que a Grã-Bretanha já havia conquistado a Irlanda e a Escócia, vencido a "Guerra dos Sete Anos" e lançado o seu controle colonial sobre Estados Unidos, o Canadá e a parte mais rica da Índia, mantendo uma rigorosa proteção sobre a sua indústria naval e têxtil.

Desde a sua origem, a teoria econômica liberal foi sempre a teoria adequada às necessidades e às possibilidades das grandes "potências dominantes", dentro do sistema mundial. E, mesmo depois de alcançar o topo da hierarquia econômica mundial, foi o Estado dessas grandes potências que seguiu definindo – em última instância – a "grande estratégia" de suas economias nacionais, por meio de seus projetos de expansão colonial, de avanço industrial, além de pacotes de investimentos em infraestrutura, ciência e tecnologia.

Apesar disso, foram sempre essas mesmas grandes potências – em particular, a Grã-Bretanha e os Estados Unidos – que pautaram o debate sobre a política econômica durante o século XX, com a defesa da teoria e das políticas liberais necessárias para a manutenção da inserção primário-exportadora da periferia – a despeito de que essas mesmas economias centrais adotem políticas econômicas de corte mais liberal-ortodoxo ou mais keynesiano-heterodoxo, dependendo de seus próprios ciclos e crises econômicas, e em função de suas guerras, suas catástrofes ou seus desafios à segurança nacional.

É o caso da conjuntura atual, em que os próprios Estados Unidos, a potência líder do mundo liberal, voltou a adotar políticas intervencionistas, e a adotar – de forma explícita e declarada – o nacionalismo econômico da Alemanha do século XIX, da Rússia do século XX e da China do século XXI. Tudo isso no momento em que o Brasil entrou em um processo de autodestruição, análogo ao da Rússia dos anos 1990, conduzido por um grupo de militares e financistas fanatizados pelas ideias econômicas ultraliberais e ultrapassadas da Escola de Chicago.

Desde a crise financeira de 2008, culminando na pandemia de covid-19 a partir de 2020, passando pelo acirramento da guerra comercial e tecnológica entre Estados Unidos e China, pelo aprofundamento das desigualdades de renda e riqueza, pela agudização das emergências climáticas e ambientais e pela possibilidade de uma nova guerra na Europa Central, não são poucos os eventos do início de século XXI que têm demonstrado um novo papel do Estado na economia.

A grande crise de 2008 foi enfrentada com estratégias de *big government* e de *big bank* que envolveram intensa ação estatal por meio da flexibilização dos fundamentos da política macroeconômica neoliberal, com redução dos juros, ampliação de oferta de moeda, suporte financeiro, estímulos fiscais, desonerações, investimentos públicos, gastos sociais, além de controle cambial e de capitais em alguns países.

Passada uma década, em 2018, o acirramento da guerra comercial entre Estados Unidos e China fez com que o Estado norte-americano impusesse tarifas sobre cerca de US$ 250 bilhões em produtos chineses, enquanto o Estado chinês reagiu impondo taxas sobre cerca de US$ 110 bilhões em mercadorias americanas. As ameaças tarifárias impactaram, principalmente, os mercados de telecomunicações, processadores, circuitos e peças de computadores. Por trás dessas tensões, revelava-se, também, uma disputa tecnológica e empresarial em torno das inovações e das infraestruturas relacionadas à internet 5G, cujo desenvolvimento também só foi possível graças à atuação do Estado nas áreas industrial e de Ciência, Tecnologia e Inovação (CT&I).

As crescentes instabilidades financeiras e monetárias, acompanhadas das assimetrias produtivas e comerciais, intensificaram a desigualdade de renda e riqueza. Atualmente, cerca de 520 mil bilionários, o grupo do 0,01% mais rico do planeta, detêm mais de 10% da riqueza global, enquanto o grupo dos 50% mais pobres fica com apenas 2% do montante. Preocupados com a forma como essa desigualdade pode bloquear a mobilidade social, interditar a ideologia da ascensão pelo mérito individual e desaguar em apatia ou caos social, milionários de diversos países defendem taxações sobre as próprias fortunas e dividendos, de modo a defender o fortalecimento do Estado.

As emergências climáticas e as suas causas antrópicas tornaram o aquecimento global e os eventos ambientais extremos parte da rotina da população mundial; estiagens prolongadas, enchentes recordes e estações desordenadas são apenas algumas das manifestações de como o padrão de produção, circulação e consumo de mercadorias pode colapsar os sistemas físicos e biológicos que dão suporte à vida humana no planeta. A natureza sistêmica desses problemas impõe que eles sejam tratados por meio de uma governança interestatal e internacional mais integrada e cooperativa, além de exigir metas nacionais de redução, por exemplo, da emissão de Gases do Efeito Estufa (GEE), que só podem lograr êxito com coordenação e planejamento estatais.

A pandemia de covid-19, mais recentemente, também explicitou a necessidade de intensa atuação estatal, tanto com o fortalecimento dos sistemas de saúde e seguridade e de programas de proteção social do emprego, do trabalho e da renda quanto por pacotes de apoio a empresas, de reconversão industrial ou medidas estruturais de reindustrialização.

Nos Estados Unidos, o Plano Biden aposta em um pacote de medidas emergenciais, de geração de emprego e de reconstrução da infraestrutura com investimentos que podem ultrapassar até mesmo o antigo *New Deal*. Na China, o projeto da Nova Rota da Seda e a sua etapa "Made in China 2025" buscam consolidar o protagonismo da estrutura produtiva chinesa na Indústria 4.0. A aliança industrial franco-germânica, por seu turno, busca acelerar a trajetória do desenvolvimento industrial em parte da Europa. Não é diferente com a Rússia e a sua aposta estatal, por exemplo, na expansão da infraestrutura de gás e logística.

Além disso, organismos internacionais como o Fundo Monetário Internacional (FMI), atualmente, reconhecem a essencialidade de novos programas estatais de transferência de renda que possam enfrentar a situação de pobreza, miséria e fome. O próprio Banco Mundial recomenda maior atenção sobre os programas de proteção social, de geração de trabalho e emprego e de garantia de renda que só podem ser assegurados por meio de políticas públicas promovidas pelo Estado. A Conferência das Nações Unidas sobre Comércio e Desenvolvimento (UNCTAD), em estudo recente, reconhece que o sistema global de produção internacional está passando por uma mudança acelerada pela pandemia, com desafios que se desdobram da nova revolução industrial, com o crescente nacionalismo econômico e o imperativo da sustentabilidade. Essas mudanças terão como principal resultado um maior fortalecimento das políticas industriais e de inovação, considerando setores estratégicos também articulados pelo Estado.

Em publicação especial recente, até mesmo a revista *The Economist* reconhece que a economia internacional está entrando em um novo período de mais intervencionismo estatal. Entre 2000 e 2022, é crescente, em países desenvolvidos e emergentes, a participação de investimentos governamentais, fundos nacionais soberanos, fundos públicos de pensão e empresas estatais. Segundo a publicação, políticas industriais, proteções trabalhistas, legislações ambientais, tributações sobre empresas e fortunas e regulamentações antitruste devem estar cada vez mais presentes no arco de atuação estatal dos países.

Depois da virada liberal-conservadora dos anos 1970-1980, a utopia da globalização se transformou na ideia-força da expansão imperial dos Estados Unidos, país vitorioso na Guerra Fria. Mas o que, novamente, foi ocultado pelos ideólogos liberais é que essa nova hegemonia do pensamento econômico liberal veio junto e é indissociável de um processo acelerado de acumulação de poder entre as grandes potências e de polarização de riqueza entre nações.

Nas duas primeiras décadas do século XXI, as economias nacionais das grandes potências voltaram a apelar para o Estado, voltaram a assumir a defesa explícita da proteção de suas economias e da promoção de grandes investimentos em infraestrutura e inovação tecnológica, com o objetivo de enfrentar os grandes desafios, as guerras e as catástrofes desse período, e com a intenção de vencer ou de ultrapassar os seus grandes concorrentes nacionais.

Tudo isso para escândalo dos economistas liberais, da elite financeira e dos generais brasileiros, que, atrasados, insistem em manter o Brasil na contramão dos ponteiros do mundo.

Referência

WEBER, M. *Escritos políticos I*. México: Folio Ediciones, 1982.

A social-democracia europeia e a guerra[9]

José Luís Fiori

> *Há fortes evidências históricas de que foi no período em que se consolidou a utopia europeia da "paz perpétua" e se formulou pela primeira vez o projeto de uma ordem mundial baseada em valores e instituições compartidas que se travaram as guerras mais numerosas e sanguinárias da história* (FIORI, 2018, p. 95).

Foi no dia 28 de setembro de 1864 que nasceu, na cidade de Londres, a Associação Internacional dos Trabalhadores – chamada de Primeira Internacional –, com a proposta de abolir todos os exércitos nacionais e todas as guerras do mundo. A mesma tese pacifista e radical que, depois, foi referendada pelo congresso da Segunda Internacional, realizado em Paris em 1889, e que foi uma vez mais confirmada pelo Congresso Social-Democrata de Stuttgart, em 1907. Apesar disso, no dia 3 de agosto de 1914, a bancada parlamentar do Partido Social-Democrata alemão apoiou, por unanimidade, a entrada da Alemanha na Primeira Guerra Mundial e aprovou de imediato o orçamento militar apresentado por seu Imperador, Guilherme II.

Depois dos alemães, o mesmo aconteceu com os partidos social-democratas austríaco, húngaro, polonês, francês, belga, inglês, italiano, português e espanhol. Com exceção dos social-democratas russos, quase todos os socialistas europeus deixaram de lado o "pacifismo" e o "internacionalismo" de seus antepassados e adotaram a retórica patriótica de seus Estados e governos nacionais durante a Primeira Guerra Mundial. E já então a maioria dos social-democratas incorporou o tradicional medo dos conservadores europeus com relação ao que consideravam uma ameaça permanente à civilização ocidental, representada pelos "russos" e

---

9. Artigo publicado, originalmente, no portal *Unisinos* (www.unisinos.br), em maio de 2022.

pelos "asiáticos". Devem-se destacar, entretanto, algumas dissidências individuais notáveis que se opuseram à guerra ou defenderam a neutralidade dos socialistas naquele momento, como foi o caso, dentre outros, de Kautsky, MacDonald, Karl Liebknecht, Rosa Luxemburgo, Lênin e Gramsci.

Depois da Revolução Russa de 1917 e da criação da Terceira Internacional, em 1919, os Partidos Comunistas da Europa e de todo o mundo adotaram uma posição internacional convergente com a política externa da União Soviética frente à Segunda Guerra Mundial (1938-1945), à Guerra da Coreia (1950-1953) e à Guerra do Vietnã (1955-1975); frente às Guerras de Libertação Nacional da África e da Ásia, nas décadas de 1950 e 1960; e frente a todos os demais conflitos do período da Guerra Fria, até o fim da própria União Soviética e a perda de importância generalizada dos partidos comunistas. Assim mesmo, os partidos comunistas europeus não chegaram a ser governo e não tiveram que formular uma política externa própria dentro da "Europa Ocidental". Mas esse não foi o caso dos partidos socialistas, social-democratas e trabalhistas, que, desde o primeiro momento em que foram governo, seguiram um caminho completamente diferente, ainda mais durante e depois da Guerra Fria.

Logo após a Primeira Guerra, os social-democratas participaram de vários governos de coalizão na Dinamarca, na Alemanha e na Suécia, dentre outros, e os próprios partidos socialistas participaram de governos de Frente Popular Antifascista, na França e na Espanha, durante a década de 1930. Em todos os casos, foram governos que acabaram absorvidos pela administração da crise econômica europeia do pós-guerra e pelas consequências da crise financeira dos anos 1930. E, em nenhum desses casos, os social-democratas e mesmo os socialistas se destacaram por sua política externa, e quase nenhum desses partidos ou governos tomou uma posição clara de condenação da intervenção militar das grandes potências ocidentais na guerra civil russa, tampouco tiveram uma posição unânime contra a intervenção militar dos fascistas italianos e dos nazistas alemães na Guerra Civil Espanhola.

Mesmo depois da Segunda Guerra Mundial, os socialistas, os social-democratas e os trabalhistas europeus não conseguiram formular uma política externa comum e consensual frente ao desafio das novas guerras que se sucederam a partir daí. Isso aconteceu por três razões fundamentais: em primeiro lugar, porque foram galvanizados pelo início da Guerra Fria e pela política americana de contenção permanente da União das Repúblicas Socialistas Soviéticas (URSS) que esteve na origem da criação da Organização do Tratado do Atlântico Norte (Otan); em segundo, porque, depois da formação da "Aliança Atlântica" e da criação da Otan, a Europa foi transformada, na prática, num protetorado atômico dos Estados Unidos; e, por fim, porque esse protetorado assumiu a forma de uma ocupação militar direta, no caso da Alemanha Federal, sede histórica do principal partido social-democrata europeu. Esses três fatores deixaram pouquíssimo espaço para o exercício de uma política externa autônoma por parte dos Estados europeus – em particular, no caso dos governos social-democratas que se submeteram, na maior parte do tempo, aos desígnios da chamada "Aliança Atlântica" liderada pelos Estados Unidos e apoiaram, incondicionalmente, a formação da Otan, adotando, muitas vezes, uma posição cúmplice com os seus Estados nacionais frente às guerras de independência de suas colônias na África e na Ásia.

Salvo engano, a única contribuição original da política externa social-democrata desse período foi a *Östpolitik* proposta pelo então ministro das Relações Exteriores e depois chanceler social-democrata alemão, Willy Brandt, no início da década de 1970, que promoveu uma relativa normalização das relações da República Federal da Alemanha com os países da Europa do Leste, incluindo a Alemanha Oriental e os demais países comunistas do Pacto de Varsóvia. Mas, fora da *Östpolitik* alemã, os socialistas, os social-democratas e os trabalhistas europeus não estiveram presentes nem apoiaram o projeto inicial de formação da Comunidade Econômica Europeia, que foi concebido e liderado pelos conservadores e democrata-cristãos na década de 1950 e só contou com o apoio dos social-democratas e dos socialistas muito mais tarde, já na década de 1970. Além disso, essa parte da esquerda europeia apoiou, com algumas exceções honrosas, quase todas as guerras americanas ao redor do mundo, começando pela Guerra da Coreia, submetendo-se ao argumento de George Kennan sobre a "natureza expansiva" e ameaçadora dos russos. Mesmo quando a guerra era muito longe da Europa, como no caso da Guerra do Vietnã, que também foi definida pelos norte-americanos como uma guerra de "contenção" do expansionismo comunista na Indochina. Nesse caso, a única grande exceção foi a social-democracia sueca, que se opôs sempre à guerra, ao lado de vários grupos de ativistas e militantes de esquerda em diversos países da Europa cuja mobilização cresceu de importância com o passar do tempo e o avanço da resistência dentro dos próprios Estados Unidos.

Mas não há dúvida de que a grande surpresa nessa história um tanto repetitiva foi o comportamento dos social-democratas europeus depois do fim da União Soviética e da Guerra Fria, em 1991. Apesar de não haver mais a necessidade de "conter" o expansionismo comunista, a maior parte do socialismo europeu seguiu apoiando os Estados Unidos e a Otan nas suas "guerras humanitárias" da década de 1990, incluindo o bombardeio aéreo da Iugoslávia, em 1999, durante setenta e quatro dias seguidos, responsável pela morte de centenas de civis e pela destruição quase completa da infraestrutura e da economia iugoslavas. E depois, já no século XXI, com raras exceções, os socialistas e social-democratas europeus seguiram apoiando as guerras norte-americanas e da Otan no Afeganistão, no Iraque, na Síria, na Líbia e no Iêmen. Mais do que isso, no caso do Iraque, em 2003, foi o governo trabalhista inglês de Tony Blair que liderou, junto aos Estados Unidos, o bombardeio aéreo, a invasão terrestre e a destruição daquele país, com mais de 150 mil mortos, sem que tenha sido apresentada alguma "causa justa" ou algum motivo legítimo para esse ataque devastador feito à revelia do Conselho de Segurança das Nações Unidas. No entanto, deve-se destacar, nesse caso, a oposição ao ataque anglo-americano por parte do governo social-democrata alemão de Gerhard Schröder.

Quase todos os demais partidos socialistas e social-democratas – defensores entusiastas dos "direitos humanos" – mantiveram o seu apoio a essas guerras sucessivas dos Estados Unidos e da Otan em nome do combate ao "terrorismo", concentrado no mundo islâmico do Oriente Médio, do Norte da África e da Ásia Central, apesar de essas guerras terem deixado um rastro de milhões de mortos, feridos e refugiados que, depois, foram barrados ou expelidos do próprio território europeu. Nesse tempo, alguns socialistas e social-democratas mais idealistas acreditaram que as "guerras humanitárias" dos anos 1990 seriam o preço a pagar por um novo mundo pacífico e sem fronteiras, como nos sonhos dos primeiros socialistas europeus do século XIX. Mas, no caso da chamada "guerra global ao terrorismo", declarada pelos Estados Unidos, o que se viu foi uma esquerda europeia socialista, social-democrata ou trabalhista inteiramente desfibrada e submetida aos interesses estratégicos dos Estados Unidos e da Otan.

Resumindo o argumento, hoje, pode-se afirmar, depois de quase um século e meio de história, que, de fato, os socialistas e os social-democratas europeus nunca tiveram uma posição comum sobre a política internacional e jamais praticaram uma política externa independente e diferenciada, mas repetiram um discurso retórico de defesa da paz, do pacifismo e dos direitos humanos como valores abstratos e universais, inteiramente descolados dos contextos históricos particulares em que se originaram as guerras, e cada uma das guerras em particular. Dessa perspectiva histórica de mais longo prazo, não é de estranhar, também, que tenha tocado exatamente aos social-democratas alemães, na nova conjuntura de guerra na Europa, tomar a decisão de rearmar a Alemanha, liderar a expansão da Otan e decidir participar, ativamente, de uma nova guerra por procuração, ao lado dos Estados Unidos e da Otan, contra a Rússia, no território da Ucrânia. A poucos dias da comemoração da derrota nazista pelas tropas russas na Segunda Guerra Mundial, a Alemanha decidiu pagar o preço provável da destruição de sua economia industrial e da implosão da própria União Europeia, mostrando-se inteiramente incapaz e impotente de mediar um conflito que vinha se anunciando há muitos anos e que poderia ter encontrado uma solução diplomática e pacífica dentro da própria Europa. Porque, na prática, os social-democratas, os socialistas e os trabalhistas ingleses, de forma muito particular, transformaram-se numa força-auxiliar da estratégia militar norte-americana dentro da Europa[10].

Referência

FIORI, J.L. Dialética da guerra e da paz. *In*: FIORI, J. L. (org.). *Sobre a guerra*. Petrópolis: Vozes, 2018.

---

10. É quase impossível encontrar, hoje, alguma posição consensual de esquerda sobre qualquer assunto que seja da agenda política internacional. Talvez fosse mais simples no passado, mas, mesmo assim, nossa pesquisa histórica neste artigo analisa apenas a posição dos partidos social-democratas europeus mais tradicionais, no campo da política externa, e, em particular, frente ao desafio das guerras. Foram partidos que participaram regularmente de eleições, tiveram bancadas parlamentares e chegaram a ser governo, ou participaram de governos de coalizão, nos séculos XX e XXI. Falamos, genericamente, da "social-democracia europeia", mas estamos sempre pensando nas suas três vertentes mais importantes: os partidos social-democratas propriamente ditos, com maior presença na Alemanha e nos países nórdicos; os partidos socialistas, com maior força na França, na Itália e nos países ibéricos; e os partidos trabalhistas, sobretudo o caso inglês, e só mencionamos de passagem os partidos comunistas pelo motivo exposto no próprio artigo. E, mesmo no caso das três principais vertentes "social-democratas", restringimos a nossa análise às grandes linhas e diretrizes de suas bancadas parlamentares e de seus governos, reconhecendo que, muitas vezes, esses governos divergiram da posição de suas direções partidárias e também da posição de seus militantes dispersos por uma infinidade de tendências e correntes divergentes.

A "questão do critério", a guerra e a confusão da esquerda[11]

José Luís Fiori

> *[...] para decidir a disputa que surgiu sobre o critério, devemos ter um critério aceito por meio do qual se possa julgar a disputa; e para ter um critério aceito devemos decidir primeiro a disputa sobre o critério. E quando o argumento se reduz desta forma a um raciocínio circular, encontrar um critério torna-se impraticável [...]* (Sexto Empírico [c. 160 d.C. – c. 210 d.C.], Hipotiposes pirrônicas II, cap. IV apud POPKIN, 2000, p. 28).

A verdadeira avalanche das guerras americanas do século XXI soterraram o sonho de uma "ordem liberal-cosmopolita" e deixaram a "esquerda humanitária" do pós-Guerra Fria sem a sua bússola utópica da "paz perpétua dos direitos humanos". Mais do que isso, essa verdadeira "guerra sem fim" trouxe de volta o debate clássico sobre a existência de guerras que seriam "justas" ou "legítimas", e de outras guerras que seriam "injustas" ou "ilegítimas". Um debate sobre "critérios de distinção" que acabou envolvendo os pensadores e os militantes da esquerda, que perdeu as suas principais referências internacionais depois do fim do "mundo binário" da Guerra Fria, como ficou claro na confusão da esquerda frente à Guerra da Ucrânia, dentro e fora da Europa.

A guerra mata e destrói, e é condenada pela maior parte dos povos, dos intelectuais e dos Estados de todo mundo. Mas, no mundo concreto dos conflitos reais, as coisas nunca acontecem exatamente como no mundo da teoria e da retórica, e mesmo os mais ferrenhos pacifistas ou humanistas consideram que algu-

---

11. Este artigo – publicado, originalmente, no jornal *Sul 21* (sul21.com.br), em maio de 2022 – foi escrito como complemento e em resposta a algumas questões levantadas a propósito do meu artigo anterior, mais limitado, sobre "A social-democracia europeia e a guerra".

mas guerras são legítimas e até necessárias. É o caso do filósofo alemão iluminista e pacifista Immanuel Kant (1724-1804), que, assim mesmo, defendia a necessidade das guerras como "um meio indispensável de avanço da cultura", convencido de que somente quando "a cultura tivesse alcançado seu pleno desenvolvimento seria possível a existência de uma paz perpétua benéfica para todos" (*apud* REISS, 2007, p. 232 – tradução livre do autor).

Às vezes, as pessoas esquecem que, durante a maior parte da história, a guerra foi considerada um meio e um objetivo virtuoso de valorização dos povos e das civilizações, e a única forma autêntica de seleção dos "grandes homens", dos "vencedores" e dos "heróis" predestinados a liderar e governar os seus povos. Mesmo nos tempos áureos da filosofia e da democracia grega, que admirava a paz como um objetivo humano de longo prazo, mas que seguia glorificando os seus guerreiros e alabando os seus generais vitoriosos na guerra, como aconteceu durante toda a história do Império Romano. Foi apenas a filosofia estoica que rompeu com essa tradição, particularmente o estoicismo romano. E foi o cônsul romano Marco Túlio Cícero (106 a.C.-43 a.C.) quem formulou, pela primeira vez, a tese da existência de uma distinção jurídica entre as "guerras justas", travadas em "defesa própria" ou em "legítima defesa", e que deveriam ser elogiadas, e as "guerras injustas" e "ilegítimas", que deveriam ser condenadas em nome de um novo valor universal que seria a paz. Depois de Cícero, Roma conheceu o primeiro grande movimento pacifista da história humana, o pacifismo radical dos primeiros dois séculos da história do cristianismo. Mas, depois desse período, o inicial da história cristã, os próprios cristãos abandonaram o seu pacifismo no momento em que se transformaram na religião oficial do Império.

E foi Agostinho de Hipona (o Santo Agostinho, 354-430 d.C.) quem retomou e defendeu de novo a distinção jurídica de Cícero, criando a nova categoria das "guerras santas", as "guerras travadas em nome de Deus" para converter ou matar os pagãos e hereges. Uma tese que foi retomada mais tarde por Santo Tomás de Aquino (1225-1274 d.C.), já em pleno período das Cruzadas europeias na Palestina. E, durante mais de mil anos, esse foi o pensamento hegemônico da Igreja e dos governantes da Europa Medieval, entre o fim do Império Romano e o início da Modernidade.

No início da chamada "Modernidade", quando estava se formando o sistema interestatal europeu, o jurista e teólogo holandês Hugo Grotius (1583-1645) voltou a defender a existência de "guerras justas", baseado na sua concepção do "direito natural", mas, ao mesmo tempo, ele foi o primeiro a perceber que, dentro do novo sistema político europeu, formado por Estados nacionais soberanos, era impossível haver consenso sobre um critério de arbitragem comum para dirimir os conflitos entre dois ou mais Estados territoriais que tivessem interesses contrários e excludentes.

A mesma ideia que levou o seu contemporâneo inglês, o filósofo Thomas Hobbes (1588-1679), a concluir, de forma ainda mais radical, que, nesse novo sistema de poder político, os Estados seriam eternos rivais preparando-se, permanentemente, para a guerra, devido à inexistência de um Leviatã internacional, ou seja, de um "poder superior" capaz de formular e impor um "critério único" de arbitragem válido para todos os Estados incluídos no sistema internacional. Depois disso, durante mais de trezentos anos, a discussão dos teóricos girou em torno destes dois problemas ou destas duas questões cruciais e congênitas do sistema interestatal inventado pelos europeus: a "questão do critério" e a questão do "poder global".

Vários filósofos e cientistas políticos sonharam com a possibilidade de criação de um governo mundial, pautado por valores, normas e critérios que fossem universais e que fossem administrados por alguma forma de "superestado", de "estado universal", ou de uma "potência hegemônica" que impusesse a sua arbitragem e lograsse, assim, promover uma paz universal e duradoura. Vem daí a utopia de uma "ordem internacional pautada por regras e instituições universais", como defendem até hoje os liberal-cosmopolitas e os defensores de uma ordem mundial baseada nos direitos humanos, tal como foram concebidos e definidos a partir do "iluminismo ocidental". Apesar de haver

> fortes evidências históricas de que foi no período em que se consolidou a utopia europeia da "paz perpétua" e se formulou pela primeira vez o projeto de uma ordem mundial baseada em valores e instituições compartidas que se travaram as guerras mais numerosas e sanguinárias da história (FIORI, 2018, p. 95).

Foi dentro desse mesmo espírito e desse mesmo movimento iluminista que nasceu o socialismo europeu, junto a seu projeto pacifista que foi abortado poucas décadas depois, no momento em que os partidos social-democratas se submeteram, na maioria dos casos, à lógica dos interesses e dos conflitos de seus Estados nacionais, dentro e fora da Europa. E o mesmo aconteceu, de forma um pouco diferente, com os Partidos Comunistas criados a partir de 1919, que também abandonaram o seu pacifismo retórico ao colocar-se ao lado da política externa da União das Repúblicas Socialistas Soviéticas (URSS), apoiando todas as guerras anticolonialistas do Terceiro Mundo durante o século XX, e, de forma mais genérica, apoiando todas as guerras que tivessem um caráter anti-imperialista. Dessa maneira, seria possível, mesmo, afirmar que, durante o século XX, o movimento comunista internacional criou um novo "critério particular" de definição das "guerras justas", que seriam "legítimas" à medida que combatessem o "imperialismo americano" em todo e qualquer lugar do mundo. Essa claridade acabou, no entanto, em 1991, com o fim da União Soviética e da bipolarização geopolítica do mundo. As "guerras de independência" das antigas colônias europeias perderam protagonismo, e a "questão imperialista" do fim do século XX e do início do século XXI voltou a ter uma dimensão multipolar, complicando o mapa binário da guerra da antiga esquerda.

Foi assim que, na década de 1990, na hora da grande comemoração "liberal cosmopolita", boa parte da esquerda aderiu à "utopia globalitária", acreditando que esse fosse o caminho e a "hora kantiana" de um mundo sem fronteiras, sem egoísmos nacionais, e submetido a um "critério único" de arbitragem universal, pautado pelo respeito aos Direitos Humanos e pela submissão às "leis universais" do mercado. Todo um sistema de governança global que seria administrado por meio de regimes e instituições multilaterais tuteladas pelas Nações Unidas, que poderia ordenar a realização de "intervenções humanitárias que acabaram sendo executadas ou geridas, quase todas, de forma direta ou indireta, pelas tropas norte-americanas e da Organização do Tratado do Atlântico Norte (Otan) que fizeram quarenta e oito intervenções militares na década de 1990, em geral, em nome da defesa dos "direitos humanos".

Mesmo assim, esse quadro piorou, e a intensidade das guerras aumentou depois dos atentando do 11 de setembro de 2001, quando o governo americano declarou a sua "guerra global ao terrorismo", seguida do ataque e da invasão do Afeganistão e do Iraque. E, depois disso, foram vinte anos de guerra que destruíram, literalmente, sete países, mataram ou feriram mais de 1 milhão de pessoas e jogaram, nas fronteiras da Europa, mais de 5 milhões de refugiados, predominantemente islâmicos. Ficou para trás, coberto pelos escombros do Grande Oriente Médio, o sonho de um mundo sem fronteiras e de uma paz regida pelo respeito aos Direitos Humanos. Aliás, foram os próprios Estados Unidos que passaram a definir, a partir de 2011, a China e a Rússia como os seus principais competidores e adversários estratégicos na disputa, com a Rússia, pela supremacia dentro da Europa Central e, com a China, pela supremacia sobre o Estreito de Taiwan e o mar do Sul da China.

A social-democracia europeia submeteu-se, inteiramente, ao projeto dos Estados Unidos e da Otan, sobretudo na Europa, depois do fim da Guerra Fria. Mas o resto da esquerda internacional ainda está devendo o esforço para redefinir os seus "critérios próprios" de intervenção na política internacional e no enfrentamento comum do desafio das guerras, e procura compatibilizar os seus objetivos humanistas, igualitários e pacifistas, com uma visão ética realista da paz e da guerra dentro do sistema interestatal que foi "inventado" pelos europeus. A começar pelo debate de algumas premissas e generalizações históricas fundamentais que não podem ser, simplesmente, negadas ou escondidas por um ato de fé, esperança ou cegueira utópica, como é o caso da constatação histórica:

i) de que não existe e nunca existiu uma "paz" abstrata e universal, separada de contextos e conflitos históricos específicos, e de que todas essas "pazes" são ou foram criadas ou impostas por alguma guerra que teve "vencedores" e "vencidos". Ou seja, do ponto de vista ético, o sistema internacional deve ser visto como uma hierarquia e um conflito permanente – ainda que latente – entre os povos que vencem as guerras, impõem os seus valores e exigem obediência; e os povos que são derrotados e obrigados a obedecer, mas que lutam, permanentemente, para alterar as normas estabelecidas pelos vitoriosos;

ii) de que, por isso mesmo, não existe e nunca existiu uma paz que tenha sido "justa" ou "inteiramente justa", porque todas as "pazes" são e serão sempre "injustas" do ponto de vista dos derrotados, que são os primeiros a se revoltar contra os seus antigos vencedores em algum momento futuro, mais ou menos próximo;

iii) de que, como consequência, não existe e nunca existirá um critério de arbitragem dos conflitos interestatais que seja, inteiramente, neutro ou imparcial, senão que, pelo contrário, todos esses "critérios" de julgamento estarão sempre comprometidos com os valores e os objetivos de alguma das partes envolvidas no conflito e na guerra;

iv) de que, dentro desse sistema interestatal, todas as suas grandes potências foram sempre expansivas e imperialistas, e, por isso, sempre estiveram em guerra ou preparando-se para guerras feitas, invariavelmente, em nome da "legítima defesa" dos seus interesses estratégicos;

v) de que o sistema interestatal foi e seguirá sendo sempre hierárquico, e que, por isso mesmo, toda a "ordem internacional" é sempre – em alguma medida – uma forma de legitimação de determinada hierarquia estabelecida por meio da guerra;

vi) de que não existe e nunca existirá, dentro do sistema interestatal, uma "ordem internacional baseada em regras consensuais e universais", exatamente porque toda ordem internacional é hierárquica e assimétrica;

vii) e de que, finalmente, por tudo o que já foi dito, toda proposta de mudança de alguma ordem internacional estabelecida será vista, sempre e invariavelmente, pela potência dominante, como um desafio e como uma ameaça estratégica ao seu "direito" de definir, formular e impor o "critério último" de arbitragem dentro de todo o sistema, e em qualquer campo, seja jurídico, econômico ou militar.

Se a esquerda não tomar em conta esses aspectos da história real da paz, tal como ela é, e não como a esquerda gostaria que fosse, nunca conseguirá formular ou ter um "critério" próprio e consensual de julgamento das guerras que se sucederão no século XXI.

Referências

FIORI, J. L. (org.). *Sobre a guerra*. Petrópolis: Vozes, 2018.

POPKIN, R. H. *História do ceticismo de Erasmo a Spinoza*. Rio de Janeiro: Francisco Alves, 2000.

REISS, H. S. (ed.). *Kant Political Writtings*. Cambridge: Cambridge University Press, 2007.

Bloco II
A guerra e a energia

O vírus, o petróleo e a geopolítica mundial[12]

José Luís Fiori

> *Para além dos acontecimentos, existe uma história inconsciente – ou mais ou menos consciente – que escapa à lucidez dos atores, dos responsáveis ou das vítimas: elas fazem a história, mas a história as arrasta* (BRAUDEL, 1972, p. 130).

As grandes epidemias repetem-se por meio da história, mas não existe nenhuma explicação sobre a sua periodicidade. E, no caso da epidemia de covid-19, ainda não se decifraram a origem nem as variações do vírus e o desenvolvimento provável da própria pandemia, porque não se sabe se poderá haver recidivas nacionais até o desenvolvimento de medicamentos e vacinas eficientes. Por isso mesmo, nesses momentos de grande medo e imprevisibilidade, é comum que as pessoas utilizem comparações e analogias que parecem úteis, num primeiro momento, mas que são parciais e, às vezes, prejudicam mais do que ajudam, como no caso da referência às duas crises econômicas de 1929 e 2008. Ou, também, a comparação com algumas pestes que teriam provocado grandes "rupturas históricas", como foi o caso da Peste de Justiniano, no século VI, ou, ainda, da Peste Negra, no século XIV, que matou metade da população europeia e parece ter contribuído, decisivamente, para o fim do sistema feudal.

É importante ter presente que as crises de 1929 e 2008 foram crises econômicas próprias do capitalismo, enquanto a crise atual está sendo provocada por um fator que não obedece às "leis" da economia capitalista, mesmo quando possa

---

12. Artigo publicado, originalmente, no portal *Le Monde Diplomatique* (diplomatique.org.br), em abril de 2020.

provocar um estrago econômico e social equivalente ao das duas crises econômico-financeiras que são sempre lembradas quando se fala da atual epidemia de covid-19. Da mesma forma, com relação à Peste Negra, o historiador inglês Mark Harrison chega a sustentar a tese de que esta teve um papel decisivo no nascimento dos Estados territoriais europeus. E é verdade que a Peste Negra forçou uma centralização do poder, e uma delimitação territorial que foi necessária para controlar o contágio e impor novas práticas higiênicas às populações que ainda viviam sob o sistema feudal.

Além disso, a tese de Harrison ajuda a entender a resposta "egoísta" dos Estados nacionais ao longo dos tempos, toda vez que se enfrentaram com epidemias infecciosas que se expandiram por cima de suas fronteiras territoriais. Mas, mesmo que se possa estar de acordo com essa tese a respeito da Peste Negra, é muito difícil dizer o mesmo de outras grandes epidemias mais recentes, como é o caso da febre amarela, do sarampo, da varíola, da malária, da tuberculose ou mesmo do HIV, que já atingiu e matou milhões de pessoas ao redor do mundo. Todas foram extremamente letais, mas não provocaram nenhum tipo de grande ruptura ou inflexão histórica.

Outra analogia muito comum é entre as epidemias e as guerras. É uma comparação muito forte e pode ser útil para mobilizar os atores sociais relevantes, mas existem algumas grandes diferenças entre elas. Ao contrário das guerras, as epidemias não costumam destruir equipamentos físicos e não têm um adversário visível capaz de produzir uma identidade coletiva, emocional, e uma solidariedade nacional que se imponha sobre as próprias classes sociais. Ao contrário, as epidemias contagiosas infectam os indivíduos, as classes e os países com distintas intensidades e provocam reações defensivas do tipo "cada um por si", exatamente ao contrário das guerras. Além disso, as guerras têm vencedores que impõem a sua "paz hegemônica" aos derrotados, ao contrário das epidemias, em que não existem vitoriosos nem perdedores absolutos, e não existe nenhuma força material que induza qualquer tipo de acordo ou plano de reconstrução coletiva depois do tufão epidêmico. Hoje, muitos falam de um mundo novo que poderia nascer dessa experiência traumática, e até apostam em mudanças humanitárias do capitalismo, mas a possibilidade de que isso ocorra é muito pequena.

De qualquer maneira, a epidemia de covid-19 terá um impacto econômico imediato, como no caso das guerras. O que distingue o "novo coronavírus" não é a sua letalidade, mas a velocidade da sua expansão e o seu impacto imediato sobre as taxas de desemprego, que explodem em poucos dias. O vírus foi identificado na China no fim do mês de dezembro de 2019 e, em apenas três meses, atingiu duzentos países e já contagiou mais de 1,5 milhão de pessoas. Alguns infectologistas preveem de seis a sete meses de duração da epidemia, e alguns economistas falam num impacto recessivo cuja duração pode chegar a dois ou três anos. Tudo dependerá da extensão e da duração da epidemia nos Estados Unidos e na Europa, e da existência ou não de recidivas nos países que já controlaram o primeiro surto epidêmico. É provável que a queda do Produto Interno Bruto (PIB) norte-americano seja maior do que a da crise de 2008/2009, mas ninguém deve enganar-se com relação ao próprio futuro americano. O epicentro da crise de 2008 foi nos Estados Unidos, e, no entanto, durante a segunda década do século XXI, os Estados Unidos aumentaram a sua participação no PIB mundial de 23% para 25%, enquanto o seu mercado de capitais crescia 250%, ficando com 56% da capitalização financeira global, com cerca de 90% das transações financeiras globais sendo feitas em dólares. Ou seja, não há nada que impeça que os Estados Unidos superem essa nova crise e recuperem, rapidamente, o seu poder econômico, na frente de todos os demais países desenvolvidos, com exceção, talvez, da China.

De qualquer maneira, deve-se incluir, neste ponto, a outra grande dimensão dessa crise mundial, a crise da indústria do petróleo, provocada pela queda da demanda mundial em consequência da própria epidemia, começando pela desaceleração da economia chinesa e, depois, alastrando-se para toda a economia mundial, com um baque imediato no preço do barril de petróleo, que caiu de US$ 70 para US$ 23 por barril, flutuando, depois, em torno de US$ 30 por barril. Não se sabe, ainda, quanto tempo durará a epidemia, tampouco é possível saber sobre a recessão da economia mundial, nem se consegue prever o tempo de recuperação econômica depois da pandemia. Mas, mesmo que as novas negociações entre a Organização dos Países Exportadores de Petróleo e os seus aliados (Opep+) e o G20 cheguem a um acordo sobre os novos níveis e a produção e sobre o rateio do corte entre os países produtores, é pouco provável que o novo preço seja superior a US$ 35 por barril.

Esse novo valor deverá ter um impacto gigantesco sobre a geoeconomia da produção mundial de petróleo. Nesse nível de preços, é muito provável que a indústria americana do *shale oil* tenha que ser protegida pelo governo para não quebrar, e, assim mesmo, o mais provável é que os Estados Unidos percam a sua posição atual como maiores produtores mundiais de petróleo. Poderá haver uma grande perda de mercado por parte dos países produtores de mais altos custos, com a perspectiva imediata de uma nova crise da dívida externa soberana de países como Equador, México, Iraque, Nigéria etc. Esses preços afetariam, também, a capacidade fiscal da Rússia e da Arábia Saudita, e atingiriam em cheio países que já estão sofrendo sanções dos Estados Unidos, como é o caso da Venezuela e do Irã, para não falar da própria Rússia. Seja como for, as perspectivas pela frente são muito ruins para o mercado mundial do petróleo e, como consequência, para o mercado financeiro globalizado.

Num primeiro momento, como em todas as grandes catástrofes e guerras, o Estado está sendo obrigado a centralizar as decisões e o planejamento sanitário e econômico do país, e está sendo obrigado a realizar intervenções econômicas "heterodoxas", por meio do aumento de seus gastos em saúde e, ainda, mediante a multiplicação pura e simples do dinheiro disponível para pessoas e empresas. Mas nada disso garante que, depois da crise, os governos desses países mantenham essa mesma política econômica e esse mesmo "voluntarismo estatal" que se encontra na contramão do neoliberalismo dominante nas últimas décadas, no capitalismo ocidental. É muito provável que, depois da tempestade, as grandes potências revejam a sua participação nas produtivas globais, sobretudo no caso de bens estratégicos. E é também muito provável que a China e a Rússia, e mais alguns países europeus, procurem aumentar o seu grau de liberdade com relação ao sistema financeiro norte-americano, e aumentem o grau de proteção mercantilista de suas economias. Entretanto, no caso dos países periféricos, o mais provável é que, apesar de tudo, decidam enfrentar as suas "dívidas da epidemia" negociando com o Fundo Monetário Internacional (FMI) e retornando às suas políticas anteriores de austeridade fiscal, com a venda acelerada de seus patrimônios públicos na "bacia das almas", para poder "pagar as contas" deixadas pelo coronavírus.

Apesar da devastação econômica imediata provocada pela epidemia, o mais provável é que não ocorram grandes rupturas geopolíticas dentro do sistema mundial. O que ela fará é acelerar a velocidade das transformações que já estavam em curso e que seguirão se aprofundando. Alguém já disse que é na hora das grandes pestes que se conhece a verdadeira natureza das sociedades, e isso se pode dizer dessa pandemia que está apenas desvelando o que já estava na nossa frente e que muitos não conseguiam ver, inclusive a retirada do último véu de hipocrisia da "ordem liberal" e da "hegemonia americana" do século XX.

O epicentro da epidemia já se deslocou para a Europa e também para os Estados Unidos, e não se sabe quanto durará, mas, de fato, a grande incógnita e o grande medo é com relação ao que possa acontecer quando ela se expandir para os países mais pobres da África, do Oriente Médio e da América Latina. Até porque, como sempre acontece nas grandes crises, serão as grandes potências que se recuperarão na frente, começando pela China e pelos Estados Unidos. Por isso, o mais provável é que essa epidemia aumente a desigualdade e a polarização do mundo, que já vinham crescendo de forma acelerada desde a crise financeira de 2008. E deve acentuar a nova virada nacionalista do sistema interestatal, que já vinha se manifestando desde o início do século XXI e assumiu alta velocidade depois da eleição de Donald Trump. A Rússia deverá sofrer um novo baque econômico com a epidemia e com a crise da indústria do petróleo, mas isso não deverá afetar a nova posição que ela readquiriu como grande potência militar dentro do sistema mundial.

No caso da União Europeia, entretanto, a pandemia deve acelerar o seu processo de desintegração, que entrou em alta velocidade depois do Brexit. A China, por sua vez, não deve alterar o curso do seu projeto expansivo programado para a metade do século XXI; pelo contrário, deve acelerá-lo aproveitando as oportunidades e as brechas abertas pela decomposição europeia, e pelo distanciamento norte-americano de seus antigos aliados europeus. Por fim, depois da pandemia, a competição e os conflitos entre a China e os Estados Unidos devem aumentar em escala exponencial, sobretudo se Donald Trump for reeleito no mês de novembro de 2020, e se seguir em frente com a sua decisão de estrangular a economia e a sociedade venezuelanas, mediante sanções comerciais e financeiras e, agora, por meio de um bloqueio naval que pode se transformar, em breve, no pé de apoio de uma invasão militar, ou de um bombardeio aéreo feito a partir de seus próprios navios, que já estão mobilizados no Caribe. Seria a primeira guerra na América do Sul envolvendo as grandes potências militares do mundo. E seria, talvez, a primeira grande tragédia da história da América do Sul no século XXI.

Referência

BRAUDEL, F. *História e ciências sociais*. Lisboa: Presença, 1972.

O aumento da tensão mundial e o desafio ao poder naval dos Estados Unidos[13]

José Luís Fiori
William Nozaki

> *Quem tem o mar tem o comércio do mundo, tem a riqueza do mundo; e quem tem a riqueza do mundo tem o próprio mundo (Sir Walter Raleigh [1552-1618], conselheiro econômico e militar da Rainha Elizabeth I, da Inglaterra, apud FIORI, 2014, p. 142).*

Dois terços da superfície "terrestre" estão cobertos pela água dos mares; a maior parte dessas águas internacionais são "livres" e não obedecem a nenhum tipo de soberania que não seja a do "poder naval" das grandes potências marítimas de cada época e de cada região do mundo. Dois mil anos antes da "Era Comum", foi o poder naval da ilha de Creta que conquistou e submeteu o Mar Egeu à civilização cretense, da mesma forma que a marinha fenícia submeteu o Mar Mediterrâneo ao seu império comercial. E o mesmo aconteceu durante a Antiguidade Clássica, com o poder naval de Atenas e do Império Romano, e, mais tarde, com o poder marítimo de Veneza, Itália, sobre as rotas comerciais do mesmo Mar Mediterrâneo, que se transformou no cenário da guerra secular entre o Império Otomano e o Império Habsburgo, que culminou com a Batalha de Lepanto, em 1571.

No entanto, em todos esses casos, e também na expansão marítima chinesa do século XV, não havia uma "autonomia logística" ou uma separação clara entre as frotas comerciais e os navios de guerra desses povos, desses impérios e dessas

---

13. Artigo publicado, originalmente, no portal *Le Monde Diplomatique* (diplomatique.org.br), em junho de 2020.

civilizações. Tampouco havia no caso dos navios árabes que dominaram as rotas comerciais do Mar da Índia e do Sul da China, nos séculos XIV e XV. Tudo indica que foram os primeiros Estados nacionais europeus que acabaram desenvolvendo e aperfeiçoando navios preparados para a guerra naval, as famosas "canhoneiras", que abriram o caminho da dominação eurocêntrica dos mares do mundo, começando com Portugal, em 1415, e alcançando o seu ápice com a dominação global da Marinha dos Estados Unidos, depois de 1991, sobre todas as "águas livres" dos cinco oceanos e de todos os mares estratégicos do mundo.

Por isso talvez tenham sido os europeus – e, em particular, os anglo-saxões – que formularam melhor a tese de que o poder naval era uma condição indispensável para a conquista do "poder internacional" por parte de qualquer Estado que se propusesse a se transformar em grande potência. *Sir* Walter Raleigh (1533-1603), que também foi marinheiro, financista e pirata inglês, condensou essa ideia em poucas palavras, olhando para o Oceano Atlântico e afirmando que: "Quem tem o mar... tem o próprio mundo". Muito tempo depois, do outro lado do Atlântico, o almirante norte-americano Alfred Mahan – conselheiro do Presidente Theodoro Roosevelt – ecoaria essa mesma tese ao propor que os Estados Unidos fortalecessem o seu poder naval olhando para o Oceano Pacífico, como primeiro passo do projeto de construção de um poder global norte-americano. Na mesma linha, os grandes geopolíticos anglo-americanos, Halford Mackinder e Nicholas Spykman, contribuíram para esse mesmo projeto, sublinhando a importância também do controle do Mar Báltico e do Mar Negro, e dos golfos Pérsico e Arábico.

Depois das potências ibéricas, a supremacia do poder naval britânico se impôs em todo o mundo durante os séculos XVIII e XIX, e só foi superada pelo poder naval norte-americano na segunda metade do século XX. Assim mesmo, foi só depois do fim da Guerra Fria que a Marinha dos Estados Unidos logrou estender o seu controle monopólico sobre todas as "águas livres" do mundo. Foi o momento em que a Marinha americana redefiniu os próprios objetivos no novo contexto internacional, em dois documentos (UNITED STATES OF AMERICAN, 1992; 1994, *on-line*), nos quais consta que:

> Nossa estratégia mudou seu foco de uma ameaça global para um foco nos desafios e nas oportunidades regionais. No momento em que desapareceu a perspectiva de uma guerra global, entramos num período de enormes incertezas em regiões críticas para nossos interesses nacionais.

Hoje, existem cerca de 60 mil navios mercantes em todo o mundo, e 80% do comércio global se dá por meio do transporte marítimo; essas cifras são ainda mais expressivas quando se trata das relações comerciais entre os países mais ricos do mundo. Mas, nos trinta anos depois do fim da Guerra Fria, o panorama do mundial mudou completamente com o deslocamento do centro dinâmico do capitalismo para a Ásia e com o aparecimento de dois novos polos de poder naval – a China e a Rússia –, que já disputam com os Estados Unidos o controle dos oceanos e dos mares asiáticos, bem como da região do Ártico e do próprio Oceano Pacífico.

Em estudo recente, a revista *The National Interest* (2019) publicou um *ranking* elencando as maiores marinhas do sistema mundial, e a Marinha norte-americana aparece em primeiro lugar, seguida pela chinesa e pela russa. A Marinha dos Estados Unidos – US Navy – possui, hoje, dez porta-aviões, nove navios de desembarque, dezessete fragatas, vinte e dois cruzadores, sessenta e dois destróieres e setenta e dois submarinos. Já a Marinha da China – People Libertation Army Navy (PLA Navy) – possui um porta-aviões, três embarcações anfíbias, vinte e cinco destróieres, quarenta e duas fragatas, oito submarinos nucleares e cerca de cinquenta submarinos convencionais. Por fim, a Marinha da Rússia – Russian Navy –, que herdou a maior parte das embarcações soviéticas, as quais estão sendo modernizadas, e, além disso, que possui um porta-aviões, cinco cruzadores, treze destróieres e cinquenta e dois submarinos, já anunciou a construção de seis novos porta-aviões polivalentes e nucleares, a partir de 2023, o 23000E, denominado de Shtorm[14].

É no contexto dessa nova correlação de forças navais no mundo, dentro da permanente luta das grandes potências pelos recursos estratégicos do planeta, e, em última instância, pelo "poder global" que se deve entender a recente "escalada militar" das grandes potências, em plena pandemia causada pelo novo coronavírus[15]. Mas essa movimentação recente não caiu do céu e se inscreve numa disputa que vem se acirrando a cada dia que passa, sobretudo entre os Estados Unidos e a China, e entre a Rússia e os Estados Unidos.

Já faz algum tempo que os Estados Unidos vêm intensificando os seus exercícios navais no Atlântico e no Mar do Caribe. Destacam-se as suas manobras recentes de cooperação entre navios de guerra e navios cargueiros, com a simulação de transporte de material bélico, um tipo de exercício que não se realizava desde o fim da Guerra Fria. Por outro lado, novos submarinos têm sido somados à IV Frota Naval, e, no Mar do Caribe, tem havido intensa movimentação, com o

---

14. https://sputniknewsbrasil.com.br/defesa/20190515/

15. "No passado, quando ocorreram explosões similares, provocadas pelo aumento da pressão competitiva, elas foram acompanhadas, invariavelmente, de um aumento da desordem interna do sistema, de um movimento expansivo deste para fora de suas antigas fronteiras e, finalmente, de algum tipo de 'guerra hegemônica' que ajudou a refazer a ordem e a hierarquia do sistema, depois de sua expansão dentro e fora da Europa" (FIORI; NOZAKI, 2020, *on-line*).

monitorando de embarcações venezuelanas e iranianas, cujo objetivo é aumentar a pressão contra o governo de Nicolás Maduro. A frota naval americana também tem realizado ensaios em outros cenários, como foi o caso recente do Oceano Glacial Ártico e do Mar de Barents, mas também do Mar Báltico, onde, inclusive, foram utilizados bombardeiros supersônicos com armas nucleares. E o mesmo tem acontecido no Mar do Japão e no Mar do Sul da China, devendo-se sublinhar a importância do anúncio americano da instalação de bombas nucleares de "baixa intensidade" nos mísseis Trident utilizados pelos catorze submarinos USS Tennesse de sua frota submarina.

Essa investida militar dos Estados Unidos sobre o Pacífico e sobre o Ártico, entretanto, não tem ficado sem resposta naval por parte da China e da Rússia. A China estabeleceu como meta estratégica completar a modernização de seu Exército Popular de Libertação Nacional até 2035, mas já faz tempo que o poder naval passou a ocupar lugar central nas preocupações estratégicas chinesas. Nos últimos anos, a *PLA Navy* construiu mais navios de guerra, submarinos, anfíbios e barcos de apoio do que o total da frota britânica (GLOBAL, 2020), e, hoje, o poder naval da China já representa uma ameaça real às tropas norte-americanas do Sul do Pacífico, em particular no estreito de Taiwan. Em 2013, a China começou a construção de ilhas artificiais, como é o caso das ilhas Spratly e Paracelso, numa região que, além de ser uma via crucial do comércio marítimo internacional, também possui grandes reservas de recursos naturais estratégicos, que é disputada também por Malásia, Vietnã, Taiwan, Filipinas e Brunei, países que contam com o apoio norte-americano.

A Rússia, por sua vez, tem investido, de maneira pesada, na corrida armamentista pelos recursos estratégicos do Círculo Polar Ártico. Com tal objetivo, a Marinha russa tem modernizado os seus navios quebra-gelo pesados, médios e leves, e avança, de forma acelerada, no projeto de construção do quebra-gelo mais potente e pesado do mundo – o 10510 Lider – junto à construção de um novo navio nuclear – o Arkitika –, que deverá operar no perímetro polar. Além disso, a Rússia se propõe a comissionar, ainda em 2020, os seus novos submarinos diesel-elétricos do projeto 6363 Varshavyanka, junto à construção de seis grandes submarinos diesel com mísseis de cruzeiro Kalibr-PL. E a Marinha russa também colocou em operação, em 2020, um novo submarino nuclear na região do Ártico, onde vários países adjacentes também estão reforçando e modernizando as suas infraestruturas militares.

No Atlântico, assim como no Pacífico, no Ártico, no Caribe ou no Golfo Pérsico, essa escalada militar envolve uma disputa por recursos naturais estratégicos, com destaque especial para o petróleo, que seguirá sendo ainda a fonte de energia fundamental do sistema econômico e da infraestrutura militar dessas grandes potências, pelo menos durante boa parte do século XXI. Por isso, os estreitos marítimos que são rotas de circulação desses recursos estratégicos – em particular, do petróleo – têm se tornado objeto de crescente tensão. Incluem-se, nesse caso, o Estreito de Ormuz (chave para os Estados Unidos), por onde passam 19 milhões de barris de petróleo, provenientes do Irã, do Kuwait, do Bahrein, do Qatar, dos Emirados Árabes Unidos e da Arábia Saudita, e também o Estreito de Bab-el-Mandeb (chave para a África), situado entre a África e o Oriente Médio, ligando o Mar Vermelho ao Golfo de Aden à Ásia, e que é uma espécie de "antessala" do petróleo que atravessa o Canal de Suez, ou que é escoado pelo oleoduto SUMED. Pelo Canal de Suez passam 5,5 milhões de barris por dia, a maior parte na direção do Oriente Médio ou da Europa. E o oleoduto SUMED (Egito) é a única rota alternativa ao Canal de Suez para transportar petróleo bruto do Mar Vermelho para o Mar Mediterrâneo.

No entanto, é no Estreito de Malaca e no Mar do Sul da China onde se concentra, hoje, a maior disputa naval do mundo. Por aí, circulam, atualmente, 64% do comércio marítimo global e fluem 16 milhões de barris de petróleo por dia, a maior parte em direção à China. Essa região está sob o controle naval da Frota do Pacífico dos Estados Unidos, a principal frota naval da marinha norte-americana, cujo quartel-general está em Pearl Harbor, e que conta com cerca de duzentos navios, 2 mil aviões e 250 mil homens. É uma região também disputada por muitos outros países, em particular pela China, que vem concentrando um poder de fogo que cresce de forma geométrica exatamente onde os Estados Unidos têm a sua maior frota naval. Por isso, pode-se dizer, com toda certeza, que o Estreito de Malaca é, hoje, a região naval em que se situa o principal termômetro que mede a variação da intensidade da competição naval entre as grandes potências que disputam a soberania marítima das "águas livres" do mundo.

Resumindo: depois de 1991, os Estados Unidos monopolizaram os mares do mundo. Mas, hoje, trinta anos depois, esse monopólio está sendo ameaçado pela China e pela Rússia. Por fim, é bom lembrar que muitos analistas e historiadores consideram que o desafio alemão ao poder naval britânico foi o estopim da "guerra hegemônica" que sacudiu o mundo entre 1914 e 1945.

Referências

FIORI, J. L. *História, estratégia e desenvolvimento*. São Paulo: Boitempo, 2014.

FIORI, J. L.; NOZAKI, W. Uma escalada militar, em meio à crise pandêmica. *Le Monde Diplomatique*, 2020. Disponível em: https://diplomatique.org.br/uma-escalada-militar-em-meio-a-crise-pandemica/. Acesso em: 8 fev. 2023.

GLOBAL military expenditure sees largest annual increase in a decade — says SIPRI — reaching $1917 billion in 2019. *SIPRI – Stockholm International Peace Research Institute*, 2020. Disponível em: https://www.sipri.org/media/press-release/2020/global-military-expenditure-sees-largest-annual-increase-decade-says-sipri-reaching-1917-billion. Acesso em: 8 fev. 2023.

MIZOKAMI, K. No Nation Owns the Ocean, But These 5 Navies Control It. *The National Interest*, 2019. Disponível em: https://nationalinterest.org/blog/buzz/no-nation-owns-ocean-these-5-navies-control-it-104147. Acesso em: 8 fev. 2023.

UNITED STATES OF AMERICAN. *Forward... From the Sea*. Washington: Department of the Navy, 1992. Disponível em: http:globalsecurity.org/military/library/policy/navy/forward-from-the-sea.pdf. Acesso em: 8 fev. 2023.

UNITED STATES OF AMERICA. ...*From the Sea: Preparing the Naval Service for the 21st Century*. Washington: Navy Office of Information, 1994. Disponível em: www.comw.org/qdr/fulltext/02navyvision.pdf. Acesso em: 8 fev. 2023.

A guerra, a preparação para a guerra e a "transição energética"[16]

José Luís Fiori

> *Com um consumo diário médio de mais de 300 mil barris, o Departamento de Defesa aparece como o maior consumidor anual de petróleo dos Estados Unidos, o que tem provocado crescente preocupação a respeito da vulnerabilidade energética de suas forças militares, acirrada por uma postura diplomática e geopolítica agressiva por parte da China a respeito do acesso a recursos petrolíferos (BARREIROS, 2019, p. 9).*

No início da Primeira Guerra Mundial, o cavalo ainda era um elemento central do planejamento militar das grandes potências, e era o carvão que movia as máquinas, os trens e os vapores do mundo. Porém, quatro anos depois, no fim da guerra, havia acontecido uma "revolução energética" que mudou a face do capitalismo, e o petróleo redesenhou a geoeconomia e a geopolítica mundiais. Logo depois do conflito, o crescimento geométrico da indústria automobilística teve papel fundamental na difusão mundial do motor a combustão e da gasolina.

Não há dúvida de que foi a guerra que acelerou o processo dessa segunda grande "transição energética" da história do capitalismo industrial. Isso passou depois do conflito, mas a "transição energética" do carvão para o petróleo teve papel decisivo no próprio resultado da guerra. A grande mudança começou pela Marinha britânica, já em 1911, mas, depois do primeiro passo, todas as demais potências envolvidas no conflito aderiram à nova matriz energética do petróleo e à sua utilização militar imediata na criação dos novos tanques de guerra e no

---

16. Artigo publicado, originalmente, no jornal *Sul 21* (sul21.com.br), em julho de 2020.

desenvolvimento da aviação militar. E, durante a guerra, devido à importância da nova fonte energética, todos os governos acabaram criando estruturas e agências específicas de articulação entre o Estado, o seu comando estratégico e as grandes empresas petrolíferas privadas, para coordenar a produção e a distribuição do óleo, por fora do mercado e em obediência às estratégias de guerra de cada um desses países. Poucos dias depois da assinatura do armistício, em 1º de novembro de 1918, o governo inglês hospedou uma reunião da Conferência de Petróleo Interaliada, criada durante a guerra, e, naquela ocasião, *Lord* Curzon comemorou a vitória dos aliados declarando, em alto e bom som, que "a causa aliada flutuou para a vitória sobre uma onda de óleo" (YERGIN, 2009, p. 205).

No início da Primeira Guerra, os Estados Unidos controlavam 65% da produção mundial do "ouro negro", e, durante o conflito, os norte-americanos forneceram 80% do óleo consumido pelos países aliados. Por isso, depois da guerra, os norte-americanos assumiram, automaticamente, a liderança da nova matriz energética do mundo e se transformaram nos maiores produtores e exportadores mundiais de petróleo até o fim da Segunda Guerra Mundial. A região do Cáucaso havia perdido importância, transitoriamente, após a guerra e a revolução soviética, e a exploração do petróleo do Oriente Médio ainda estava dando os seus primeiros passos depois que a França e a Inglaterra assinaram o Acordo Sykes-Picot, em 1916, que foi confirmado pelo Acordo de San Remo, de 1920, dividindo entre si o território do antigo Império Otomano, o qual viria a se transformar no epicentro da disputa energética das grandes potências na segunda metade do século XX.

Um século depois, já na terceira década do século XXI, o mundo está atravessando uma transformação geopolítica ciclópica e, ao mesmo tempo, está se propondo a realizar uma nova "transição energética", que substitua os combustíveis fósseis por novas fontes de energia que sejam "limpas e renováveis". A Segunda Guerra Mundial acabou há setenta e cinco anos, e a Guerra Fria terminou trinta anos atrás, mas, hoje, é comum falar de uma "terceira guerra mundial", ou de uma "nova guerra fria", apesar de as grandes potências não estarem envolvidas entre si numa guerra direta e explícita.

De fato, o que está em pleno curso é uma gigantesca mutação geopolítica mundial, provocada pela universalização do sistema interestatal capitalista, pela ascensão vertiginosa da China e da Índia, e pela volta da Rússia à condição de potência militar global. Tudo isso concomitante ao declínio da participação econômica e do poder militar das potências ocidentais mais ricas e industrializadas do século XX, sobretudo no caso da Europa, mais do que dos Estados Unidos. E, apesar dessas grandes transformações, é pouco provável que ocorra, nas próximas décadas, uma grande "guerra hegemônica" entre Estados Unidos e China, ou mesmo entre Estados Unidos e Rússia. O território e o armamento desses países são gigantescos, eles controlam, em conjunto, cerca de um quarto da superfície territorial do mundo, e mais de um terço da população global, e já não admitem mais invasões ou conquistas do tipo clássico. Por isso, sua luta deve se deslocar para os territórios periféricos do sistema e para os espaços e os fluxos sem fronteiras por onde circulam os recursos e a energia do sistema interestatal capitalista, onde deve assumir a forma de uma "guerra híbrida" quase permanente, travada em vários pontos simultaneamente, com mudanças súbitas e inesperadas de cenário, e com alianças cada vez mais instáveis, como se todo mundo fosse reproduzir no futuro, e em escala planetária, o que foi a história passada da formação da própria Europa.

De qualquer maneira, essa competição subterrânea e contínua entre os "três gigantes" deverá promover um dos saltos tecnológicos mais espetaculares de toda a história. E, uma vez mais, como sempre ocorreu no decorrer dos anos, esse salto tecnológico deverá ser liderado pela pesquisa e pela inovação da indústria bélica, envolvendo uma mudança na matriz energética que move, atualmente, a infraestrutura militar desses países e de todo o mundo. Não será uma guerra, mas uma longa "preparação para a guerra", uma guerra que talvez nunca ocorra explicitamente, mas que será travada de forma oculta, em todos os planos, na terra, no mar, no ar, no mundo submarino e no espaço sideral. Muito provavelmente, será um desses momentos em que a humanidade cruzará uma das "fronteiras" que alguns analistas chamam de "ponto de singularidade". Ray Kurzweil, por exemplo,

> prevê que o crescimento da capacidade tecnológica envolvendo computadores, robótica e biotecnologia alcançará um ponto "tendente ao infinito", entre 2029 e 2045, o que significaria que as inteligências artificiais teriam superado as capacidades de todos os humanos combinados; a partir daí, a biologia humana e a máquina fariam parte de um mesmo complexo, sem que se pudesse distinguir onde um começa e o outro termina (*apud* BARREIROS, 2019, p. 14).

Hoje, do ponto de vista energético, quando se olha para o planejamento estratégico das grandes potências que estão situadas no epicentro da competição geopolítica mundial, o que se observa não é uma preocupação imediata com a exaustão dos recursos fósseis, mas com os custos crescentes das ações para garantir o acesso de cada uma delas a suas reservas dispersas pelo mundo. O Alto Comando Estratégico desses países ainda prevê o uso prioritário da energia fóssil em suas várias plataformas militares, pelo menos até 2050, mas todos trabalham com o mesmo objetivo de substituir a energia carbônica por uma nova matriz que seja construída progressivamente, e que inclua cada vez mais a energia eólica, a energia solar, a maremotriz e o biocombustível, com o aproveitamento, também, de fontes ainda subutilizadas de hidrocarbonetos, como é o caso das areias betuminosas e do hidrato de metano. Além disso, todos esses países, ao lado de outros com menor pretensão militar, vêm se empenhando no desenvolvimento da eletricidade produzida no próprio campo de batalha, como resultado inclusive das exigências impostas pelos novos sistemas eletrônicos que estão sendo utilizados cada vez mais, nas operações militares com *laser*, sensores químico-biológicos e exoesqueletos. Vários autores sugerem, inclusive, que, nas próximas décadas, do ponto de vista militar,

> a própria concepção de geração de energia vá se afastar razoavelmente do modelo "coletor" da economia fóssil-dependente em que a geografia dos recursos é dada pela natureza, em direção a um modelo "agricultor", no qual a energia seja efetivamente gerada do começo ao fim em espaços predeterminados pelas estratégias de cada um. No limite da "colheita de energia plantada" estariam os microgeradores portáteis e pessoais, capazes de garantir autonomia operacional a um soldado com seus equipamentos (BARREIROS, 2019, p. 9).

Os Estados Unidos, a Rússia, a China, a própria Índia e as demais potências intermediárias do sistema mundial trabalham todas com o mesmo horizonte de 2050/2060, quando programam a "transição energética" de suas estruturas e plataformas militares, com vistas à construção de um novo paradigma "fóssil-*free*". Assim mesmo, hoje já é possível identificar a presença desse novo paradigma do futuro, no desenvolvimento atual de algumas tecnologias militares "de ponta" utilizadas em alguns armamentos que já se encontram em fase embrionária, ou, em alguns casos, em pleno uso experimental nas disputas pelo petróleo do Oriente Médio. Incluem-se, nessa categoria, três tipos de tecnologias que interagem entre si, e que já vêm sendo utilizadas de forma cada vez mais mortífera, como é o caso dos *drones*, dos enxames e da inteligência artificial para uso militar. Três tecnologias que fazem parte de um processo mais amplo de "dronificação da guerra", com utilização de veículos armados, terrestres, aéreos e navais, operados a distância, com autopilotagem e capacidade tática de tomar decisões autônomas durante a execução de algum objetivo alterado em meio à batalha.

Uma parte desse armamento, sobretudo os de maior porte, ainda utiliza combustível da aviação convencional, mas a intenção de seus projetores é que, a médio prazo, eles passem a utilizar a mesma energia dos *drones* de menor porte, que são elétricos ou que se utilizam de uma matriz híbrida, envolvendo uma combinação variável de hidrogênio e eletricidade. O potencial desses novos armamentos se vê multiplicado, geometricamente, naquilo que os especialistas chamam de "enxames" – situados, literalmente, na última fronteira tecnológica da guerra do século XX –, que são, na prática, verdadeiros "coletivos de *drones*" que operam em rede trocando informações entre si, sob o comando de equipamentos dotados de inteligência artificial que reduzem a intervenção humana ao mínimo indispensável da definição dos objetivos mais gerais da própria guerra, e de cada um de seus combates.

Do ponto de vista da "transição energética", que está em debate, neste momento, em todo o mundo, o mais importante é ter claro que os estrategistas militares das grandes potências estão prevendo que, entre 2020 e 2050/2060, todos esses novos armamentos e essas plataformas militares já estejam enquadrados na nova matriz energética – "limpa e renovável" –, que estará nascendo, nesse caso, da competição militar entre as poucas grandes potências que disputarão o poder global, durante o século XXI, dentro de um sistema que será, com toda certeza, cada vez mais hierárquico, assimétrico e imperial.

Referências

BARREIROS, D. *Projeções sobre o Futuro da Guerra: tecnologias disruptivas e mudanças paradigmáticas (2020-2060)*. Texto para Discussão n. 25, IEUFRJ, Rio de Janeiro, 2019.

KURZWEIL, R. *The Singularity is Near*. Nova York: Viking Books, 2005.

YERGIN, D. *O petróleo*: uma história de conquistas, poder e dinheiro. Rio de Janeiro: Paz e Terra, 2009.

Transição energética: a necessidade, a utopia e a vontade[17]

José Luís Fiori

> *As utopias tradicionais – clássica e moderna – tinham uma coisa em comum: propunham uma determinada visão do fim da história, uma sociedade que seria a ideal. A utopia ecológica diz que o importante é que a história continue, é criar condições de possibilidade para que as gerações seguintes continuem a ter as suas utopias* (MARQUES, 2016, on-line).

O debate do século XXI sobre a "transição energética" de baixo carbono parte de três hipóteses formuladas no século passado: i) sobre a possibilidade do esgotamento das reservas mundiais de petróleo no prazo de algumas décadas; ii) sobre a grande responsabilidade dos combustíveis fósseis (petróleo, carvão e gás natural) pelas mudanças climáticas e pelo deterioro ecológico do século XX; e, finalmente; iii) sobre a possibilidade de um "desenvolvimento sustentável", ou "alternativo", com energia renovável e limpa, dentro do próprio regime de produção capitalista, construído pela vontade coletiva dos indivíduos e das nações.

A primeira vez que se previu o fim da "era do petróleo" foi em 1874, quando o governo da Pensilvânia advertiu os norte-americanos de que só disporiam de petróleo por mais quatro anos para garantir a iluminação a querosene de suas grandes cidades. Não é necessário dizer que essa previsão foi superada pelos fatos e que, hoje, as reservas de petróleo dos Estados Unidos são estimadas em 68,9 bilhões de barris, e sua produção diária é de cerca de 17 milhões de barris. Mes-

---

17. Artigo publicado, originalmente, na revista *Carta Capital* (www.cartacapital.com.br), em novembro de 2020.

mo assim, no início da década de 1970, o Clube de Roma[18] voltou a prever o esgotamento final das reservas mundiais do óleo num prazo máximo de vinte a trinta anos, no seu famoso relatório "*Os limites do crescimento*", transformado numa espécie de bíblia malthusiana moderna que foi sendo sistematicamente negada pelos fatos. Mesmo assim, hoje, quando se olha para trás com a perspectiva do tempo passado, compreende-se melhor o pessimismo do famoso relatório do Clube de Roma em 1972, no início da chamada "crise da hegemonia americana", marcada pelo fim do "padrão dólar", pela explosão do preço do petróleo, pela alta das taxas de juros e pela crise final do "desenvolvimentismo keynesiano" do pós-Segunda Guerra.

Mais tarde, em 1996, os geólogos Colin J. Campbell e Jean H. Laherrère utilizaram a técnica de extrapolação de recursos finitos – a Curva de Huppert – para calcular que o volume das reservas mundiais era de 850 bilhões de barris e que 50% do petróleo disponível no mundo já teriam sido extraídos por volta da mesma década de 1970; portanto, só restariam mais 150 bilhões de barris para serem descobertos em todo o planeta. Depois, essa projeção foi corrigida, e o *deadline* foi transferido para 2050/2060, mas, até hoje, todas essas previsões apocalípticas têm sido sistematicamente negadas e superadas pelos fatos. Mais do que isso, desde a década de 1970, as reservas mundiais de petróleo não pararam de crescer, e, hoje, estão estimadas em 1,7 trilhão de barris, apesar de o consumo mundial flutuar entre 90 e 100 bilhões de barris por dia no início da terceira década do século XXI. Além disso, hoje, os avanços tecnológicos das "energias alternativas" foram compensados por avanços tecnológicos simultâneos, na indústria do petróleo e do gás. E os preços do óleo, ao contrário do que previu o Clube de Roma, não cresceram sistematicamente, tendo flutuado nos últimos cinquenta anos.

De forma paralela e inteiramente independente, realizou-se, no mesmo ano de 1972, na cidade de Estocolmo, Suécia, a Conferência das Nações Unidas sobre o Meio Ambiente, reunindo cento e treze países e mais de quatrocentas organizações governamentais e não governamentais para discutir, em conjunto, o novo desafio mundial da destruição ecológica e das mudanças ambientais. Nessa reunião, foram debatidos os temas da água, da desertificação do globo e do uso de

---

18. O Clube de Roma, criado em 1968 pelo industrial italiano Aurelio Peccei e pelo cientista escocês Alexander King, era um grupo de pessoas "ilustres" que se reuniam periodicamente – como o Fórum Econômico de Davos – para discutir a agenda dos grandes problemas futuros da humanidade, com destaque para os temas de meio ambiente, clima e limites naturais do crescimento econômico. Ficou famoso com a publicação do seu relatório, *The limits for growth*, elaborado por uma equipe de técnicos do MIT (Massachusetts Institute of Technology) que foi contratada pelo Clube de Roma e liderada por Dana Meadows. Esse relatório tratava de vários temas como ambiente, energia, poluição, crescimento, saneamento etc. e vendeu mais de 30 milhões de cópias em trinta idiomas diferentes, popularizando as velhas teses malthusianas dos limites naturais e populacionais do crescimento econômico.

pesticidas na agricultura, e falou-se, pela primeira vez, do desafio colocado pelas mudanças climáticas. Não houve consenso nem acordo final, devido à oposição, sobretudo naquele momento, dos países mais ricos e desenvolvidos.

No entanto, a Declaração da Conferência das Nações Unidas sobre o Meio Ambiente, adotada em 6 de junho de 1972, acabou se transformando na semente originária da qual nasceram a ideia, o projeto e a utopia de um novo tipo de desenvolvimento que não seguia o mesmo modelo predatório das industrializações originárias. A ideia de um "desenvolvimento sustentável" só adquiriu forma mais acabada na década de 1980, por meio do Relatório Brundtland (nome da primeira-ministra da Noruega que chefiou a comissão das Nações Unidas criada em 1983 e que foi responsável pela redação do documento final) e do Protocolo de Montreal, elaborado pela Comissão Mundial sobre o Meio Ambiente da Organização das Nações Unidas (ONU) e publicado em 1987, com a assinatura de cento e cinquenta países.

Cinco anos depois, essas mesmas ideias foram retomadas e aprofundadas por uma nova Conferência das Nações Unidas, a Eco-92, realizada na cidade do Rio de Janeiro, Brasil, na qual foram discutidos os problemas da biodiversidade e das mudanças climáticas associadas ao projeto de desenvolvimento alternativo consagrado pela Agenda 21, que foi aprovada por cento e setenta e nove países. Na mesma ocasião, foi lançada a Carta da Terra, aprovada por um fórum paralelo de organizações não governamentais. E foi assim que se consagrou, logo depois do fim da Guerra Fria, a nova utopia do "desenvolvimento sustentável", quando se consolidavam vitoriosas, depois da Guerra do Golfo, as utopias liberal-cosmopolitas da globalização e do humanitarismo.

Depois disso, foram realizadas várias reuniões anuais sobre a questão ecológica e as mudanças climáticas, destacando-se as que se realizaram em Kyoto, em 1997; em Joanesburgo, em 2002; e no Rio de Janeiro, em 2002 e 2012, culminando com o Acordo de Paris, assinado por cento e noventa e cinco países, em 2015. Esse acordo propõe objetivos e define metas mais precisas de redução dos gases de efeito estufa, como forma de conter ou desacelerar o processo de aquecimento global. Foi nesse último período – e, em particular, depois da assinatura do Protocolo de Kyoto, em 1997 – que a agenda do "desenvolvimento sustentável" cruzou e combinou de forma definitiva com a agenda da "transição energética", desde que ficou comprovada a responsabilidade dos combustíveis fósseis por mais de 50% da emissão dos gases e por seu "efeito cascata" sobre outros recursos naturais.

Foi assim que o projeto do "desenvolvimento sustentável" se associou, definitivamente, à proposta da "transição energética" de baixo carbono e ao projeto ético de construção de uma nova economia[19]. Mas, apesar do aparente consenso internacional, todos os dados indicam que a humanidade está longe de conter o aquecimento global, e que, pelo contrário, a situação piorou nos últimos três anos, atingindo um recorde de 36,8 bilhões de toneladas de dióxido de carbono em 2019. Neste momento do nosso raciocínio, cabe uma boa pergunta: como explicar essa contradição entre o aparente "consenso ecológico" internacional e o crescente descontrole da situação ecológica e climática do planeta?

    Primeiro, há que ter presente que não é uma tarefa fácil desmontar uma infraestrutura global ao redor de todo o mundo, destinada a produzir e distribuir o combustível que move o sistema econômico e a vida dos cidadãos do Planeta Terra há mais de cem anos. Além disso, deve-se ter claro que, até hoje, o "desafio climático" e a proposta da "transição energética" seguem sendo projetos eminentemente políticos, cujo sucesso depende, quase inteiramente, da consciência dos indivíduos e da vontade política de duzentos Estados nacionais, que são independentes e se organizam dentro de um sistema interestatal inteiramente hierarquizado, do pondo de vista do seu poder e da sua riqueza[20]. Dentro desse sistema, deve-se ter em conta que mais de 50% dos gases de efeito estufa do planeta são emitidos por não mais do que cinco ou seis países, e por não mais do que vinte grandes empresas multinacionais. Soma-se a isso o fato de que esses cinco ou seis países estão entre os mais ricos e poderosos do planeta – como China, Estados Unidos, Índia, Rússia, Japão e Alemanha – e que todas as vinte maiores empresas responsáveis por cerca de 33% das emissões mundiais de gás carbono são grandes petroleiras privadas e públicas.

    Entende-se, assim, por outro lado, que os países do sistema internacional que mais avançaram no controle da emissão de gases e no avanço da sua "transição ecológica" sejam, exatamente, a Suécia, a Suíça e a Noruega, ou seja, três pequenos países cujas populações somadas são menores do que a de São Paulo. Com isso, pode-se entender melhor por que os principais responsáveis pelos problemas ecológicos e climáticos do mundo são, também, os seus principais beneficiários, e alguns deles os que mais resistem ao estabelecimento de metas climáticas, como é o caso dos Estados Unidos – em particular, durante o governo de Donald Trump,

---

19. A "premência ética" do tema da transição ecológica explica o fato de que tenha sido tema de uma encíclica papal dedicada, exclusivamente, ao "cuidado da casa comum": "Tornou-se urgente e imperioso o desenvolvimento de políticas capazes de fazer com que, nos próximos anos, a emissão de anidrido carbônico e outros gases altamente poluentes se reduza drasticamente, por exemplo, substituindo os combustíveis fósseis e desenvolvendo fontes de energia renovável" (*Laudato Si'*, n. 26).

20. "*The only force that appears to be able to alter this picture in the foreseeable future is a strong policy that internalizes the substantial external environmental and social costs of fossil fuels, especially climate change*" (O'CONNOR; CLEVELAND, 2014, p. 7981).

que acabou abandonando o Acordo de Paris depois de passar quatro anos torpedeando todas as decisões de governos anteriores favoráveis à agenda da transição energética. Mas, mesmo dentro da União Europeia, que aparece na liderança dos "mudancistas", é difícil lograr um consenso entre os seus países mais ricos e a sua enorme faixa mais pobre e que não dispõe dos recursos necessários para substituir a sua estrutura produtiva e a infraestrutura energética.

Mesmo assim, numa direção contrária, deve-se destacar, neste momento, a mudança da posição chinesa nos últimos anos – em particular, o acelerado processo de "eletrificação" de sua frota automobilística – e, mais recentemente, a derrota de Donald Trump e a eleição de um novo presidente americano, Joe Biden, que se propõe a diminuir a emissão americana de gás carbono e que prometeu destinar, nos próximos quatro anos, US$ 2 trilhões para a criação de novos empregos e indústrias não poluentes e para a criação de uma nova infraestrutura de baixo carbono. E não é impossível que a "questão ecológica" possa se transformar num ponto de negociação e convergência diplomática do novo governo com a China.

Apesar disso, não se pode esquecer que o mandato do novo presidente é de apenas quatro anos, e que o seu governo e a sua agenda ecológica deverão encontrar resistência e oposição ferrenha por parte do Senado norte-americano. Mesmo assim, essa deverá ser a principal mudança da política externa americana no ano de 2021, e deverá se somar ao anúncio próximo dos principais bancos de desenvolvimento do mundo, de que já não financiarão mais projetos que envolvam o uso de carvão. Uma boa hora para lembrar-se, com otimismo, de que as utopias seguirão sendo sempre utopias, enquanto a vontade política coletiva avança, ainda que seja de forma lenta, tortuosa e imperfeita.

Referências

FRANCISCO. *Carta encíclica Laudato Si' sobre o cuidado da casa comum*. Cidade do Vaticano: Libreria Editrice Vaticana, 2015. Disponível em: https://www.vatican.va/content/francesco/pt/encyclicals/documents/papa-francesco_20150524_enciclica-laudato-si.html. Acesso em: 8 fev. 2023.

MARQUES, V. S. Na utopia ecológica, o importante é que a história continue. *Instituto Humanitas Unisinos*, 2016. Disponível em: https://www.ihu.unisinos.br/noticias/550880-na-utopia-ecologica-o-importante-e-que-a-historia-continue. Acesso em: 8 fev. 2023.

O'CONNOR, P. A.; CLEVELAND, C. J. U.S. Energy transitions 1780-2010. *Energies*, 2014, 7, p. 7981. Disponível em: https://www.mdpi.com/1996-1073/7/12/7955. Acesso em: 8 fev. 2023.

O veto americano ao gasoduto do Báltico[21]

José Luís Fiori

> *Segundo Halford Mackinder, "quem controla o 'coração do mundo' comanda a 'ilha do mundo', e quem controla a 'ilha do mundo' comanda o mundo". A 'ilha do mundo' seria o continente eurasiano, e seu coração estaria situado – mais ou menos – entre o Mar Báltico e o Mar Negro, e entre Berlim e Moscou (FIORI, 2014, p. 141).*

Halford Mackinder (1861-1947), o pai da geopolítica anglo-americana, formulou, no início do século XX, uma teoria sobre a distribuição espacial do poder mundial e traçou uma estratégia correspondente de conquista e controle anglo-saxão do poder global. Sua teoria e sua estratégia foram, na verdade, uma sistematização e uma racionalização daquilo que a Inglaterra já vinha fazendo desde o fim das Guerras Napoleônicas, quando o *Foreign Office* inglês definiu, pela primeira vez, a Rússia imperial dos Romanov como principal concorrente do poder britânico na Europa, na Ásia Central e, inclusive, na América. A mesma estratégia que, depois, se manteve, no século XX, com relação à Rússia comunista de Lenin a Gorbachev e segue vigente atualmente, com relação à Rússia nacionalista e conservadora de Vladimir Putin.

No século XIX, essa preocupação britânica foi a verdadeira origem da chamada Doutrina Monroe, que foi, de fato, formulada e sugerida aos americanos pelo ministro das Relações Exteriores da Inglaterra, George Canning, e que, depois de ser rejeitada pelo Presidente James Monroe, foi apropriada e anunciada

---

21. Artigo publicado, originalmente, na revista *Carta Capital* (www.cartacapital.com.br), em abril de 2021.

por ele como sendo de sua própria lavra, no seu discurso ao Congresso americano, em dezembro de 1823 (FIORI, 2004). No fim do século XIX e, em particular, durante o século XX, essa estratégia de isolamento da Rússia adquiriu uma nova dimensão e um objetivo mais específico, a partir da "primeira unificação" da Alemanha, em 1871, como fica quase explícito na visão de Mackinder, que aparece na epígrafe deste texto: não permitir jamais que a Rússia e a Alemanha estabelecessem entre si algum tipo de aliança estratégica ou de interdependência econômica que lhes possibilitasse hegemonizar a Europa e, como consequência, controlar o poder mundial.

A mesma ideia foi retomada pelo diplomata americano George Kennan, em seu famoso telegrama de 22 de fevereiro de 1946, no qual defendia a necessidade de "contenção permanente" da União Soviética, ideia que foi referendada por Winston Churchill em seu famoso discurso no Westminster College, na cidade de Fulton, Missouri, em 5 de março de 1946, quando propôs a criação de uma espécie de "cortina de ferro" separando a Europa Ocidental da União Soviética e de seus países aliados da Europa Central. Essa mesma doutrina estratégica está sendo retomada agora – de forma ainda mais radical – pela nova administração democrata de Joe Biden e seu chefe do Departamento de Estado, Antony Blinken, com relação à Rússia de Vladimir Putin. Houve aumento das sanções, das ameaças e da pressão militar em cima, exatamente, do eixo que conecta o Mar Báltico com o Mar Negro, e que envolve interesses estratégicos diretos da Alemanha e da Rússia em torno da Ucrânia e da Crimeia, na região do Mar Negro, e em torno da Polônia, da Lituânia, da Letônia e da Estônia, na região do Mar Báltico.

É essa mesma estratégia de bloqueio e distanciamento entre Rússia e Alemanha que explica o veto cada vez mais agressivo dos norte-americanos ao projeto de construção do gasoduto Nord Stream 2, que começa na cidade de Viburgo, noroeste da Rússia, e chega até a cidade de Greifswald, no nordeste da Alemanha, passando pelo fundo do Mar Báltico, com 1.230 quilômetros de extensão e um custo previsto de US$ 10,5 bilhões. Esse gasoduto já está instalado em 95% da sua extensão e, ao ser concluído, dobrará a capacidade do Nord Stream 1, o qual foi concluído em 2011, com uma capacidade para 55 milhões de metros cúbicos de gás por ano, e, com a instalação do novo *pipeline*, passará para 110 milhões de metros cúbicos por ano. O projeto desse gasoduto do Mar Báltico inclui a sua alimentação terrestre na Rússia, a sua parte submersa e inúmeras ligações por meio da Europa Ocidental, e foi financiado por um consórcio liderado pela empresa russa Gazprom, associada com as alemãs Uniper e Wintershall, a austríaca OMV, a francesa Engie e a anglo-holandesa Shell.

Nos seus quatro primeiros meses, o governo Biden já praticou mais duas rodadas de novas sanções contra todas as empresas e os governos envolvidos no projeto e ameaçou transformar o seu veto numa "linha vermelha" intransponível, com ameaças ainda mais graves e destrutivas do que as que já foram feitas, sobretudo com relação ao governo da Alemanha. Nessa sua geopolítica, os Estados Unidos contam com o apoio da Polônia, da Ucrânia e dos países bálticos e nórdicos, além de uma parte significativa dos governos e das forças políticas da própria União Europeia. Apesar disso, a Rússia tem insistido na natureza exclusivamente comercial de seu projeto conjunto com os alemães, até porque a Alemanha já recebe o gás russo por meio do próprio Nord Stream 1, além de outros dois *pipelines* que atravessam a Ucrânia e a Turquia, sem que esses projetos tenham sido vetados no momento de sua construção. No entanto deve-se lembrar que essas "autorizações" aconteceram antes da intervenção militar russa na Síria, que consagrou um novo patamar na correlação de forças militares entre a Rússia e os Estados Unidos, e, em particular, com relação às forças da Organização do Tratado do Atlântico Norte (Otan).

Pelo lado da Alemanha, entretanto, o panorama aparece mais complexo e indefinido, e, neste momento, os olhos estão postos nas eleições gerais do próximo mês de setembro, quando será eleito(a) o(a) substituto(a) de Angela Merkel, chanceler desde 2005. E a posição alemã frente ao seu projeto do Nord Stream 2 tem estado no epicentro das discussões eleitorais: o Partido Social-Democrata apoia o projeto majoritariamente, mas, hoje, é apenas a terceira ou a quarta força política da Alemanha; o próprio Partido Democrata-Cristão de Angela Merkel está dividido com relação ao tema; e os Verdes, finalmente, que são a segunda força política do país, opõem-se, terminantemente, ao projeto do gás russo.

A chanceler, Angela Merkel, não vê diferença entre o projeto do Nord Stream 2 com relação aos demais gasodutos que já fornecem gás russo aos alemães e a outros europeus e considera que a oposição americana atual envolve questões políticas e geopolíticas que transcendem os campos econômico e energético propriamente ditos. Do mesmo modo pensa Gerard Schroeder, antigo chanceler social-democrata e atual dirigente do consórcio Nord Stream AG, o qual lidera o projeto do gasoduto, que considera que o Nord Stream 2 é uma alternativa energética eficaz e "limpa" ao uso do carvão e da energia nuclear e que esse gasoduto resolverá o problema da escassez energética da Alemanha por várias gerações. Além disso, Schroeder acredita que o gás russo *fracking gas* é menos caro, de melhor qualidade e menos agressivo ecologicamente do que o *fracking gas* americano.

Nessa mesma linha, mas utilizando uma linguagem ainda mais agressiva, o ministro das Finanças da Alemanha, Olaf Scholz, denunciou as sanções americanas como uma "severa intervenção nos assuntos internos da Alemanha e da Europa" (GERMANY, 2019, *on-line*), e o Ministro de Relações Exteriores alemão, Helko Maas, chegou a publicar no Twitter que a "política de energia europeia tem que ser decidida pelos europeus, não pelos Estados Unidos" (ELLYATT, 2019, *on-line*). Assim mesmo, o projeto está "no ar", e é provável que se mantenha dessa forma até as eleições gerais do mês de setembro, apesar de os russos estarem avançando por conta própria para concluir os cerca de 150 quilômetros que ainda faltam para completar a construção desse gasoduto russo-alemão. Porém não há dúvida de que a solução do impasse parece cada vez mais embaralhada pelo aumento das tensões geopolíticas e militares entre os Estados Unidos e a Rússia, e, portanto, seu desfecho é imprevisível, ou, pelo menos, deverá ser adiado ainda por algum tempo.

Enquanto isso, os produtores de gás liquefeito americano conseguem ir conquistando e se estabelecendo dentro do mercado europeu, expondo, uma vez mais, a relação direta que existe entre a geopolítica e a sua luta pelo poder, e a conquista e a monopolização dos mercados mundiais de petróleo e gás pelas grandes empresas produtoras e exportadoras de petróleo e gás. É como reconhece e denuncia a Associação de Negócios do Leste da Alemanha (OAOEV) quando declara que, "na prática, a América quer vender o seu gás liquefeito na Europa e as sanções americanas visam expulsar os seus competidores do mercado europeu" (HESSLER, 2019, *on-line*). Uma lei de ferro que transcende essa conjuntura imediata e que se repete todos os dias no mundo do petróleo e do gás, e em toda a "economia de mercado capitalista"[22].

Referências

ELLYATT, H. Ukraine and Russia look to strike new gas deal amid US sanctions threats. *CNBC*, 2019. Disponível em: https://www.cnbc.com/2019/12/16/ukraine-and-russia-look-to-strike-gas-transit-deal.html. Acesso em: 8 fev. 2023.

FIORI, J. L. *História, estratégia e desenvolvimento*. São Paulo: Boitempo, 2014.

FIORI, J. L. (org.). *O poder americano*. Petrópolis: Vozes, 2004.

GERMANY, EU, decry US Nord Stream sanctions. *Deutsche Welle*, 2019. Disponível em: https://www.dw.com/en/germany-eu-decry-us-nord-stream-sanctions/a-51759319. Acesso em: 8 fev. 2023.

---

22. "Os 'grandes predadores' que estão na origem do capitalismo junto com os grandes e sistemáticos 'lucros extraordinários' foram a verdadeira mola propulsora do capitalismo, por cima da economia de mercado na qual se produzem e acumulam apenas os 'lucros normais', incapazes por si só de explicar o sucesso originário europeu, na acumulação e concentração da riqueza mundial" (FIORI, 2004, p. 31).

HESSLER, U. Nord Stream 2 sanctions controversy heats up. *Deutsche Welle*, 2019. Disponível em: https://www.dw.com/en/nord-stream-2-gas-pipeline-faces-sanctions-under-us-defense-bill/a-51641960. Acesso em: 8 fev. 2023.

Nos bastidores de Glasgow: um mundo tensionado e sem liderança[23]

José Luís Fiori

> *We are witnessing one of the largest shifts in global geostrategic power of the world has witnessed* (Gal. Mark Milley, Joint Chief of Staff, em *NBC News, Sputnik*, 08 nov. 2021).

Não há como negar o desencanto provocado pela Conferência das Nações Unidas sobre Mudanças Climáticas (COP26), realizada na cidade de Glasgow, na Escócia, no início de novembro de 2021. De um lado, há os que elogiam o compromisso de zerar o desmatamento, reduzir a emissão do gás metano e regulamentar o mercado mundial de carbono, e até a menção, no documento final de reunião, da necessidade de reduzir o uso do carvão e dos combustíveis fósseis, com vistas ao objetivo consensual de limitar o aumento da temperatura global em 1,5 °C até o fim do século, em relação ao seu nível anterior à "era industrial". Do outro lado estão os que criticam a falta de avanço com relação ao tema da "justiça climática", ou seja, a compensação financeira dos países mais pobres que já sofrem os efeitos do aquecimento global produzido pelo desenvolvimento dos países mais ricos, ou que não têm condições de abrir mão de produtos que contribuem para o aquecimento global, mas que são necessários – neste momento – para o seu próprio desenvolvimento econômico.

Além disso, não foram definidas metas claras, nem foram estabelecidos ou criados mecanismos de controle e governança global da questão climática. Tudo isso é verdade, todos têm algum grau de razão, e não há como arbitrar esse debate

---

23. Artigo publicado, originalmente, no jornal *Sul 21* (sul21.com.br), em novembro de 2021.

de forma conclusiva. Mas o verdadeiro motivo do desencanto, ou mesmo da sensação de fracasso da COP26, não tem a ver com os seus acordos e seus compromissos técnicos e políticos; tem a ver com a falta de "densidade política" de uma conferência que foi esvaziada e não contou com nenhuma liderança capaz de se sobrepor à fragmentação e à hostilidade existentes no sistema internacional, marcado por um movimento simultâneo e paralelo de todas as potências que poderiam ou deveriam liderar esse grande projeto de "transição energética" e "revolução verde" da economia mundial.

Na verdade, a COP26 foi organizada pela Inglaterra com o objetivo explícito de afirmar a liderança britânica, ou mesmo anglo-saxônica, desse grande processo de transformação ecológica, e com o objetivo não declarado de "transferir" para Glasgow a marca simbólica mundial dos "Acordos de Paris". Esse era o sonho do primeiro-ministro inglês, Boris Johnson, e de Alok Sharma, seu conterrâneo que presidiu a conferência. Mas esse projeto foi abortado logo de partida pelo anúncio, em cima da hora, da ausência dos presidentes da China e da Rússia, e pelo boicote discreto da França e da própria União Europeia. O próprio presidente americano, Joe Biden, fez questão de marcar distância com relação à figura do primeiro-ministro inglês, expondo a sua fragilidade, seja por conta de seus problemas internos ou de suas disputas atuais com a França em relação à Irlanda e à União Europeia, seja, simplesmente, porque a Inglaterra já não tem mais o poder e a liderança mundial imaginados por Johnson, nem mesmo entre as grandes potências, a menos que esteja apoiada pelos Estados Unidos. O que ficou difícil, nesse caso, porque os Estados Unidos foram, em última instância, os principais responsáveis pelo esvaziamento da reunião de Glasgow, a despeito das boas intenções ecológicas de seu atual presidente.

Os líderes mundiais reunidos em Glasgow ainda não tiveram tempo de esquecer Donald Trump e a sua decisão de abandonar os Acordos de Paris, que os próprios Estados Unidos haviam patrocinado e apoiado entusiasticamente em 2015. E, a despeito do retorno americano e do pedido de desculpas do Presidente Joe Biden, o trauma da ruptura ficou como uma ameaça permanente com relação ao futuro da participação americana, sobretudo quando se tem em conta a possibilidade da volta de Donald Trump ou de algum outro líder de extrema-direita e negacionista nas eleições de 2024. Nessas condições, quem apostaria na liderança de um país e de um presidente que não é capaz de assegurar a posição atual dos Estados Unidos, favorável ao acordo climático, por apenas mais três anos? Além disso, o próprio governo Biden sofreu uma grande perda de apoio interno depois de sua desastrosa retirada militar do Afeganistão, que foi feita, aliás, sem consulta ou comunicação aos seus principais aliados europeus. Tudo isso numa sociedade cada vez mais polarizada e radicalizada, e que tem manifestado, nas pesquisas de opinião pública, uma crescente rejeição à ideia da reeleição do atual presidente, o que talvez explique as suas relações cada vez mais tensas e excludentes com a sua Vice-presidente Kamala Harris.

É nesse contexto que se deve avaliar a importância decisiva da outra grande "defecção ocidental", da própria União Europeia, que teve papel muito menor do que o esperado na condução das negociações de Glasgow, fosse por suas disputas atuais com o Primeiro-ministro "brexista" Boris Johnson, fosse porque ela própria está dividida e fragilizada internamente. A Alemanha segue negociando a formação de um novo governo, sem Angela Merkel e, portanto, com baixa capacidade de iniciativa e liderança; isso se pode dizer da França de Emmanuel Macron, às vésperas de uma nova eleição presidencial e em conflito aberto com a Inglaterra por questões derivadas do Brexit. Deve-se agregar a tradicional fratura econômica entre os países do norte e do sul da União Europeia, agravada pelos efeitos da pandemia de covid-19, à qual se soma a fratura ideológica entre os seus países-membros do leste e do oeste europeu. Todos mobilizados, mas sem uma posição comum frente ao que a Organização do Tratado do Atlântico Norte (Otan) considera, hoje, uma ameaça militar russa, no Báltico, na Europa Central e no Mar Negro, e a ameaça de ressurgimento do conflito étnico e religioso dos Bálcãs. Entende-se melhor, dessa maneira, a passagem em surdina dos europeus por Glasgow e a sua incapacidade atual de liderar qualquer coisa que seja em escala global.

No início de 2017, o Presidente chinês Xi Jinping rompeu uma longa tradição contrária e compareceu ao Fórum Econômico Mundial de Davos, nos Alpes Suíços, para fazer uma defesa intransigente da globalização e da ordem econômica liberal mundial, logo depois do Brexit, vitorioso no plebiscito inglês de 2016, e na primeira hora do governo de Donald Trump. Em seu pronunciamento, Xi Jinping se oferecia, explicitamente, para liderar o projeto e o mundo liberal que havia sido tutelado pelos anglo-saxões e que, agora, estava sendo criticado e, de certa forma, abandonado pelos Estados Unidos de Donald Trump e por seus fiéis aliados britânicos. Quatro anos depois, o Presidente Xi Jinping não compareceu à reunião de Glasgow, apesar de seu governo estar promovendo políticas cada vez mais ousadas no campo da "transição energética" e da criação de uma nova "economia verde" chinesa. Entre uma data e outra, entretanto, a China foi surpreendida pela "guerra comercial" iniciada por Donald Trump e que se mantém até agora com o governo de Joe Biden, que tem promovido um cerco militar à China cada vez mais intenso e agressivo, sobretudo depois da efetivação de seus acordos com Coreia, Japão, Índia e Austrália, e de sua decisão de levar à frente um acordo atômico conjunto com Inglaterra e Austrália.

A China vem respondendo à guerra comercial e ao seu cerco militar com a aceleração do seu desenvolvimento tecnológico-militar, e vem desacoplando, progressivamente, a sua economia da norte-americana, sobretudo nos campos que envolvem tecnologias sensíveis. E é nesse contexto que se coloca o agravamento atual da disputa em torno de Taiwan e do controle naval do Mar do Sul da China. Essa tensão e essa hostilidade crescentes explicam, em última instância, a ausência do presidente chinês na COP26, cuja importância não foi reduzida nem disfarçada pela declaração conjunta, feita em Glasgow, pelos representantes da China e dos Estados Unidos, absolutamente formal, diplomática e sem maiores consequências práticas. O interessante é observar que, por um caminho transverso, para se defender, os chineses estão sendo obrigados a seguir uma cartilha "introspectiva" e de fechamento muito parecida com a que foi preconizada por Trump, e que segue sendo trilhada por Joe Biden. Mesmo assim, a China deve seguir, por conta própria, a sua política de transição energética e econômica, com um gasto programado, para a próxima década, de US$ 3,4 trilhões destinados à redução de suas emissões de gás carbono, mais do que a soma do que já programaram gastar juntos os Estados Unidos e a União Europeia no mesmo período.

A ausência russa em Glasgow teve um roteiro parecido com o da China, apesar de que, nesse caso, o cerco externo já seja muito mais antigo e permanente, uma vez que a Otan, criada para enfrentar a "ameaça comunista" da União Soviética, manteve-se depois do fim da Guerra Fria, agora para enfrentar a ameaça conservadora da Rússia nacionalista de Vladimir Putin. A Rússia enfrenta, neste momento, problemas internos, sanitários e econômicos, provocados ou agravados pela pandemia de covid-19 e ainda vem encarando uma hostilidade crescente em sua fronteira ocidental, e não teria a menor condição de posar na foto oficial de Glasgow ao lado de seus principais acusadores e potenciais agressores. De qualquer maneira, a Rússia nunca exerceu uma liderança mundial significativa com relação aos temas da "agenda ecológica", sendo sabidamente uma megapotência energética, graças às suas reservas ilimitadas de carvão, gás e petróleo, além de energia nuclear. Apesar disso, segue mantendo a sua posição favorável, os seus objetivos e a própria estratégia de descarbonização da sua economia e do seu território.

Por fim, não se pode deixar de destacar a importância da mudança da posição tradicional do Brasil e do seu desaparecimento do cenário diplomático internacional. Desde a realização da Eco-92, pelo menos, o Brasil vem ocupando papel central na luta contra a mudança climática mundial, não apenas pela importância de suas florestas, seu petróleo e seus rebanhos, mas sobretudo porque o Itamaraty sempre ocupou posição de destaque nas grandes negociações e nos acordos logrados nos últimos vinte e cinco anos. Por essa razão, a nova posição negacionista do governo brasileiro pesou muito no desalento final de Glasgow, a despeito de alguns diplomatas brasileiros terem tentado mostrar uma postura mais positiva, inteiramente descreditada pela sua própria sonegação de informação durante a reunião e pelas reiteradas mentiras do seu governo e do seu presidente com relação ao desmatamento recorde da Amazônia nos últimos três anos.

É bem verdade que, na última reunião do G20, em Roma, foi possível perceber que a comunidade internacional já classificou e descartou, definitivamente, o capitão-presidente como uma espécie de "abobado inimputável", como ficou patente em seu pequeno "episódio" com Angela Merkel e na sua conversa inteiramente sem nexo com Recep Erdoğan, o presidente da Turquia. A impressão que fica é de que a comunidade internacional já aceitou a ideia de esperar que essa figura seja devolvida ao seu circo particular e que seus inventores retornem aos quartéis, para que o Brasil também possa voltar a ocupar o lugar que já havia conquistado no cenário internacional – em particular, na luta contra o desmatamento da Amazônia e a favor dos Acordos de Paris, que foram assinados pelo Brasil. Mas o estrago em Glasgow já foi feito, e não há dúvida de que o desaparecimento do Brasil também contribuiu para o esvaziamento da vontade política da COP26.

Resumindo nosso argumento: o mundo está inteiramente fragmentado, tensionado e sem liderança, e não é possível que se constitua e se consolide uma vontade política coletiva tão complexa como a que é requerida para levar à frente uma transição energética e econômica dessa magnitude sem que exista uma liderança forte e convergente, capaz de mover um mundo tão desigual e assimétrico numa mesma direção coletiva. Neste momento, o que existe não é multilateralismo, é estilhaçamento, e, nesse contexto, o tecido do sistema internacional tende a ficar hipersensível, transformando todo e qualquer conflito numa ameaça de guerra. É por causa dessa tensão e dessa hostilidade no ar que a conferência de Glasgow entrará para a história como um momento paradoxal, de grande consenso e, ao mesmo tempo, de grande frustração.

A crise energética de 2021: origem e impactos[24]

José Luís Fiori

> *An energy crisis is affecting almost every part of the globe, marked by record-high energy prices, tight supplies, and power blackouts […] The first energy crisis in decades has come as a shock to many, who seem to have forgotten how energy insecurity reverberates onto energy major sphere of public life: the economy, national security, the environment, and public health […]* (SHAFFER, 2021, on-line).

O sistema energético mundial atravessa um período de enorme turbulência e imprevisibilidade desde que se generalizou a pandemia causada pelo novo coronavírus, nos primeiros meses de 2020. Tudo começou com uma queda abrupta da demanda mundial e dos preços internacionais, provocada pela interrupção instantânea e universal da atividade econômica e pelo aumento imediato do desemprego, começando pela China e atingindo, logo em seguida, a Europa, os Estados Unidos e a América Latina. O consumo das empresas e das famílias caiu vertiginosamente, e os tanques e os reservatórios de todo o mundo ficaram cheios e ociosos; os próprios navios petroleiros ficaram à deriva, sem ter onde desembarcar, provocando uma queda sem precedentes dos preços, que chegaram a ficar negativos em alguns momentos. Não foi uma crise clássica do capitalismo, nem foi uma guerra; foi uma "catástrofe natural" inesperada que surpreendeu a humanidade e provocou respostas nacionais descoordenadas – e, muitas vezes, im-

---

24. Artigo publicado, originalmente, no portal *Le Monde Diplomatique* (diplomatique.org.br), em janeiro de 2022.

provisadas –, pelo menos até a descoberta das vacinas e o início da sua aplicação massiva nas principais economias do Hemisfério Norte.

Como consequência, a economia mundial regrediu, no ano de 2020, e a indústria energética sofreu um baque de rapidez e proporções desconhecidas. Um ano depois, o cenário havia se invertido radicalmente, sobretudo depois da difusão das vacinas e da retomada da atividade econômica, primeiro na China e em alguns outros países asiáticos e, depois, na Europa e nos Estados Unidos. Mas a oferta de energia não conseguiu responder à retomada econômica por conta das próprias dificuldades técnicas de uma reversão tão rápida, incluindo a reconstituição dos fluxos e das redes de transporte, e também por conta da dificuldade de reverter a decisão anterior da Organização dos Países Exportadores de Petróleo (Opep) de diminuir a sua produção como resposta à queda da demanda e do consumo do ano anterior. Os tanques e os reservatórios de petróleo e gás natural se esvaziaram, e a própria oferta mundial de carvão foi interrompida por acidentes naturais e mudanças climáticas inesperadas, que se somaram a erros de planejamento estratégico, sobretudo no caso da China.

Como consequência, os preços da energia dobraram ou triplicaram, dependendo de cada região ou país; o suprimento de eletricidade foi interrompido em vários países, provocando blecautes, fechamentos de empresas e revoltas populares contra o aumento generalizado dos preços dos alimentos, do combustível e dos serviços públicos em geral. O preço do petróleo chegou, em outubro de 2021, a US$ 85 por barril, e o preço do gás natural se multiplicou por quatro, se comparado ao ano anterior, sobretudo na Europa, onde subiu 119% na Alemanha e 149% na França, com relação ao seu valor no mês de agosto de 2021. Na Grã-Bretanha, o preço da eletricidade subiu mais de dez vezes em 2021, com relação à sua média da última década, e, por fim, no mesmo período, o preço do carvão duplicou na China e na Austrália, dois dos maiores produtores mundiais de carvão do mundo.

Vários fatores convergiram para provocar essa crise da oferta e essa explosão dos preços em quase todo o mundo, alguns comuns ou mais gerais e outros mais específicos de cada região ou país. Entre os primeiros, deve-se mencionar: i) a retomada robusta da atividade econômica depois das duas primeiras ondas pandêmicas – em particular, após o surgimento e o início da aplicação das vacinas; ii) os eventos climáticos extremos, com a chegada muito cedo de um inverno rigoroso – em 2020 e 2021 –, aos quais se somaram grandes calmarias, incêndios e enchentes que atingiram, de forma pesada, a oferta da energia alternativa, eólica e solar, ao mesmo tempo que grandes inundações afetaram a produção do carvão, simultaneamente, em vários pontos do mundo, na China, na Europa e nos Estados Unidos; iii) as falhas no planejamento das políticas públicas de energia ou climáticas, que acabaram afetando – ainda que de formas diferentes – as cadeias de produção e provimento de energia nos três grandes centros da economia mundial: Ásia, Europa e Estados Unidos; iv) a queda do investimento, sobretudo na produção de petróleo, que permanece abaixo do seu nível pré-pandêmico, que já era inferior ao que havia sido alcançado em 2014 – no caso americano, houve, de fato, um desinvestimento real na produção do *shale gas* e do óleo de xisto, provocado pela queda dos preços da energia em 2020, que não foi revertido em 2021; e, por fim, como veremos mais à frente, v) os fatores de ordem geopolítica também pesaram muito, sobretudo no caso do provimento russo do gás natural, responsável por cerca de 40% do consumo da indústria, dos governos e das famílias europeias.

Algumas causas dessa crise energética são conjunturais e poderão ser superadas no transcurso de 2022, como é o caso das condições climáticas adversas desse último ano. Mas outras causas se manterão e devem forçar mudanças dentro da própria matriz energética dos países mais afetados pela crise, redirecionando investimentos e forçando algumas escolhas dramáticas, como no caso mais urgente do abandono do carvão. Mas nenhuma dessas mudanças conseguirá impedir o impacto econômico imediato da crise e da alta dos preços dos combustíveis e da energia elétrica, que deve provocar uma desaceleração generalizada da retomada econômica mundial que já estava em curso e um aumento em cascata das taxas de inflação, multiplicando a turbulência social e política nos países mais afetados pela crise, em particular, nos países com governos sem recursos ou disposição de defender as suas populações contra as "intempéries do mercado".

Essa nova grande crise energética tem uma dimensão quase universal, como já dissemos, mas tudo indica que seus impactos mais profundos e de longo prazo se darão no continente europeu, porque a Europa é fortemente dependente das importações de energia, sobretudo de petróleo e de gás, e é também o continente que vem liderando a luta mundial contra o uso do carvão e de todas as fontes de energia fósseis. Nesse contexto, a recente decisão da União Europeia de considerar o gás natural e a energia nuclear como "energias limpas" já deve ser considerada como uma consequência da crise e uma escolha dos europeus que deverá ter impacto global. A escolha do gás natural como a sua principal fonte energética durante o período da transição carbônica deve se prolongar, pelo menos, até 2060.

O gás natural apareceu junto ao petróleo no século XIX, tanto nos Estados Unidos quanto na Rússia, mas só começou a ser utilizado de forma mais sistemática pelos Estados Unidos nas décadas de 1920 e 1930, quando os americanos possuíam apenas dez gasodutos. Tal situação, entretanto, mudou radicalmente depois da "crise do petróleo" dos anos 1960 e 1970, quando o gás natural se "autonomizou" e deu um salto como fonte energética, com a multiplicação acelerada dos gasodutos nos Estados Unidos e em todo o mundo. Hoje, há cerca de 1 milhão de quilômetros de gasodutos ao redor do mundo, vinte e cinco vezes a circunferência da Terra, e o gás natural já representa 24% do consumo mundial de energia primária, um pouco abaixo, apenas, do carvão, com 27%, e do petróleo, com 34%. A nova centralidade energética do gás natural, portanto, não deve se restringir à Europa, com a progressiva substituição do carvão e do petróleo.

Porém é preciso ter atenção, porque essa mudança na matriz energética mundial deverá ter consequências geopolíticas e geoeconômicas profundas e imediatas, bastando lembrar que um terço das reservas mundiais de gás se encontra nos territórios da Rússia e do Irã e que, assim mesmo, o maior produtor e exportador mundial do gás liquefeito – pelo menos até o início da pandemia de covid-19 – eram os Estados Unidos. As tensões geopolíticas entre a Rússia e a Ucrânia já tinham provocado as crises no fornecimento de gás dos anos 2006, 2009 e 2014, e agora, de novo, a escassez e alta dos preços do gás na Europa estão estreitamente associadas com a nova escalada do conflito diplomático e bélico em torno da Ucrânia, entre a Rússia e as forças da Organização do Tratado do Atlântico Norte (Otan), lideradas pelos Estados Unidos. Uma disputa que se prolonga desde o fim da Guerra Fria e da desmontagem da União Soviética e do Pacto de Varsóvia, mas que se agravou com a crise energética e a impossibilidade de os Estados Unidos substituírem o gás natural russo, devido à diminuição da sua própria oferta internacional de Gás Natural Liquefeito (GNL), redirecionada para o mercado interno americano e para o mercado asiático, onde os preços são três a quatro vezes superiores aos preços oferecidos pelo mercado europeu. Deve-se somar a esses problemas europeus o atraso na liberalização do Gasoduto do Báltico, o Nord Stream 2, entre a Rússia e a Alemanha, que sofreu todo tipo de boicote norte-americano e de outros países aliados dos Estados Unidos durante a sua construção e que, agora, se transformou numa peça-chave de chantagem dentro das negociações atuais em torno da demanda russa de "neutralização" do território ucraniano.

De qualquer maneira, a curto prazo, do ponto de vista energético, devido à própria intensidade do inverno atual e ao nível da escassez energética na Europa somados às suas altas taxas de inflação atuais, são os russos que têm as cartas na mão e distribuem o jogo, porque só eles têm a capacidade de aumentar, imediatamente, a oferta do gás que os europeus necessitam para baixar os seus custos de produção e recuperar a competitividade de sua indústria, diminuindo o grau de insatisfação de suas populações. Aliás, foi essa excepcional posição de força da Rússia que permitiu ao seu governo avançar as peças no tabuleiro do xadrez geopolítico europeu e colocar sentados os Estados Unidos, a Otan e todos os países europeus em torno de sua proposta de estabilização estratégica da Europa Central, uma questão que permanece aberta desde o fim da Guerra Fria, em 1991 (assunto que será tema de um próximo artigo).

Referência

SHAFFER, B. Is Europe's Energy Crisis a Preview of America's? *Foreign Policy*, 2021. Disponível em: https://foreignpolicy.com/2021/10/05/energy-crisis-europe-electricity-gas-renewable-us/. Acesso em: 13 fev. 2023.

Bloco III
A Guerra da Ucrânia

A escolha europeia, a crise energética e a "reviravolta russa"[25]

José Luís Fiori

> *Se Hans Morgenthau estiver com a razão [a causa da Guerra da Geórgia, de 2008] é um segredo de polichinelo: a Rússia foi a grande perdedora da década de 1990 e será a grande questionadora da nova ordem mundial, até que lhe devolvam – ou ela retome – todo ou parte do seu velho território. Por isso a Guerra da Geórgia não deve ser considerada uma "guerra antiga", pelo contrário, ela é o anúncio do futuro* (FIORI, 2008).

> *With the US distracted and Europe lacking both military clout and diplomatic unity, Putin may feel now is the best time Russia will ever have to attack Ukraine* (JOINER et al., 2022).

Em apenas um ano, o mercado mundial de energia enfrentou duas grandes crises diametralmente opostas: a primeira, no início de 2020, no momento em que se generalizou a pandemia de covid-19; e a segunda, em pleno curso atualmente. Tudo começou com uma queda abrupta da demanda mundial e dos preços internacionais, provocada pela interrupção instantânea e universal da atividade econômica e pelo aumento exponencial do desemprego, começando pela China e atingindo, em sequência, a Europa e os Estados Unidos. O consumo das empresas e das famílias caiu da noite para o dia, e os tanques e os reservatórios de petróleo e gás ao redor do mundo ficaram cheios e ociosos; os próprios navios petroleiros ficaram à deriva, sem ter onde desembarcar, provocando uma queda dos preços e uma paralisação quase completa da produção de óleo. Como consequência, a economia

---
25. Artigo publicado, originalmente, no jornal *Sul 21* (sul21.com.br), em janeiro de 2022.

mundial regrediu, no ano de 2020, e a indústria energética sofreu um baque de rapidez e proporções desconhecidas. Menos de um ano depois, o cenário já havia se invertido radicalmente, depois da invenção e da difusão das vacinas e após a retomada da atividade econômica. Com a desmontagem anterior das estruturas logísticas e a interrupção dos fluxos globais, a oferta de energia não conseguiu responder à retomada econômica, e, um ano depois da primeira crise, os tanques e os reservatórios de petróleo e gás natural encontravam-se vazios, e a própria oferta mundial de carvão foi interrompida por acidentes naturais e mudanças climáticas que se somaram a erros de planejamento estratégico, sobretudo no caso da China e dos Estados Unidos. Como consequência, durante o ano de 2021, os preços da energia dobraram ou triplicaram, dependendo de cada região; o suprimento de energia elétrica foi interrompido em vários países, e multiplicou-se o fechamento de empresas e as revoltas populares contra a inflação dos alimentos, do combustível e dos serviços públicos em geral.

Algumas causas dessa crise energética foram conjunturais e deverão ser superadas no transcurso de 2022, como no caso das condições climáticas extremamente adversas desse último ano, mas outras se manterão e devem forçar mudanças dentro da própria matriz energética dos países mais afetados pela crise, redirecionando investimentos e apressando algumas escolhas dramáticas, como no caso mais urgente do abandono do carvão, sobretudo no continente europeu. Como é sabido, a Europa é fortemente dependente das importações de energia, sobretudo de petróleo e de gás, e é também o continente que vem liderando a luta mundial contra o uso do carvão e de todas as fontes de energia fósseis. Nesse contexto, a recente decisão da União Europeia de considerar o "gás natural" e a "energia nuclear" como "fontes de energia limpa" já deve ser vista como uma consequência imediata da crise, mas que deverá afetar a vida dos europeus a curto, médio e longo prazos. Na verdade, a Europa está decidindo e está sendo coagida, ao mesmo tempo, a transformar o gás natural na sua principal fonte de "energia limpa", e essa decisão deve se manter e se prolongar durante todo o período da "transição energética" europeia, programada para alcançar a meta de emissão zero de carbono em 2050. E já agora o mais provável é que, mesmo depois de alcançada essa meta, o gás natural siga sendo o principal componente da matriz energética europeia até o fim do século, sobretudo devido ao veto alemão ao uso da energia atômica.

O gás natural apareceu junto ao petróleo no século XIX, tanto nos Estados Unidos quanto na Rússia, mas só começou a ser utilizado de forma mais sistemática pelos Estados Unidos nas décadas de 1920 e 1930, quando os americanos possuíam apenas dez gasodutos. Tal situação, entretanto, mudou radicalmente depois da "crise do petróleo" dos anos 1960 e 1970, quando o gás natural se "autonomizou" e deu um salto como fonte energética, com a multiplicação acelerada dos gasodutos nos Estados Unidos. Hoje, há cerca de 1 milhão de quilômetros de gasodutos ao redor do mundo, vinte e cinco vezes a circunferência da Terra, e o gás natural já representa 24% do consumo mundial de energia primária, um pouco abaixo, apenas, do carvão, com 27%, e do petróleo, com 34%. Por isso, a nova centralidade energética do gás natural não deve se restringir à Europa, mas só a Europa tomou a decisão de privilegiar o gás na montagem de sua matriz energética, no presente e no futuro.

Essa escolha europeia deverá produzir consequências geoeconômicas imediatas, bastando levar em conta que um terço das reservas mundiais de gás natural se encontra nos territórios da Rússia e do Irã, que um quarto do gás consumido pela China é proveniente do Cazaquistão, e que, hoje, as exportações do gás russo já são responsáveis por 40% do mercado europeu, no qual os russos concorrem, diretamente, com o gás natural liquefeito, ou *shale gas* norte-americano. Por outro lado, essa simples distribuição geográfica já fala, por si só, da importância geopolítica que há em todas as disputas comerciais e territoriais envolvendo a distribuição mundial do gás natural. Basta lembrar que as "crises do gás" de 2006, 2009 e 2014 já estiveram diretamente associadas à interrupção dos gasodutos russos que atravessam o território ucraniano na direção da Europa. E, também, com a disputa entre a Rússia, os Estados Unidos e as forças da Organização do Tratado do Atlântico Norte (Otan) em torno do controle militar do território da Ucrânia. Uma disputa que inclui os demais países da chamada "Europa Central" e que se prolonga desde o fim da Guerra Fria, mas que, neste momento, está concentrada na queda de braço entre a Rússia e a Otan em torno da incorporação ou não da Ucrânia e da Geórgia como países-membros da organização militar do Atlântico Norte liderada pelos Estados Unidos.

Em 1991, depois do fim da Guerra Fria, não houve a assinatura de um "acordo de paz" que definisse, de forma explícita, as regras da nova ordem mundial, imposta pelos vitoriosos, como havia acontecido no fim da Primeira e da Segunda Guerra Mundial. De fato, o território soviético não foi bombardeado e seu exército não foi destruído, mas, durante toda a década de 1990, os Estados Unidos e a Otan promoveram, ativamente, a cooptação dos países do antigo Pacto de Varsóvia e o desmembramento do próprio território russo, consolidado, desde o início do século XIX, pela Dinastia dos Romanov. Começando pela Letônia, pela Estônia e pela Lituânia, e seguindo pela Ucrânia, pela Bielorrússia, pelos Bálcãs, pelo Cáucaso e pelos países da Ásia Central. E, depois disso, os Estados Unidos e a Otan participaram da Guerras da Bósnia, da Iugoslávia e do Kosovo e iniciaram, de imediato, a instalação de armamento balístico nos países da Europa Central que foram sendo incorporados à Otan. Somando e subtraindo, a Rússia – e não apenas a União Soviética – perdeu, em apenas uma década, cerca de 5 milhões de quilômetros quadrados do seu território imperial e cerca de 140 milhões de habitantes do seu território soviético.

Pode-se compreender, assim, como o desaparecimento da União Soviética transformou a Rússia numa potência derrotada e humilhada que colocou como seu objetivo central, sobretudo depois do ano 2001, reconquistar o seu espaço perdido, questionando o novo "equilíbrio estratégico" imposto pelos Estados Unidos e pela Otan, por meio de sua expansão pura e simples na direção do leste e da fronteira ocidental da Rússia. A mesma fronteira que já havia sido atacada e invadida pelos Cavaleiros Teutônicos do Papa, no início do século XIII; pelas tropas polonesas e católicas do Rei Sigismundo II, no início do século XVII; pelas tropas suecas e luteranas do Rei Carlos XII, no início do século XVIII; pelas tropas francesas de Napoleão Bonaparte, no início do século XIX; e pelas tropas da Alemanha Nazista e de sua Operação Barbarossa, iniciada em 22 de junho de 1941, envolvendo 3,5 milhões de soldados, responsáveis pela morte de cerca de 20 milhões de russos, muitos deles trucidados pura e simplesmente, com vistas à apropriação dos recursos naturais da Ucrânia e do Cáucaso.

Foi a partir dessa história de invasões e humilhações, e com o genocídio alemão ainda na memória, que a Rússia resolveu dizer um basta, em 2008, à Guerra da Geórgia, que interrompeu, por alguns anos, o desejo da Otan de colocar um pé na região do Cáucaso, onde se concentra uma boa parte das reservas energéticas da Rússia. E é também dentro desse contexto que deve ser lida a disputa em torno da Ucrânia e o seu entrelaçamento com a atual crise energética europeia, sobretudo neste momento em que a oferta europeia do gás liquefeito norte-americano vem sendo afetada pelo aumento da demanda interna do próprio mercado americano e pela concorrência dos mercados asiáticos, que estão pagando até quatro vezes mais do que o seu valor no mercado europeu. Somam-se a isso as agruras europeias no inverno de 2022 e a disputa sem fim tanto em torno da construção quanto em torno da liberação do Gasoduto do Báltico, o Nord Stream 2, construído entre Viburgo, na Rússia, e Greifswald, na Alemanha, com capacidade imediata de entregar aos alemães e aos europeus em geral mais 55 milhões de metros cúbicos anuais do gás natural russo que já se transformou numa peça-chave da escalada diplomática e bélica das últimas semanas em torno do controle militar da Ucrânia.

O que é certo é que, neste momento, em plena crise energética, pandêmica e inflacionária europeia, só a Rússia tem capacidade imediata de aumentar a oferta do gás que os europeus necessitam para esquentar as suas casas, baixar os seus custos de produção e recuperar a competitividade da sua indústria, diminuindo o grau de insatisfação de suas populações. E é essa posição excepcional da Rússia que explica o seu empoderamento e a sua decisão de avançar as peças no tabuleiro do xadrez geopolítico da Europa, colocando sentados na mesa de negociações os Estados Unidos, a Otan e todos os demais países europeus para discutir a sua proposta de redefinição pacífica dos parâmetros estratégicos impostos à Rússia, pela "força dos fatos e das armas", durante a década de 1990.

O mais provável é que as negociações iniciadas na segunda semana de janeiro de 2022 se prolonguem por muito tempo, ou simplesmente permaneçam congeladas. Até porque a Rússia já venceu o primeiro *round*, na medida em que colocou sobre a mesa, de forma explícita, a sua condição fundamental e inarredável para que se possa estabilizar um novo equilíbrio estratégico europeu: a não incorporação da Ucrânia e da Geórgia como países-membros da Otan. A partir desse momento, o "próximo movimento" no tabuleiro cabe às potências ocidentais, que estão plenamente notificadas de que a sua eventual decisão de incorporar esses dois países à sua organização militar representará uma declaração automática e simultânea de guerra com a Rússia. Ou seja, servirá como sinal para o início de uma invasão massiva do território ucraniano por parte do poder militar russo. E não seria improvável, nessas condições, que houvesse uma suspensão imediata do fornecimento do gás russo para os países europeus envolvidos mais diretamente num conflito que pode se transformar numa nova grande guerra mundial, no caso de envolver uma participação direta da China, que, numa situação como essa, poderia se sentir livre e autorizada para atacara e ocupar Taiwan.

Referências

FIORI, J. L. Guerra e paz. *Valor Econômico*, São Paulo, 28 ago. 2008.

JOINER, S. et al. How serious is Vladimir Putin about launching a major Ukraine offensive? *Finantial Times*, 15 jan. 2022. Disponível em: https://ig.ft.com/how-serious-is-putin-about-russia-invading-ukraine/. Acesso em: 24 fev. 2023.

Acordos energéticos e militares bloqueiam o isolamento da Rússia[26]

Rodrigo Leão
William Nozaki

O conflito entre a Ucrânia e a Rússia superou as questões ligadas aos dois países e as fronteiras, tornando-se um alvo de disputa de narrativas e instrumentos de coerção abrangendo as grandes potências globais. Uma leitura rápida dos fatos, principalmente a partir da cobertura da guerra realizada pelo Ocidente, causa a sensação de um completo isolamento russo liderado pela articulação envolvendo Estados Unidos e Europa.

Para reforçar essa percepção, tem-se noticiado, diariamente, a evolução e a consequência das sanções sobre o sistema financeiro russo. A desvalorização do rublo, a corrida bancária interna, a falência de algumas empresas e bancos russos, além do bloqueio da possibilidade de transações no mercado internacional, são alguns dos resultados mais destacados desse processo. Com o congelamento de quase US$ 1 trilhão de ativos russos, a expectativa era de que a Rússia e os Estados Unidos, provocassem "um colapso da economia russa", conforme informou o Ministro das Finanças da França, Bruno Le Maire, para um canal de notícias local em março de 2022.

Do ponto de vista político, a proximidade do governo russo com pequenas autocracias e com governos mais isolados internacionalmente da África e da América reforça a percepção de que Putin está acuado no sistema internacional. O apoio desses governos tem sido colocado como praticamente o único suporte global recebido por Putin.

---

26. Artigo modificado, publicado, originalmente, na *Revista TN* (tnpetroleo.com.br), em março de 2022.

Essa interpretação sobre a guerra esconde fatos importantes do conflito, desde a sua origem até as articulações e os blocos de interesses envolvidos com a Rússia. De um lado, por conta de uma convergência energética criada com outros grandes *players* do setor e de uma aliança militar realizada com vários países em desenvolvimento e, de outro, pela parceria estratégica promovida com a China, esse talvez seja o momento de maior fortalecimento da Rússia no cenário internacional em comparação com outras guerras, como a da Chechênia, em 1999, e a da Geórgia, em 2008. Esse artigo aprofunda essa discussão trazendo novos elementos para o debate.

A Rússia para além do Ocidente

A guerra na Ucrânia é resultado de dois processos que marcam as primeiras décadas do século XXI. De um lado, a expansão dos Estados Unidos e da Organização do Tratado do Atlântico Norte (Otan) em direção à Europa Oriental e, de outro, a recomposição territorial da Rússia em direção ao Leste Europeu.

A movimentação dessas placas tectônicas indica o surgimento de uma nova ordem internacional, diferente daquela erigida após a Segunda Guerra Mundial. No lugar do unilateralismo, do globalismo e do ocidentalismo, o que se observa é um cenário com maiores complexidades, impondo o multilateralismo, reavivando nacionalismos, protecionismos e com a presença relevante do Oriente.

Esse redesenho das tensões globais, entre Estados Unidos/Otan e Rússia e sua antiga zona de influência soviética, envolve questões energéticas centrais. A doutora em geopolítica pela Universidade de Strasbourg, Vira Ratsiborynska, lembra da crise de 2016 das áreas separatistas de Nagorno-Karabakh na Armênia, que faz fronteira com o Azerbaijão e a Geórgia. Segundo ela, "qualquer escalada do conflito em torno do disputado enclave armênio ameaça a rota de exportação de energia de Baku por meio do Cáucaso. Dois oleodutos que transportam petróleo e gás do oeste do Azerbaijão estão localizados perto do Nagorno-Karabakh, colocando-os dentro das linhas de frente ao alcance tanto da influência da Rússia como de armas e sistemas fornecidos às partes em conflito. O fechamento dessa rota energética diminuiria, drasticamente, as esperanças da Europa para reduzir a sua dependência das fontes de energia russas".

Não por acaso, a disputa da Crimeia, em 2014, também envolve a discussão do gasoduto que liga a Rússia até a Turquia. E, com a aproximação ucraniana à Otan e à União Europeia, um dos motivos da intervenção russa na Crimeia é evitar um estrangulamento na infraestrutura de transporte do seu gás por conta de possíveis ações da organização. Esses são dois exemplos que mostram a força da

Rússia no Leste Europeu e o papel central que o segmento energético tem para a costura das parcerias e das intervenções russas na região.

Quando se observa a reunião extraordinária da Assembleia Geral da Organização das Nações Unidas (ONU), realizada em 2 de março de 2022, que aprovou uma resolução contra a invasão russa da Ucrânia, muitas vezes, há um olhar cuidadoso sobre a configuração do mapa de votos. Na votação, cento e quarenta e um países se posicionaram contra a ação russa, mas trinta e cinco países se abstiveram e cinco países votaram a favor da Rússia, além de outros doze países que não participaram da votação.

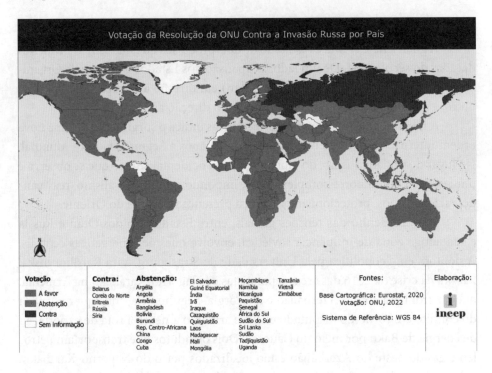

Entre os expressivos cento e quarenta e um votos anti-Rússia e os óbvios cinco votos pró-Rússia há uma área intermediária de abstenções e isenções que merece uma análise mais cuidadosa. O suposto isolamento de Vladimir Putin é passível de contestação. O presidente russo contou com a neutralidade de países importantes como Índia, China e África do Sul. O único dos BRICS a votar contra a Rússia foi o Brasil. Além disso, países importantes na África, na Ásia e no Oriente Médio ficaram isentos. Trata-se de países expressivos em território, população e recursos estratégicos.

Para além de questões conjunturais ligadas apenas ao conflito atual, esse mapa é o resultado de uma estratégia de acordos comerciais, energéticos e militares firmados entre a Rússia e as nações consideradas estratégicas para a retomada econômica do país euroasiático.

A Rússia tem se preparado para lidar com sanções do Ocidente há muito tempo, principalmente depois que anexou a Crimeia, em 2014. No campo econômico, o país acumulou um volume gigantesco de reservas internacionais e reduziu a sua exposição ao sistema financeiro internacional, aumentando as interconexões com a China. Em outras frentes, a Rússia fortaleceu ainda mais a sua posição no complexo xadrez geopolítico nos últimos anos.

Acordos energéticos de cooperação

Na geopolítica da energia, a Rússia segue como um dos principais *players* globais e tem buscado uma "convergência energética" entre os seus aliados. Em 2014, a Rússia anunciou a construção de um megagasoduto, com mais de 3 mil quilômetros e capacidade de fornecimento de mais de 38 bilhões de metros cúbicos de gás por ano, conectando a Sibéria ao norte da China. O chamado "acordo do século" foi firmado entre o grupo Gazprom, da Rússia, e a Corporação Nacional de Petróleo, da China, e foi resultado de um investimento de US$ 55 bilhões.

Nesse mesmo ano, a Rússia firmou um acordo com a África do Sul prevendo a construção de oito reatores para usinas de energia nuclear. Esse foi o primeiro projeto de alta tecnologia russa desenvolvido no continente africano. A parceria entre a estatal russa Rosatom e a estatal sul-africana Eskom envolveu um investimento de US$ 40 bilhões.

Ainda nesse período, teve início a construção de uma série de vinte e oito acordos entre Rússia e Índia envolvendo produção energética, naval, mineral e de defesa. Os países assinaram um protocolo fixando metas anuais de US$ 30 bilhões de comércio e de US$ 50 bilhões em investimentos.

Outro passo importante foi dado em 2017, quando a Rússia liderou um movimento para que outros grandes produtores de petróleo compusessem o grupo conhecido como Organização dos Países Exportadores de Petróleo e os seus aliados (Opep+). A Rússia e mais nove grandes exportadores de petróleo se alinharam ao bloco para aumentar o seu poder de barganha, ainda que sem se tornarem membros oficiais da Opep.

Além disso, a Rússia assinou um acordo estratégico com a Arábia Saudita. No campo energético, foram fechados negócios para a criação de dois fundos comuns de investimento no domínio energético e de tecnologia por US$ 1 bilhão cada. Com a tutela sobre a região do Donbass, na Ucrânia, a Rússia se aproxima das maiores reservas de carvão de alta qualidade da Europa e, portanto, de um dos mais importantes exportadores dessa energia fóssil na região.

Por todos esses motivos, a Rússia conta, atualmente, com a neutralidade de um conjunto de países que respondem pela produção de mais de 29 milhões de barris de petróleo por dia, o que é mais do que a metade da produção sob a influência dos países que, atualmente, estão se posicionando contra a Rússia, segundo dados da petrolífera britânica BP de 2020. Isso corresponde a cerca de 30% da produção global de petróleo, e uma parte relevante alimenta o continente europeu.

Se incluirmos a Arábia Saudita nesse cálculo, o peso da produção desse grupo subiria para quase 45%. Embora a Arábia Saudita tenha votado contra a Rússia na ONU, o país tem uma parceria estratégica com os russos e tem se negado a promover qualquer tipo de sanção na sua indústria energética. Essa convergência energética dificulta, demasiadamente, uma ação mais ofensiva dos europeus contra os russos.

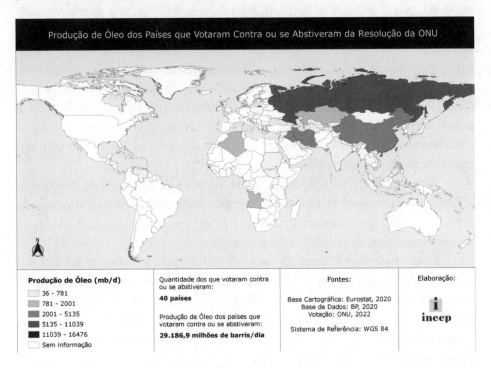

No caso do Gás Natural (GN), o cenário é parecido. O bloco que se absteve de uma posição anti-Rússia na ONU é, novamente, responsável por mais da metade da produção do bloco desfavorável à Rússia. Já no segmento de carvão, a situação é ainda mais problemática. O bloco pró-Rússia produz cerca de 112 exajoules, quase três vezes mais do que a produção do bloco anti-Rússia.

Isso significa que os países consumidores podem ter dificuldade para suprir as suas necessidades domésticas diante de uma eventual escassez de petróleo russo provocada por uma nova rodada de sanções econômicas. Caso, por exemplo, os Estados Unidos tentem embargar os fluxos comerciais de óleo e gás da Rússia, a Europa pode ter dificuldades incomensuráveis.

Os objetivos do Kremlin são, por um lado, conseguir atender aos novos mercados de energia, principalmente a Ásia, reduzindo a dependência das suas exportações para a Europa, e, por outro lado, aumentar a sua influência no controle do preço e da oferta global de petróleo e de gás natural, diminuindo o poder de barganha dos grandes consumidores, principalmente a Europa. Durante a crise ucraniana, Putin joga com as possibilidades abertas por essa estratégia.

Ao abrir novas frentes para a exportação do gás russo para a Ásia, uma eventual sanção contra as exportações de gás e de outros energéticos pode afetar muito mais os compradores europeus do que a própria Rússia. De acordo com dados da petrolífera britânica BP, em 2020, a Rússia respondia por quase metade das importações de gás natural e carvão para a Europa, e por um quarto das compras de petróleo. Esses números são ainda mais impressionantes, considerando que houve queda de participação russa no fornecimento de energia para a Europa nos últimos anos. Em 2013, por exemplo, a Rússia era responsável por quase 70% de todo o gás enviado à Europa Ocidental.

Acordos militares de cooperação

Na geopolítica das armas, a Rússia avançou na cooperação com importantes países do eixo Indo-Pacífico. Desde 2014, Pequim e Moscou trabalham em projetos para a criação de um sistema coletivo de segurança regional. Tradicionalmente, a Rússia é a principal fornecedora de armas e tecnologias militares para a China, e o Exército e a Marinha dos dois países têm realizado exercícios conjuntos no Mar do Leste chinês. Em 2021, os dois países concordaram em expandir exercícios estratégicos conjuntos e patrulhas aéreas em toda a área do Indo-Pacífico, compartilhando informações e tecnologias para o monitoramento de lançamento de mísseis nucleares contra a região.

Foi também no fim de 2021 que a Rússia e a Índia assinaram um acordo decenal para a cooperação bilateral em assuntos militares e científicos. Os acordos foram firmados em rublos e rupias, resguardando-se do dólar e de eventuais restrições impostas pelo sistema Swift, o que, mais uma vez, evidencia como a Rússia já se preparava para parte das sanções impostas pelo Ocidente.

Além disso, nos últimos anos, a Rússia firmou parceria com vários países do Oriente Médio e do seu entorno em acordos comerciais envolvendo o envio de armamentos e aparato militar. Em 2017, por exemplo, a Rússia fechou uma parceria estratégica militar com a Arábia Saudita que tratava da venda do sistema de defesa antiaérea russa S-400, além de sistemas antitanque, lançadores de foguetes e granadas e fuzis de assalto. Já em 2015, Putin assinou um acordo militar com o Irã para aprofundar a cooperação na área de contraterrorismo, intercâmbio de militares para treinamento e aumento no número de visitas a portos pelas Marinhas dos dois países. Entre todos esses movimentos, com certeza, o maior destaque foi para a atuação russa na Síria. A intervenção militar deu a Putin um papel de destaque no tabuleiro geopolítico do Oriente Médio.

Essas primeiras décadas do século XXI explicitam uma mensagem: o sistema interestatal não é mais um monopólio dos europeus e de algumas de suas ex-colônias, o sistema interestatal é, agora, formado por civilizações e culturas diversas, nenhuma delas é superior às demais ou possui a exclusividade para definir verdades e moralidades. Os acordos de cooperação energética e militar da Rússia mostram que o país euroasiático está longe de ser a nação fragilizada dos anos 1990 e retomou a sua capacidade de influenciar e impor os seus interesses para o Ocidente.

Guerra da Ucrânia:
a conjuntura e o sistema[27]

José Luís Fiori

> *Através da história, duas coisas foram ficando mais claras: em primeiro lugar, as guerras aumentam os laços de integração e dependência entre os grandes poderes territoriais deste sistema que nasceu na Europa a partir do séculos XIII e XIV; em segundo lugar, os poderes expansivos no "jogo das guerras" não podem destruir seus concorrentes/adversários, ou então são obrigados a recriá-los... E este talvez seja o maior segredo deste sistema: o próprio "poder expansivo" é quem cria ou inventa – em última instância – os seus competidores e adversários, indispensáveis para a sua própria acumulação de poder* (FIORI, 2004, p. 28).

É muito comum falar da aceleração do tempo histórico, apesar de ninguém saber exatamente o que isso significa, ou por que isso acontece. Todos reconhecem, no entanto, que são momentos em que fatos e decisões importantes se concentram e se precipitam, alterando, significativamente, o rumo da história. E, hoje, existe um grande consenso de que aconteceu algo desse tipo na virada dos anos 1990, provocando uma mudança radical no panorama geopolítico mundial na última década do século XX.

Tudo começou de forma surpreendente, na madrugada do dia 9 para o dia 10 de novembro de 1989, quando foram abertos os portões e foi derrubado o muro que dividia a cidade de Berlim, separando o "Ocidente liberal" do "Leste

---

[27]. Este artigo reúne excertos extraídos do prefácio do livro *Sobre a paz* (Petrópolis: Vozes, 2021), organizado por Fiori. O seu título original é "O paradoxo de Kant e a leveza da paz", e foi publicado, originalmente, no *blog* da *Boitempo* (blogdaboitempo.com.br), em março de 2022.

comunista". O mais importante, entretanto, ocorreu logo depois, com o processo em cadeia de mudança dos regimes socialistas da Europa Central e Oriental, que levou à dissolução do Pacto de Varsóvia e à reunificação da Alemanha, no dia 3 de novembro de 1990, culminando com a dissolução da União Soviética e o fim da Guerra Fria, em 1991. Naquele momento, muitos comemoraram a vitória definitiva (que, depois, não se confirmou) da "liberal-democracia" e da "economia de mercado" contra os seus grandes adversários e concorrentes do século XX: o "nacionalismo", o "fascismo" e, finalmente, o "comunismo". No entanto, o que de fato se concretizou naquela virada da história foi um velho sonho ou projeto quase utópico dos filósofos e juristas dos séculos XVIII e XIX, e dos teóricos internacionais do século XX: o aparecimento de um poder político global, quase monopólico, que fosse capaz de impor e tutelar uma ordem mundial pacífica e orientada pelos valores da "civilização ocidental". Uma tese que pôde, finalmente, ser testada depois da vitória avassaladora dos Estados Unidos na Guerra do Golfo, em 1991.

Trinta anos depois, entretanto, o panorama mundial mudou radicalmente. Em primeiro lugar, os Estados e as "grandes potências", com suas fronteiras e interesses nacionais, voltaram ao epicentro do sistema mundial, e a velha "geopolítica das nações" voltou a funcionar como bússola do sistema interestatal; o "protecionismo econômico" voltou a ser praticado pelas grandes potências; e os grandes "objetivos humanitários" dos anos 1990, e o próprio ideal da globalização econômica, foram relegados a um segundo plano da agenda internacional. Mais do que isso, o fantasma do "nacionalismo de direita" e do "fascismo" voltou a assombrar o mundo e, o que é mais surpreendente, penetrou a sociedade e o sistema político norte-americano, culminando com a vitória da extrema-direita nas eleições presidenciais americanas de 2017. Nesses trinta anos, o mundo assistiu à vertiginosa ascensão econômica da China, à reconstrução do poder militar da Rússia e ao declínio do poder global da União Europeia (UE). Mas o mais surpreendente talvez tenha sido a forma como os próprios Estados Unidos passaram a desconhecer, atacar ou destruir as instituições globais responsáveis pela gestão da ordem liberal internacional instaurada nos anos 1990, sob a sua própria tutela, desde o momento em que declararam guerra contra o Afeganistão, em 2001, e contra o Iraque, em 2003, à margem – ou explicitamente contra – da posição do Conselho de Segurança das Nações Unidas.

Por último – e talvez o mais intrigante –, a potência unipolar desse novo sistema, que seria, teoricamente, a responsável pela tutela da paz mundial, esteve em guerra durante quase todas as três décadas posteriores ao fim da Guerra Fria. Começando imediatamente pela Guerra do Golfo, em 1991, quando as Forças Armadas americanas apresentaram ao mundo as suas novas tecnologias bélicas e a sua "nova forma de fazer guerra", com o uso intensivo de armamentos operados à distância, o que lhes permitiu uma vitória imediata e arrasadora, com um mínimo de perdas e um máximo de destruição de seus adversários. Foram quarenta e dois dias de ataques aéreos contínuos, seguidos por uma invasão terrestre rápida e contundente, com cerca de 4 mil baixas americanas e cerca de 650 mil mortos iraquianos, uma demonstração de força que deixou clara ao mundo a diferença de forças que havia dentro do sistema internacional depois do fim da União Soviética.

Depois disso, os Estados Unidos fizeram quarenta e oito intervenções militares na década de 1990 e se envolveram em várias guerras "sem fim", de forma contínua, durante as duas primeiras décadas do século XXI. Nesse período, os norte-americanos fizeram vinte e quatro intervenções militares ao redor do mundo e realizaram 100 mil bombardeios aéreos, e, só no ano de 2016, ainda durante o governo de Barack Obama, lançaram 26.171 bombas sobre sete países simultaneamente[28]. Encerrou-se, assim, definitivamente, a expectativa dos séculos XVIII, XIX e XX de que um "superestado" ou uma "potência hegemônica" conseguiria, finalmente, assegurar uma paz duradoura dentro do sistema interestatal criado pela Paz de Vestfália de 1648. Ou seja, no período em que a humanidade teria estado mais próxima de uma "paz perpétua", tutelada por uma única "potência global", o que se assistiu foi uma sucessão quase contínua de guerras envolvendo a própria potência dominante (FIORI, 2008).

São números que não deixam dúvidas com relação ao fato de que o projeto cosmopolita, pacifista e humanitário da década de 1990 foi atropelado pelo próprio poder americano. Uma constatação extraordinariamente intrigante, em particular se tivermos em conta que não se tratou de um acidente de percurso, ou apenas de uma reação defensiva datada. Pelo contrário, tudo aponta para o desdobramento de uma tendência central que foi se desvelando por meio de uma sucessão de guerras, fossem elas defensivas, humanitárias, de combate ao terrorismo ou simplesmente de preservação das posições de poder das grandes potências dentro do sistema internacional.

A análise dessas guerras que precederam e explicam, em parte, a atual Guerra da Ucrânia, somadas às guerras do século XX, permite-nos extrair algumas conclusões ou hipóteses que transcendem essa conjuntura, projetando-se sobre a história de longo prazo da guerra e da paz por meio da evolução das sociedades humanas. Em primeiro lugar, a grande maioria das guerras não tem como

---

28. Segundo dados apresentados por Micah Zenko, especialista em política externa norte-americana, publicados no *site* oficial do Council of Foreign Relations (www.cfr.org).

objetivo a obtenção da paz ou da justiça, nem leva, necessariamente, à paz. Elas buscam sobretudo a vitória e a submissão ou a "conversão" dos adversários, e a expansão do poder dos vitoriosos.

A "paz" não é sinônimo de "ordem", e a existência de uma "ordem internacional" não assegura a paz. Basta ver o que aconteceu nos últimos trinta anos com a "ordem liberal-cosmopolita", que foi tutelada pelos Estados Unidos depois do fim da Guerra Fria e que se transformou num dos períodos mais violentos da história norte-americana. Como já havia acontecido, também, com a "ordem internacional" que nasceu depois da Paz de Vestfália, período em que a Grã-Bretanha, sozinha, iniciou uma nova guerra a cada três anos, entre 1652 e 1919, mesma periodicidade que teriam as guerras norte-americanas, entre 1783 e 1945 (HOLMES, 2001).

Dentro do sistema interestatal, a "potência dominante", mesmo depois de conquistar a condição de um "superestado", segue se expandindo e fazendo guerras, e necessita fazê-lo para poder preservar a sua posição monopólica já adquirida. O envolvimento dos Estados Unidos, por isso mesmo, a "potência dominante", não tem compromisso obrigatório com o *status quo* que eles tutelam e ajudaram a criar. E, muitas vezes, eles são obrigados a modificar ou destruir esse *status quo*, uma vez que as suas regras e instituições comecem a obstruir o caminho de expansão do seu poder (FIORI, 2008).

A paz é quase sempre um período de "trégua"[29] que dura o tempo imposto pela "compulsão expansiva" dos ganhadores e pela necessidade de "revanche" dos derrotados. Esse tempo pode ser mais ou menos longo, mas não interrompe o processo de preparação de novas guerras, seja por parte dos vitoriosos[30], seja por parte dos derrotados[31]. Por isso, pode-se dizer, metaforicamente, que toda paz está sempre "grávida" de uma nova guerra. Em todo tempo e lugar, a guerra aparece associada de forma indisfarçável com a existência de hierarquias e desigualdades, ou, mais especificamente, com a existência do "poder" e da "luta pelo poder".

---

29. "[...] a paz é apenas uma longa trégua, obtida por meio de um estado de crescente, persistente e progressiva tensão" (BOBBIO, 2002, p. 73).

30. "Porque tal como a natureza do mau tempo não consiste em dois ou três chuviscos, mas numa tendência para chover que dura vários dias seguidos, assim também a natureza da guerra não consiste na luta real, mas na conhecida disposição para tal, durante todo o tempo em que não há garantia do contrário. Todo o tempo restante é de paz" (HOBBES, 1983, p. 76).

31. "O desejo de se ressarcir de um prejuízo que se crê haver sofrido, de vingar-se mediante represálias, de tomar ou retomar o que se considera sua propriedade, a inveja do poder, ou da reputação, o desejo de mortificar e rebaixar um vizinho de quem se pensa haver causa para detestar: eis aí tantas fontes de querelas que nascem nos corações dos homens e que somente podem produzir incessantes embates, seja com razão e com pretexto, seja sem razão e sem pretexto" (SAINT-PIERRE, 2003, p. 18).

Se essas hipóteses não forem refutadas, poderíamos concluir que o projeto kantiano da "paz perpétua" não é apenas uma grande utopia; é, de fato, um "círculo quadrado", ou seja, uma impossibilidade absoluta. Apesar disso, a "paz" se mantém como um desejo de todos os homens, e aparece no plano da sua consciência individual e social, como uma obrigação moral, um imperativo político e uma utopia ética quase universal. Nesse plano, a guerra e a paz devem ser vistas e analisadas como dimensões inseparáveis de um mesmo processo contraditório, perene e agônico de anseio e busca dos homens por uma transcendência moral muito difícil de ser alcançada.

Referências

BOBBIO, N. *O problema da guerra e das vias da paz*. São Paulo: Editora Unesp, 2002.

FIORI, J. L. (org.). *O poder americano*. Petrópolis: Vozes, 2004.

FIORI, J. L. O sistema interestatal capitalista na primeira década do século XXI. *In*: FIORI, J. L. et al. *O mito do colapso do poder americano*. Rio de Janeiro: Record, 2008.

HOBBES, T. *Leviatã ou matéria, forma e poder de um Estado eclesiástico e civil*. São Paulo: Victor Civita, 1983 (Coleção Pensadores).

HOLMES, R. (ed.). *The Oxford companion to military history*. Oxford: Oxford University Press, 2001.

SAINT-PIERRE, A. de. *Projeto para tornar perpétua a paz na Europa*. Brasília: Editora UnB, 2003.

Ao frear a Otan e se reaproximar do Oriente, Putin já conseguiu uma grande vitória no conflito com a Ucrânia[32]

José Luís Fiori
Rodrigo Leão

Nos últimos meses, houve uma profunda deterioração das relações entre a Rússia e a Ucrânia. E, recentemente, a Rússia reconheceu a independência das regiões ucranianas autônomas de Lugansk e Donetsk e iniciou um posicionamento de armamentos e estruturas militares no território dos dois governos.

Liderados pelos Estados Unidos, os aliados da Organização do Tratado do Atlântico Norte (Otan) reagiram imediatamente, impondo sanções econômicas. Todavia os países da organização têm reiterado que não há a pretensão de fornecer apoio militar aos ucranianos e que novas retaliações devem permanecer no campo econômico.

Apesar dessas sinalizações, o governo russo não parece estar disposto a recuar das suas exigências para cessar os conflitos com o governo ucraniano. "O único efeito concebível das sanções é infligir tanta dor ao país que ajudaria indiretamente a oposição russa. Para que isso funcione, as sanções teriam que incluir o gás, principal produto de exportação da Rússia. E o corte das finanças internacionais teria que ser total. Isso não vai acontecer", apontou Wolfgang Münchau (2022), do Eurointelligence, *site* sobre política, economia e finanças especializado em assuntos europeus.

---

32. Artigo publicado, originalmente, na plataforma Broadcast Energia (broadcast.com.br), em novembro de 2022.

A Rússia tem se preparado para lidar com sanções do Ocidente há muito tempo, principalmente depois que anexou a Crimeia, em 2014. No campo econômico, o país acumulou um volume gigantesco de reservas internacionais e reduziu a sua exposição ao sistema financeiro internacional, aumentando as interconexões com a China.

Mas foi em outras frentes que a Rússia fortaleceu a sua posição no complexo xadrez geopolítico nos últimos anos, aproximando-se, principalmente, da Ásia e do Oriente Médio. Uma das fontes dessa força está numa "convergência energética" global, na qual a Rússia é um dos principais líderes. Essa convergência tem como principal alicerce a China, onde a Rússia já elaborou acordos de cooperação em diferentes segmentos. Além disso, a Rússia realizou movimentos de aproximação geopolítica e econômica com a Opep e o Japão por intermédio de movimentos de participação de organismos internacionais e realização de negócios no campo energético. Ao obter a tutela das regiões de Lugansk e Donetsk, a Rússia se aproximou das maiores reservas de carvão de alta qualidade da Europa e, portanto, de um dos mais importantes exportadores dessa energia fóssil na região.

Todos esses movimentos realizados por Putin possibilita a criação dessa "convergência energética" da Rússia com diversas regiões em contraposição aos Estados Unidos e à Europa Ocidental. O objetivo do Kremlin é, por um lado, conseguir atender aos novos mercados de energia, principalmente a Ásia, reduzindo a dependência das suas exportações para a Europa, e, por outro, aumentar a sua influência no controle do preço e da oferta global de petróleo e de gás natural, diminuindo o poder de barganha dos grandes consumidores, principalmente a Europa. Agora, na crise ucraniana, Putin está colhendo os frutos dessa escolha estratégica.

Um dos sinais dessa coordenação está na retomada, muito abaixo das expectativas, da produção da Opep+. "No ano passado, o grupo concordou em elevar a produção em 400 mil barris por dia a cada mês, mas, até agora, está a mais de 1 milhão de barris por dia de sua meta", disse Andy Lipow, analista de petróleo e presidente da Lipow Oil Associates em Houston. De acordo com uma reportagem do *Wall Street Journal*, assinada por Christopher Matthews e Collin Eaton, "a Arábia Saudita e os Emirados Árabes Unidos são os únicos dois produtores da Opep+ que parecem ter quantidades significativas de capacidade de produção disponível" (MATTHEWS; EATON, 2022), todavia não há nenhuma sinalização de que eles estão dispostos a elevar significativamente a sua produção.

Ao abrir novas possibilidades de exportação do gás russo para a Ásia, uma eventual sanção contra as exportações de gás e de outros energéticos pode afetar muito mais os compradores europeus do que a própria Rússia. O impacto de um possível bloqueio das exportações para a Europa afetará muito mais os países do continente do que a própria Rússia que tem criado alternativas para vender seu gás para outras regiões.

No campo militar, a Rússia avançou na cooperação com vários países do Oriente Médio e do seu entorno por meio da realização de parcerias e acordos comerciais envolvendo o envio de armamentos e aparato militar. Em 2021, os russos realizaram um acordo inédito com a Turquia, com a venda de "uma segunda leva de sistemas antiaéreos S-400" e, posteriormente, com a "construção de motores de aviões de combate, navios e projetos conjuntos, como submarinos", como mostrou Igor Gielow em matéria da *Folha de S. Paulo* (GIELOW, 2021). Quatro anos antes, a Rússia também fechou uma parceria estratégica militar com a Arábia Saudita que tratava da venda do sistema de defesa antiaérea russa S-400, além de sistemas antitanque, lançadores de foguetes e granadas e fuzis de assalto. Já em 2015, Putin assinou um acordo militar com o Irã para aprofundar a cooperação na área de contraterrorismo, intercâmbio de militares para treinamento e aumento no número de visitas a portos pelas Marinhas dos dois países.

Entre todos esses movimentos, com certeza, o maior destaque foi para a invasão russa na Síria. "Intervenção militar da Rússia na Síria, em 2015, deu a Putin um grande impulso, polindo suas credenciais como um líder decisivo e eficaz que entrega o que se propõe a atingir: a sobrevivência do Presidente Bashar al-Assad. Também foi isso que posicionou Putin como uma conexão entre os conflitos do Oriente Médio que se sobrepõem, aproveitando a influência da Rússia muito além das fronteiras da Síria para incluir todos os países interessados no resultado da guerra – inimigos como Israel e Irã, Catar e Arábia Saudita, Síria e Turquia", como bem lembrou a repórter Liz Sly do *Washington Post* (SLY, 2015).

Apesar da importância da aproximação política e militar com o Oriente Médio, a relação estratégica da Rússia com a China deu um novo peso ao papel de Putin no atual sistema internacional. No documento apresentado à "comunidade internacional" pela Rússia e pela China, no dia 7 de fevereiro de 2022, as reivindicações específicas e locais dos dois países são bem conhecidas e não têm maior importância nesse contexto. A importância do documento vai muito além disso, porque se trata, de fato, de uma verdadeira "carta de princípios" proposta à apreciação de todos os povos do mundo, contendo algumas ideias e alguns conceitos fundamentais para uma "refundação" do sistema internacional criado pelos europeus há quatro séculos.

O primeiro aspecto que chama a atenção nesse documento aparentemente insólito é a sua defesa de alguns valores muito caros ao "sistema de Vestfália", como é o caso de sua defesa intransigente da soberania nacional e do direito de cada povo decidir o seu próprio destino, desde que respeitado o mesmo direito de todos os demais povos. Ao mesmo tempo, o documento defende também algumas das ideias mais destacadas do "liberal-internacionalismo" contemporâneo, como é o caso da sua defesa de uma ordem internacional baseada em leis, do seu entusiasmo pela globalização econômica e pelo multilateralismo, da sua defesa da "causa climática" e do desenvolvimento sustentável e do seu apoio irrestrito à cooperação internacional no campo da saúde, da infraestrutura, do desenvolvimento científico e tecnológico, do uso pacífico do espaço e do combate ao terrorismo. De um ponto de vista acadêmico e ocidental, aliás, esse "documento russo-chinês" lembra, muitas vezes, o idealismo internacionalista de um Woodrow Wilson, tanto quanto lembra, em outros momentos, o idealismo nacionalista de um Charles de Gaulle.

Mas a surpreendente originalidade desse documento aumenta ainda mais com a sua defesa universal e irrestrita de valores como a liberdade, a igualdade, a justiça, os direitos humanos e a democracia. Sobretudo quando assume a defesa da democracia como um valor universal, e não como privilégio de algum povo em particular ou responsabilidade conjunta de toda a comunidade internacional, com o reconhecimento simultâneo de que não existe apenas uma forma de democracia, nem um "povo escolhido" que possa ou deva impor aos demais algum modelo superior de democracia, como se fosse uma "verdade revelada" por Deus. E é nesse ponto que se explicita a proposta verdadeiramente revolucionária desse documento: que se aceite, de uma vez por todas, que, pelo menos desde o fim do século XX, o sistema interestatal não é mais um monopólio dos europeus e de algumas de suas ex-colônias, uma vez que ele está formado, agora, por várias culturas e civilizações, e que nenhuma delas é superior às demais, nem muito menos possui o monopólio da verdade e da moralidade.

O que faz a diferença nesse documento é que é uma proposta sustentada por uma potência que faz parte da árvore genealógica da civilização ocidental e, ao mesmo tempo, por uma potência, uma civilização que não pertence a essa mesma matriz, e jamais teve um tipo de vocação catequética. Sim, porque a China se desfez do seu Império milenar e só se transformou num Estado nacional no início do século XX; e foi só no fim do século XX que ela se integrou plenamente ao sistema interestatal, incorporando-se à economia capitalista mundial numa velocidade e com um sucesso extraordinários. Desde então, o Estado nacional chinês se comporta como todos os demais Estados europeus, mas a China nunca teve um tipo de religião oficial e nunca se propôs a ser um modelo econômico, político ou ético universal – e, por isso, também nunca se propôs a catequizar o resto do mundo. Pelo contrário, a China parece fazer questão de se relacionar com todos os povos do mundo, independentemente de regimes políticos, religiões ou ideologias, mesmo quando seja absolutamente inflexível com relação à defesa nacional de seus valores tradicionais e interesses de sua civilização milenar.

Todos esses aspectos geopolíticos, principalmente no campo político-militar e energético, mostram que a Rússia está longe de ser aquela nação fragilizada dos anos 1990 e retomou a sua capacidade de influenciar e impor os seus interesses ao Ocidente. Muitos se esquecem de que, a despeito das retaliações e da retórica do Ocidente de agressividade russa, as regiões do Oriente Médio, da Turquia e a própria China, têm evitado se posicionar flagrantemente contrárias às ações da Rússia na Ucrânia. A Arábia Saudita e os Emirados Árabes Unidos têm resistido a demonstrar qualquer insatisfação pública com a atuação russa no conflito, porque não querem prejudicar as suas relações com Putin, principalmente pela força que a Opep+ adquiriu nos últimos anos para influenciar o preço e a oferta global de petróleo. Na Líbia, a Rússia tem forte influência, uma vez que as eleições foram canceladas e há grande possibilidade do líder Khalifa Haftar, apoiado pela Rússia, formar, novamente, um governo separatista em guerra com o governo em Trípoli.

É improvável, também, que a Turquia se alinhe totalmente com o Ocidente contra a Rússia, devido ao seu complicado relacionamento com Moscou, envolvendo cooperação em algumas áreas como a militar. No campo econômico, ela depende do gás natural russo para a sua indústria e, ainda, dos milhões de turistas russos que visitam o país todos os anos.

A China, por sua vez, declarou que está monitorando de perto a situação mais recente. "Esta talvez seja uma diferença entre a China e vocês, ocidentais. Não vamos nos precipitar em tirar conclusões. Com relação à definição de uma invasão, acho que devemos voltar à forma de ver a situação atual na Ucrânia. A questão ucraniana tem outros antecedentes históricos muito complicados que continuam até hoje. Pode não ser o que todos querem ver" (REUTERS, 2022), disse Hua Chunying, porta-voz do Ministério das Relações Exteriores da China.

Se não há dúvidas de que a Otan possui um discurso alinhado contra as ações russas, também é indiscutível que, hoje, há uma grande dificuldade dessa retórica avançar para as outras áreas fora da Otan. Seja pela dependência energética, seja pelo alinhamento geopolítico ou seja pela cooperação militar, o fato é que Putin adquiriu força no atual sistema internacional para frear o avanço da Otan. Uma inconteste vitória, independentemente dos desdobramentos envolvendo a Ucrânia.

Referências

GIELOW, I. Turquia desafia Estados Unidos e anuncia maior cooperação militar com a Rússia. *Folha de S. Paulo*, 30 set. 2021.

MATTHEWS, C.; EATON, C. Why Russian invasion peril is driving oil prices near $100. *The Wall Street Journal,* Markets, 14 fev. 2022.

MUNCHU, W. The West and the rest. *Eurointelligence*, 22 mai. 2022.

REUTERS. China rejeita chamar ataque russo à Ucrânia de "invasão". *Moneytimes*, Internacional, 24 fev. 2022. Disponível em: https://www.moneytimes.com.br/china-rejeita--chamar-ataque-russo-a-ucrania-de-invasao/.

SLY, L. Russia's move into Syria upends U.S. plans. *The Washington Post*, Middle East, 26 set. 2015.

Sobre a guerra econômica entre o G7 e a Rússia[33]

José Luís Fiori

> *A história da Rússia moderna começa no século XVI, após dois séculos da invasão e dominação mongol, e transforma-se num movimento contínuo de reconquista e expansão defensiva... Desde então, o relógio político russo se sintonizou com a Europa e suas guerras, e seu desenvolvimento econômico esteve a serviço de uma estratégia militar de expansão defensiva de fronteiras cada vez mais extensas e vulneráveis* (FIORI, 2014, p. 80).

Como resposta à iniciativa militar da Rússia na Ucrânia, iniciada em 24 de fevereiro de 2022, os países do G7 e seus aliados da União Europeia e do Sudeste Asiático desencadearam uma guerra econômica contra a Rússia. O uso de "sanções econômicas", sobretudo comerciais, contra países "inimigos" é um recurso de poder utilizado desde tempos imemoriais, principalmente em situações de guerra. No entanto, nunca havia se assistido a um ataque dessa magnitude, incluindo sanções e bloqueios comerciais e financeiros de todo tipo como o congelamento e a apropriação de ativos e reservas russos aplicados em moedas e títulos dos países que comandaram esse verdadeiro ataque "atômico" à economia russa.

Esse ataque econômico sem precedentes na história das relações entre sociedades e economias capitalistas teve dois objetivos principais: o primeiro era causar uma asfixia instantânea da economia russa que paralisasse a sua capacidade de seguir financiando a guerra no território da Ucrânia. Seria uma

---

[33]. Neste artigo, foi editada a nossa palestra feita no webinário do Instituto de Estudos Estratégicos de Petróleo, Gás Natural e Biocombustíveis (Ineep), realizado em 9 de julho de 2022, sobre "O mundo depois da Guerra da Ucrânia: o que veio para ficar".

forma indireta de entrar na guerra, sem precisar envolver as suas tropas nem correr o risco de sofrer ataques militares por parte da Rússia; e o segundo objetivo, de mais longo prazo, era aleijar a economia russa de forma permanente, não apenas para atingir a sua eficácia no território da Ucrânia e em Donbass, mas impedir que a Rússia pudesse repetir qualquer outra iniciativa militar pelos próximos anos ou décadas.

Essa guerra econômica lançada pelos países do G7 e do G10 sobre a economia russa teve duas áreas básicas de ataque. Uma é o ataque monetário e financeiro, o principal instrumento para asfixiar de forma rápida a Rússia, excluindo-a do sistema monetário e financeiro internacional, isto é, impedindo-a de fazer qualquer mínima transferência transnacional em qualquer moeda, sobretudo em dólares. Além dessa medida, os países ocidentais estabeleceram o clássico boicote comercial, impedindo a compra das exportações russas de todo tipo, incluindo os bens energéticos.

A ideia foi promover uma exclusão da Rússia do sistema internacional de pagamentos, inicialmente, por meio da retirada do país do sistema Swift, criado na década de 1970 para realizar transações financeiras transfronteiriças no mundo inteiro, em qualquer moeda. Esse sistema, situado em Bruxelas, permite a troca de milhões de mensagens e a realização de transações diárias, envolvendo uma quantidade gigantesca de bancos, de instituições financeiras do mundo inteiro, cuja administração é feita pelo banco central belga com o suporte de mais dez bancos centrais dos países europeus e dos Estados Unidos.

É possível dizer, assim, que a guerra econômica foi promovida pelos países que compõem o conselho do Swift, a saber: Estados Unidos, Reino Unido, Canadá, Alemanha, França, Itália, Países Baixos, Suécia, Suíça, Japão. Ou seja, a guerra econômica foi patrocinada pelo núcleo duro econômico do capitalismo ocidental.

Além do sistema Swift, o sistema financeiro está ancorado em um outro negócio denominado Chips, que efetua pagamentos internacionais em dólar por meio de quarenta e três instituições financeiras, todas com sede nos Estados Unidos.

Depois do início da guerra ao terrorismo, no começo deste século, houve uma espécie de integração entre o Swift e o Chips, uma vez que os Estados Unidos obrigaram o Swift a abrir toda informação – que antes era privada – para as instituições americanas. Com efeito, os Estados Unidos passaram a ter acesso a toda e qualquer informação sobre qualquer movimento financeiro no mundo, seja por meio do Swift, seja por meio do Chips, que já pertence ao seu domínio jurídico. Qualquer desrespeito às sanções impostas pelos Estados Unidos também é punido pela legislação americana. São instituições que ocuparam lugar absolutamente central na economia internacional, particularmente neste século, com o início da guerra ao terrorismo no exercício bipolar do poder americano, depois do fim da Guerra Fria. Dessa forma, os Estados Unidos assumiram o controle completo da informação, até dos eventuais dólares que possam ser transferidos em qualquer lugar do mundo. Por isso, as sanções americanas no sistema financeiro internacional podem atingir todos os atores que realizam transações na economia global.

Com efeito, a eliminação de um país desse sistema impossibilita a realização de transações financeiras de qualquer natureza, ou seja, ocorre uma espécie de paralisação de seus negócios internacionais. Mesmo que esses países tentem driblar as sanções, dada a profundidade do Swift e do Chips, o Departamento de Justiça americano é capaz de identificar essas tentativas num curto espaço de tempo. Em outras palavras, a integração desses dois sistemas criou uma máquina absolutamente gigantesca de monitoramento de todas as informações do mundo financeiro.

Esse tipo de guerra que bloqueia a ação de um país no campo econômico internacional, entretanto, tem de ser qualificado. Os países ocidentais já fizeram esse tipo de exclusão, como arma de guerra direta, contra a Coreia do Norte. Mas, no caso do país asiático, ele já havia se "autoexcluído" do sistema econômico-financeiro, e, por isso, as medidas tiveram pouco impacto. Já no caso do Irã e da Venezuela, essas ações tiveram um impacto maior e aprofundaram a crise econômica dos dois países.

Como disse o ex-presidente americano Woodrow Wilson, ao fim da Primeira Guerra Mundial, a guerra econômica era a melhor delas, porque liquidava o adversário sem matar ninguém explicitamente. Ocorriam, no entanto, mortes como consequência da fome e da incapacidade de tratar doenças. Se isso foi percebido em 1918, imagina em 2018, quando Donald Trump aplicou as últimas sanções contra o Irã, numa situação ainda extremamente complicada, porque, em 1974, os Estados Unidos firmaram um acordo com o Rei Faisal da Arábia Saudita, determinando que toda transação do petróleo se faz em dólar, e até hoje todo o mundo transaciona o petróleo em dólar. Portanto o Irã ficou inteiramente "aleijado" com a sua exclusão de todo um sistema financeiro. Eles não podiam sequer alugar um navio para transportar petróleo.

No caso dessas sanções contra o Irã, a moeda iraniana desvalorizou quatro vezes em seis meses, o Produto Interno Bruto (PIB) caiu 7% em um ano, a produção de petróleo caiu 1 milhão de barris em um ano, as exportações de petróleo do Irã caíram de 2,8 milhões de barris para 500 mil. A despeito desses impactos duríssimos para a economia iraniana, o país resistiu por outros instrumentos, assim como a Venezuela.

Não restam dúvidas de que a capacidade de reação da Rússia é infinitamente superior em relação ao Irã, à Venezuela e à Coreia do Norte. Apesar das previsões catastróficas sobre a economia russa, os efeitos têm sido relativamente controlados por Putin. Embora haja uma previsão de queda do PIB russo, a inflação está sob controle, e o rublo se valorizou. Além disso, as exportações russas cresceram, incluindo a de petróleo, principalmente para a Ásia. Isso não significa que as sanções não afetaram a economia russa, mas elas não promoveram uma asfixia rápida que pudesse alterar o curso da guerra. A Rússia não mudou a sua posição, pelo contrário, aumentou o seu envolvimento na guerra.

A perspectiva futura é de que os efeitos devastadores que ocorreram na Venezuela e no Irã não devem ser replicados para a Rússia. Nesse sentido, é fundamental compreender a eficácia desse tipo de guerra econômica de acordo com o grau de coordenação dos "atacantes", mas também com o perfil do país que está sendo atacado. Nesse caso, os países europeus e os Estados Unidos parecem não ter calculado corretamente o poder da resistência russa, que não apenas é uma potência energética – com elevadas reservas de carvão, petróleo e gás natural –, mas também uma gigantesca potência militar – com o maior arsenal atômico do mundo. Além disso, é uma das grandes potências minerais estratégicas do mundo e, nos últimos dez ou quinze anos, transformou-se numa potência alimentar produtora de grãos.

Ou seja, europeus e americanos não avaliaram a capacidade de resistência da Rússia, seja por suas potencialidades energéticas, minerais e militares; seja por sua forte aproximação econômica com a Ásia, principalmente a China. Não por acaso, a Rússia tem estreitado as suas relações econômicas com a Ásia há alguns anos. Os russos, por exemplo, já conseguiram um sistema próprio de transferência monetária em parceria com a China e a Índia, permitindo "fugir", parcialmente, do dólar e do euro.

Fica claro que, além da sua maior capacidade de resistência, a outra perspectiva futura é de um maior descolamento da Rússia em relação à economia europeia. Nesse sentido, a tendência é de um contínuo crescimento dos laços econômicos da Rússia com a Ásia, ou seja, a guerra e a resposta europeia criaram um "impulso definitivo" da Rússia em direção à Ásia, seja pelo receio da replicação de guerras econômicas na Ásia, seja pelos estragos econômicos que uma crise grave na Rússia pode causar.

Enquanto isso, a economia europeia tende a sofrer por sua dependência energética da Rússia, o que deve, inclusive, afetar o projeto econômico solidário da União Europeia, que está suspenso por um longo tempo. O mapa energético do mundo mudou definitivamente, isto é, o petróleo e o gás russo, cada vez mais, estão indo na direção da Ásia e de outros países, em vez da Europa. O que fica claro, portanto, é que a aproximação financeira e comercial da Rússia com a Ásia tende a aumentar o poder de resistência russo e, além disso, criar dificuldades para a Europa atender à sua demanda energética, atualmente muito dependente da Rússia.

Dessa forma, não é impossível que esse "erro" de cálculo das "potências ocidentais" acabe provocando um dano de longo prazo muito maior dentro da União Europeia do que na própria Rússia. Basta olhar para o avanço das divisões internas que estão fragmentando os sócios europeus e jogando uns contra os outros enquanto avançam a crise econômica e as revoltas sociais, junto a um verdadeiro tufão de ultradireita que pode acabar enterrando os últimos vestígios da grande utopia europeia da segunda metade do século XX. Ao mesmo tempo, essa ofensiva externa recoloca a Rússia numa posição defensiva, obrigando-a a retomar a sua velha estratégia de sucesso ao longo dos tempos, como um caso clássico de "economia de guerra" que sempre se desenvolveu e deu seus grandes saltos tecnológicos quando se viu ameaçada por forças externas. Só o futuro, entretanto, nos permitirá saber quais serão as consequências e os resultados dessa retomada europeia de suas infinitas guerras no decorrer dos séculos.

Referência

FIORI, J. L. *História, estratégia e desenvolvimento*. São Paulo: Boitempo, 2014.

Bloco IV
A guerra e o preço do petróleo

Conflito pode sangrar russos e europeus[34]

Rodrigo Leão

O primeiro pacote de sanções dos Estados Unidos e de seus aliados da Organização do Tratado do Atlântico Norte (Otan) foi uma tentativa de estrangulamento do sistema financeiro da Rússia. Esses países cortaram o acesso dos dois maiores bancos russos ao dólar e baniram algumas instituições financeiras do sistema Swift. Além disso, os governos dos Estados Unidos e da União Europeia congelaram os ativos russos denominados em dólar e em euro, impossibilitando o acesso do Banco Central do país às suas reservas internacionais. "No total, quase US$ 1 trilhão em ativos russos foram congelados por sanções", garantiu o Ministro das Finanças da França, Bruno Le Maire (RILEY, 2022).

A expectativa do Ocidente, muito provavelmente, era aniquilar economicamente a Rússia, obrigando o país a rever a sua ofensiva contra a Ucrânia. Apesar dos efeitos dramáticos materializados na corrida bancária, na forte desvalorização do rublo e na fuga de capitais, a Rússia tem demonstrado uma capacidade de resistência estendendo os ataques à Ucrânia.

O aumento do preço do Brent mostra que a guerra econômica promovida contra a Rússia está chegando ao Ocidente. Isso pode significar certa escassez de oferta para o Ocidente, dificuldade de escoamento e venda do petróleo russo, ou a imobilização da Organização dos Países Exportadores de Petróleo (Opep). Neste momento, o que começa a ocorrer é que a extensão da crise econômica na Rússia pode transbordar de maneira intensa no Ocidente, principalmente na Europa, e isso é o retrato de um novo desenho geoeconômico que traz duas novidades im-

---

34. Artigo publicado, originalmente, no jornal *Valor Econômico* (valor.globo.com), em março de 2022.

portantes: de um lado, a importância russa no mercado de *commodities* globais – em especial, no de energia – pode prejudicar, severamente, o continente europeu; e, de outro, as interconexões da Rússia com a Ásia, principalmente com a China, colocam Putin numa posição mais fortalecida globalmente.

Qualquer tentativa de estender as sanções para o mercado de *commodities* russo pode gerar uma grave crise de abastecimento de produtos importantes como cobre, alumínio e paládio. "Possíveis atrasos na entrega desses produtos poderiam desestimular as cadeias de fornecimento de conversores catalíticos em automóveis, capacitores usados em telefones celulares e até mesmo coroas dentárias", advertiu Jon Hilsenrath, do *Wall Street Journal* (HILSENRATH, 2022).

No caso da Europa, há, ainda, um agravante: a possibilidade de um desabastecimento energético. Atualmente, a Rússia responde por cerca de 25% do petróleo e de 40% do gás vendido ao continente. E, mais grave, o caminho para reduzir a dependência do gás russo é bastante intrincado. Primeiro, porque, com a decisão da Opep de não elevar a sua produção, e devido ao fato de os grandes exportadores de Gás Natural Liquefeito (GNL) – a Austrália e os Estados Unidos, principalmente – estarem no limite da sua capacidade de produção, fica inviável a substituição do gás de origem russa. Segundo, porque a possibilidade de utilizar outras fontes de energia está mais escassa. A disponibilidade de energia nuclear, por exemplo, reduziu-se nos últimos anos na Alemanha, na Grã-Bretanha e na França, em razão do envelhecimento das usinas, dos processos de descomissionamento e da redução gradual da capacidade de produção.

Desde a Guerra da Geórgia, em 2008, a Rússia tem trabalhado para estreitar as suas relações com os países integrantes da Opep e da Ásia, visando reduzir a sua dependência econômica do Ocidente. Lideradas pela China, as exportações para os países da Apec (Asia-Pacific Economic Cooperation) cresceram de 11,8%, em 2006, para 30,2% em 2020. As importações saltaram de 24,2% para 38,9% no mesmo período. Desde 2014, a China superou a Alemanha em projetos de investimento de longo prazo na Rússia.

Naquele ano, russos e chineses anunciaram a construção de um megagasoduto conectando a Sibéria ao norte da China. O chamado "acordo do século" entre o grupo Gazprom, da Rússia, e a Corporação Nacional de Petróleo, da China, é resultado de um investimento de US$ 55 bilhões.

Em 2019, os russos realizaram uma grande parceria com o Japão para investir no projeto do terminal de GNL Arctic 2, desenvolvido pela gigante russa Novatek. As companhias japonesas Mitsui & Co. e a Japan Oil, Gas and Metals National Corporation concordaram em aplicar US$ 3 bilhões no projeto para obter participação de 10% do negócio. Esse é apenas um dos projetos de GNL da

Rússia, que visa ampliar a sua participação nesse segmento para atender aos mercados asiáticos.

Além da Ásia, a Rússia iniciou uma aproximação com o setor energético da Opep. Em 2017, o país liderou um movimento para que outros grandes produtores de petróleo compusessem o grupo conhecido como Organização dos Países Exportadores de Petróleo e os seus aliados (Opep+). A Rússia e mais nove grandes exportadores de petróleo se alinharam ao bloco para aumentar o seu poder de barganha, ainda que sem se tornarem membros oficiais da Opep. Naquele mesmo ano, a Rússia assinou um acordo estratégico com a Arábia Saudita. No campo energético, foram fechados negócios para a criação de dois fundos comuns de investimento no domínio energético e de tecnologia por US$ 1 bilhão cada.

Um exemplo da força dessa aproximação é que chineses e árabes têm se negado a promover sanções ao governo russo e a pressionar a sua indústria energética. Essa aproximação com a Opep e com a Ásia, somada à dependência energética europeia, já começa a refletir no mercado de petróleo.

O recente aumento do preço do Brent mostra que a guerra econômica promovida contra a Rússia está chegando ao Ocidente. Enquanto o barril do tipo Brent disparou no período de março de 2022 (aumento de 17%), o petróleo da Sibéria, o ESPO, caiu 1%, e o petróleo dos Emirados Árabes Unidos, o Dubai, aumentou apenas 1%. Isso pode significar, ao mesmo tempo, uma certa escassez de oferta para o Ocidente, a dificuldade de escoamento e venda do petróleo russo, bem como uma imobilização da Opep.

Apesar desses sinais de estresse no mercado petrolífero, a porta-voz da Casa Branca, Jen Psaki, declarou, no dia 2 de março, que sanções ao petróleo russo estão "certamente em cima da mesa". Isso significará uma escalada sem precedentes da guerra econômica promovida pelos Estados Unidos. Caso ela se efetive e chegue ao mercado de *commodities*, o "sangramento" não se limitará à economia russa, mas atingirá, fortemente, os aliados europeus da Otan.

Referências

HILSENRATH, J. U.S. Positioned to withstand economic shock from Ukraine crisis. *The Wall Street Journal*, Economy, 28 fev. 2022.

RILEY, C. A aposta de US$ 1 trilhão do Ocidente para acabar com a economia russa. *CNNBrasil*, 2 mar. 2022. Disponível em: https://www.cnnbrasil.com.br/business/a-aposta-de-us-1-trilhao-do-ocidente-para-acabar-com-a-economia-russa/. Acesso em: 24 fev. 2023.

Barril derrete com tensões econômicas e políticas globais, mas futuro é imprevisível[35]

Rodrigo Leão

Os preços do barril do petróleo passam, no período de julho e agosto de 2022, por uma acelerada queda em função de uma conjunção de vários fatores de origens políticas e econômicas. Do lado da demanda, a volta dos *lockdowns* na China, bem como a recessão e a política americana, impõem uma redução no consumo dos derivados de petróleo. Do lado da oferta, apesar de modesto, o pequeno aumento na produção da Organização dos Países Exportadores de Petróleo (Opep) e a retomada da produção de alguns países sinalizam uma estabilização na oferta global. Do ponto de vista político, a resposta americana à estratégia da Rússia de "inundar" o mercado asiático de petróleo barato e o crescimento das tensões entre China e Estados Unidos também compõem esse pacote de eventos que puxam os preços para baixo.

Desde o dia 19 de julho de 2022, o barril do petróleo tem sofrido diversas oscilações, mas com tendência de queda. Segundo a Oil Price, daquela data até o dia 4 de agosto, o preço do barril Brent – principal referência do mercado mundial – caiu de US$ 107,35 para US$ 94,12. Já o barril do WTI (petróleo americano) diminuiu de US$ 100,74 para US$ 88,74, e o Sokol (petróleo russo) baixou de US$ 91,99 para US$ 87,05. No mercado russo, a queda foi de, aproximadamente, 5%, e, nos outros dois mercados, acima de 10%.

---

35. Artigo publicado, originalmente, na plataforma Broadcast Energia (broadcast.com.br), em agosto de 2022.

Um primeiro movimento que explica essa pressão para baixo nos preços é a combinação de retração da demanda global (principalmente na China e nos Estados Unidos) somada à política monetária americana mais contracionista, visando interromper o surto inflacionário do país.

Na China, várias grandes cidades, incluindo Xangai, estão lançando novos testes em massa ou estendendo *lockdowns* de milhões de moradores para combater novos focos de infecções por covid-19. Em Shenzen, o governo prometeu "mobilizar todos os recursos" para conter um surto de covid-19 que se espalha lentamente, ordenando a implementação de testes e a verificações de temperatura, além de *lockdowns* para edifícios atingidos pelo vírus. Já na cidade portuária de Tianjin, que abriga fábricas ligadas à Boeing e à Volkswagen, o governo apertou as restrições em agosto de 2022 para combater novos surtos.

Essas medidas de restrição no gigante asiático afetaram a produção industrial do país. Ao contrário do que esperavam os analistas, a atividade industrial da China anotou uma queda em julho de 2022. "O índice de compras (PMI, na sigla em inglês) da indústria da China caiu para 49,0 em julho, vindo de um 50,2 em junho", disse o Escritório Nacional de Estatísticas da China (NBS), abaixo da marca de 50 pontos que separa contração de crescimento em três meses. "A contração contínua nas indústrias de uso intensivo de energia, como gasolina, carvão metalúrgico e metais ferrosos, contribuiu para derrubar o PMI de julho", segundo a análise do NBS.

Nos Estados Unidos, os americanos dirigiram menos no verão de 2022 em relação ao mesmo período de 2020, quando existiam restrições de mobilidade por conta das medidas da covid-19. A média de quatro semanas de consumo de gasolina nos Estados Unidos – o melhor indicador para a demanda do país – esteve mais de 1 milhão de barris por dia abaixo das normas sazonais pré-covid-19, de acordo com dados da Energy Information Administration. Embora os preços das bombas tenham caído por cinquenta dias seguidos, isso não foi o suficiente para atrair os motoristas de volta à estrada, em função da inflação histórica que limita os orçamentos dos consumidores.

Essa tendência de queda da demanda deve ser reforçada pela política monetária do Fed (o banco central dos Estados Unidos), que, pela quarta vez seguida, promove uma queda na taxa de juros dos Estados Unidos a fim de conter pressões inflacionárias. No fim de julho, o aumento foi de mais 0,75 ponto percentual na taxa básica.

"A inflação continua elevada, refletindo desequilíbrios de oferta e demanda relacionados à pandemia, preços mais altos de alimentos e energia e pressões de preços mais amplos", disse o Comitê Federal de Mercado Aberto (Fomc, na sigla em inglês) ao elevar a taxa referencial a um intervalo entre 2,25% e 2,50%, em decisão unânime dos doze membros com direito a voto. Depois dessa alta de 0,75 ponto percentual e de movimentos menores em maio e março de 2022, o Fed elevou a taxa básica em um total de 2,25 pontos neste ano. Essas sucessivas elevações na taxa de juros afetam, fortemente, a demanda por petróleo, bem como impõem uma corrida cada vez maior para os papéis do Tesouro americano, impactando os mercados globais de ações de *commodities*.

Um segundo movimento que ajuda a entender a redução do barril é a sinalização de uma estabilidade na oferta de petróleo, com um pequeno viés de alta no curto prazo. A Opep anunciou, para setembro de 2022, um aumento de 100 mil barris diários na produção de petróleo com anuência russa. Apesar da elevação ser marginal, o "de acordo" russo sinaliza uma possibilidade de o país frear a sua política de venda de petróleo para a Ásia.

Além disso, alguns produtores iniciaram uma retomada da produção, como a Líbia. O país do norte da África recuperou a sua produção de petróleo depois de uma série de interrupções que reduziram o abastecimento para mais da metade, segundo Mohamed Oun, Ministro do Petróleo da Líbia. A produção nacional voltou a 1,2 milhão de barris por dia, um nível visto, pela última vez, no início de abril de 2022, disse o ministro do país-membro da Opep.

As tensões políticas entre os dois aliados Rússia/China com os Estados Unidos também estão gerando turbulências no mercado internacional, as quais estão impulsionando uma retração dos preços do petróleo. Primeiro, os Estados Unidos buscam neutralizar a estratégia russa de vender petróleo mais barato para a Ásia, principalmente para a Índia e para a China. Putin "forçou" uma queda nos preços do petróleo da Rússia, desde março de 2022, visando vender a *commodity* com desconto para diversos mercados. Essa estratégia fez com que as vendas para a Índia, por exemplo, mais do que dobrassem, e outros países, como o Brasil e a Turquia, também anunciaram compras maiores de petróleo e derivados russos. Agora, no mês de julho do mesmo ano, a redução dos preços do petróleo e dos derivados dos Estados Unidos visam tornar os seus produtos mais competitivos, impedindo que a estratégia russa se espalhe por outras regiões.

Depois, a visita da Presidente da Câmara dos Estados Unidos, Nancy Pelosi, a Taiwan provocou o maior acirramento das tensões com a China das últimas décadas. Como diz o professor da Universidade Federal do Rio de Janeiro (UFRJ) José Luís Fiori: "Os americanos têm plena consciência de que o controle de Taiwan deixou de ser apenas uma disputa territorial chinesa e passou a ser uma condição essencial para que a China tenha acesso soberano ao Pacífico e ao Mar da Índia" (FIORI, 2021). Uma escalada do conflito pode ter repercussões sérias, ainda mais se considerando o cenário de guerra entre a Rússia e a Ucrânia, afetando a já combalida economia internacional.

Embora todos esses eventos nos ajudem a compreender a redução dos preços, é importante lembrar, também, que essas condições precisam persistir para que o barril do petróleo continue derretendo. Algo totalmente imprevisível nesse momento de tantas transformações na economia e na política globais.

Referências

FIORI, J.L. O dilema de Taiwan e o berço da nova "ordem mundial". *Outras Palavras, Geopolítica & Guerra*, 6 ago. 2021

A reação da Opep+ ao G7 para manter o controle sobre o preço do petróleo[36]

Rodrigo Leão

O mercado de petróleo voltou a entrar em ebulição com o anúncio do grupo conhecido como Organização dos Países Exportadores de Petróleo e os seus aliados (Opep+) – que inclui os países da Opep mais Rússia e outros nove produtores aliados do país do leste europeu – de cortar a produção de petróleo em 2 milhões de barris por dia a partir de novembro de 2022. A ação da Opep+, que deve frear a queda do preço do barril de petróleo, tem gerado críticas dos países ocidentais, pois pode afetar a inflação global e intensificar a desaceleração econômica no mundo.

Todavia poucos especialistas têm observado que, na verdade, a medida da Opep+ é uma reação a uma tentativa dos países do G7 de ampliarem as sanções sobre a Rússia. O problema dessas novas sanções é que, caso sejam aplicadas, também atingiriam os grandes produtores de petróleo do Oriente Médio, além de reduzir o controle dessa região sobre o preço da *commodity*.

Antes do anúncio do corte da produção da Opep+, os países do G7 divulgaram, em reunião ocorrida na Alemanha no dia 2 de setembro de 2022, uma nova sanção ao mercado petrolífero russo. A ideia era estruturar um mecanismo global que permitisse a criação de "teto" de preço (*price cap*) para o petróleo russo. Mas como os países do G7 poderiam impor esse "teto" aos compradores da *commodity* russa?

O mecanismo funcionaria da seguinte forma: os compradores do petróleo russo somente poderiam ter acesso aos serviços financeiros e de seguros para o

---

36. Artigo publicado, originalmente, no *site* do Instituto de Estudos Estratégicos de Petróleo, Gás Natural e Biocombustíveis (Ineep) (ineep.org.br), em outubro de 2022.

transporte da mercadoria se aderissem ao limite de preço estabelecidos pelo G7, em acordo com outros "parceiros internacionais". Caso um país não adquirisse o petróleo dentro da margem definida, a sua cobertura do seguro de entrega seria bloqueada. Como cerca de 95% da frota mundial de petroleiros está coberta pelo Grupo Internacional de Clubes de Proteção e Indenização em Londres e algumas empresas sediadas na Europa continental e nos Estados Unidos, os países do G7 teriam pleno controle na liberação ou não dos seguros de transporte do petróleo. Dessa forma, na prática, a decisão de liberar ou não transporte do petróleo seria de empresas americanas e europeias. Com isso, os países do G7 tinham a expectativa de forçar a derrubada do preço do petróleo da Rússia, tornando a sua produção inviável a curto prazo. Segundo analistas internacionais, o *price cap* seria em torno de US$ 40 a US$ 50, o que criaria grandes dificuldades para as empresas russas manterem as suas exportações num patamar elevado.

Desde que o G7 anunciou o interesse de implementar esse mecanismo, os preços do petróleo começaram a cair de maneira significativa. Em 29 de agosto de 2022, o preço do barril do petróleo Brent – o principal referencial no mundo – estabilizou-se em US$ 102,93, e o do barril Urals – principal *benchmarking* russo –, em US$ 78,79. Cerca de um mês depois, em 30 de setembro, os dois referenciais caíram cerca de 18%, com o Brent chegando a US$ 85,14, e o Urals, a US$ 64,52. Com efeito, a Rússia viu não apenas o preço do seu barril cair, mas o diferencial em relação ao Brent também diminuir, o que começou a colocar em risco a sua estratégia de vender petróleo barato principalmente para a Ásia, mas a um valor que garantisse a rentabilidade das empresas russas.

Todavia, além de afetar o mercado russo, essa sinalização do G7 começou também a impactar os grandes exportadores do Oriente Médio, como a Arábia Saudita e os Emirados Árabes Unidos. No mesmo período, o preço do petróleo Dubai caiu cerca de 8%. Dessa forma, a ofensiva do G7 deixou de afetar exclusivamente a Rússia, atingindo, também, os demais produtores da Opep.

Por isso, no início de outubro de 2022, a Opep+ anunciou o corte da produção de petróleo em 2 milhões de barris por dia (cerca de 5,5% das suas exportações globais). Embora os analistas acreditem que seja improvável uma queda tão rápida até o fim do ano – a Rystad Energy, por exemplo, diz que a produção deve diminuir em 1,2 milhão de barris por dia –, o mercado de petróleo já sentiu a reação da Opep+. De 30 de setembro até 10 de outubro, o petróleo Brent já subiu 10%; o Urals, 14%; e o Dubai, 5%.

A expectativa, agora, é que o preço do barril do petróleo Brent deve encerrar num valor mais elevado do que o previsto anteriormente. As projeções, até setembro, eram de que os preços do petróleo cairiam até o fim do ano, mas, após a decisão da Opep+, o valor do barril poderia, então, atingir mais de US$ 100 em dezembro de 2022, acima da projeção anterior, de US$ 89. Segundo o Vice-presidente da Rystad Energy Jorge Leon, acreditava-se que o impacto do preço das medidas anunciadas seria significativo.

Ao reduzir a produção, a Opep+ também está procurando fazer uma declaração aos mercados de energia sobre a coesão do grupo durante a Guerra da Ucrânia e a sua vontade de agir rapidamente para defender os preços, dizem os analistas. Na verdade, como lembrou Richard Bronze, *head* de geopolítica da consultoria Energy Aspect, alguns produtores de petróleo enxergam a ação do G7 como um precedente para que esses países "baixem os preços de forma mais geral, iniciando uma fase de maior controle sobre as flutuações do barril" (REED, 2022). Tais preocupações explicam a reação da Opep+ em dar uma "resposta tão impopular para Washington", acrescentou Bronze (REED, 2022).

Em contrapartida, os funcionários da administração Biden dizem que o presidente ordenaria ao Departamento de Energia que liberasse 10 milhões de barris adicionais de petróleo da Reserva Estratégica de Petróleo em novembro de 2022. Todavia isso representa somente cinco dias do corte anunciado pela Opep+ e deve ter poucos efeitos concretos no mercado global de petróleo.

Esse novo episódio deixa claro que os movimentos no preço do barril do petróleo continuam sendo uma resposta dos acontecimentos geopolíticos atuais. Nesse processo, fica claro que o suposto isolamento russo no mercado internacional está longe de ocorrer. Isso porque não está em jogo apenas a possibilidade de a Rússia vender ou não petróleo, mas sim o controle do preço da principal *commodity* global.

E a atual estratégia russa de vender petróleo com desconto para a Ásia, principalmente para a China, permitiu que os chineses pudessem atuar num "novo mercado" de petróleo, no qual o país tinha pouca influência. E, ao mesmo tempo, tem permitido aos países da Opep venderem o seu petróleo a preços mais elevados. Ou seja, esse arranjo que envolve Rússia, China e Opep está permitindo a esse grupo uma redefinição do mercado petrolífero que é fundamental para o controle de umas das variáveis mais importantes da indústria: o preço.

Referência

REED, S. In a rebuke to the West, OPEC and Russia agree to a big cut in oil production. *The New York Times*, Russia-Ukraine War, 6 out. 2022.

O papel da guerra nos ciclos de preço do barril de petróleo[37]

Rodrigo Leão

Nos últimos meses, o preço do barril do petróleo tem se movimentado de forma extremamente incerta em função dos desdobramentos da guerra entre a Rússia e a Ucrânia. Essas inflexões no preço ocorrem não apenas pela ação dos protagonistas da guerra, mas principalmente pelo comportamento de outras nações que estão "no entorno" do conflito. A elevada repercussão dessa guerra poderia sugerir que esse episódio é excepcional, mas um olhar mais atento aos movimentos recentes do preço do petróleo mostra que há uma profunda relação entre o valor do "ouro negro" e os conflitos militares que ocorrem em diferentes lugares do mundo.

Desde que os Estados Unidos iniciaram a sua estratégia de "guerra global ao terrorismo", os conflitos ao redor do mundo se aceleraram, e, com eles, a produção de petróleo em vários lugares foi afetada, assim como o preço do barril. Evidentemente, outros fatores contribuíram para a mudança dos preços, e até de forma mais importante, em alguns momentos, como a crise internacional de 2008, a aproximação da Organização dos Países Exportadores de Petróleo (Opep) com a Rússia, a financeirização dos preços, o *boom* econômico global puxado pela China na primeira década deste século, a expansão da produção do *tight oil* americano etc. Todavia, é impressionante observar como, após os ataques do 11 de setembro de 2001, a lógica de "reajuste" dos preços se alterou significativamente. Essa é mais uma razão para constatar que, enquanto persistir a guerra entre os dois países do Leste Europeu, há uma grande tendência de o preço do barril continuar instável.

---

37. Artigo publicado, originalmente, na plataforma Broadcast Energia (broadcast.com.br), em outubro de 2022.

Logo após o início dos ataques de Moscou a Kiev, os países do Ocidente impuseram grandes sanções ao comércio do petróleo russo, impulsionando uma alta dos preços do barril do petróleo. Do dia 24 de fevereiro de 2022, quando Putin anunciou os primeiros ataques, até o dia 8 de março, o preço do petróleo Brent cresceu 31%, com o barril saindo de US$ 101,29 para US$ 133,18.

Com os preços em alta e o boicote realizado pela Europa e pelos Estados Unidos, a Rússia adotou a estratégia de oferecer descontos para vender o seu petróleo a outros destinos, principalmente para a China e a Índia, mas não só. Outros países asiáticos, da América do Sul e do Leste Europeu também elevaram as suas compras de petróleo e derivados da Rússia.

A ameaça de uma volta ao rigoroso confinamento da China, por conta de um surto de covid-19 no país asiático, e a inflação e a retração econômica nos Estados Unidos fizeram o preço dar uma trégua no início de maio, chegando ao valor de US$ 102,61, ainda um pouco acima do dia em que se iniciou a guerra.

Entretanto, com a flexibilização do confinamento chinês e o aumento das restrições da compra de petróleo russo pela Europa – foram proibidas as passagens do petróleo pela costa dos países da União Europeia –, o preço voltou a decolar. Em 13 de junho de 2022, já estava no patamar de US$ 128,47. Com isso, a Rússia conseguiu manter – agora com mais agressividade – a sua estratégia de venda de petróleo com desconto para outros locais que não a Europa e os Estados Unidos. Mesmo com uma nova queda de preços do Brent em agosto – voltando a ficar próximo a US$ 100 –, por conta dos sinais de recessão econômica nos Estados Unidos e os efeitos da guerra para a Europa, a Rússia conseguiu manter certa estabilidade nos seus preços, entre US$ 65 e US$ 70.

Em função dos efeitos inócuos do boicote ao petróleo russo e com a inflação em alta, no início de setembro, os países europeus e os Estados Unidos realizaram uma nova ofensiva ao governo russo. Capitaneado pelo Fundo Monetário Internacional (FMI), surgiu a ideia de se criar um "teto" forçado para negociar o petróleo Brent e WTI. Os países que não seguissem esse teto não poderiam contar com os seguros de transporte do petróleo, fornecidos, na sua maioria, por empresas americanas e europeias.

A ameaça surtiu efeito. De US$ 100,31, no dia 5 de agosto de 2022, o preço do barril Brent desabou para US$ 82,55 em 26 de setembro, uma queda de 18%. Com esse valor, a estratégia russa de "venda com desconto" começou a ficar seriamente ameaçada. Todavia essa ação dos países ocidentais não afetou apenas a Rússia. Em primeiro lugar, atingiu o Oriente Médio, que perdeu receitas de exportações de petróleo, e, em segundo lugar, gerou certo receio nos países asiáticos de que o movimento do "corte" de seguros atingisse os mercados compradores de petróleo russo. Logo na sequência, a Opep+ contra-atacou anunciando um corte de 2 milhões de barris diários da sua produção. Isso permitiu que o preço do barril Brent subisse novamente, atingindo o valor de US$ 98,88 em 7 de outubro de 2022.

Independentemente dos movimentos ocorridos, fica claro que a flutuação do barril, nesse ano, obedeceu, basicamente, as ações dos países em relação à Guerra da Ucrânia. Em que pese a importância de outras variáveis, a expansão da quantidade de conflitos militares no atual século, principalmente em países que são grandes produtores de petróleo, passou a ter uma influência maior na determinação dos preços do petróleo.

Um recente estudo do *Journal of International Affairs*, realizado por Amy Jaffe e Jarrer Elass, destaca que há um processo histórico de relação entre as guerras e os ciclos do preço do petróleo. Analisando os movimentos do preço do petróleo ao longo da história, os autores observam que o aumento de recursos causados pelas altas de preços, em geral, é convertido em aquisição de armas e patrocínio de novos conflitos. Tais armas, muitas vezes, são utilizadas em períodos de baixa de preços, quando a redução da renda petrolífera provoca queda do crescimento econômico e instabilidade financeira e social, as quais, muitas vezes, desembocam em guerras civis ou conflitos militares entre diferentes nações.

"Dessa forma, o mundo experimenta a perpetuação de padrões de conflito militar, seguido de crises de abastecimento de petróleo e acompanhado de instabilidade financeira e social […]. A corrida armamentista que acompanhou o aumento dos preços do petróleo nos anos 2000 não foi exceção e agora é ainda mais complicada devido à participação violenta de grupos subnacionais radicalizados que são menos suscetíveis a pressões ou iniciativas diplomáticas. Nesse contexto geopolítico emergente, a ascensão de grupos subnacionais violentos como Isis e Al-Qaeda estão colocando cada vez mais em risco a infraestrutura petrolífera, lançando as bases para uma futura crise petrolífera que pode se revelar mais difícil de resolver do que no passado" (JAFFE; ELASS, 2015), mencionam os autores, incorporando um elemento na discussão: um dos alvos preferenciais de várias dessas guerras é a infraestrutura da indústria petrolífera.

Com efeito, segundo Jaffe e Elass, "a corrida armamentista regional que acompanha os altos preços do petróleo impulsiona não apenas os arsenais de países-chave no Oriente Médio, mas também seus substitutos subnacionais e até mesmo organizações terroristas que surgem para desafiar o *status quo*. Ironicamente, o fluxo de armas impulsionado pelo *boom* dos preços do petróleo aumenta então o risco geopolítico para a produção de petróleo, mais uma vez lançando as bases para um futuro aumento dos preços do petróleo à medida que crescem os temores de que o conflito militar perturbe mais uma vez o abastecimento" (JAFFE; ELASS, 2015). Ou seja, os ciclos altistas acabam tendo um papel preponderante para o financiamento de armas e equipamentos militares, e depois, quando os preços seguem para uma fase "baixista", em geral, há instabilidades e conflitos nos quais essas armas são utilizadas.

Durante o atual século, como lembra o professor da Universidade Federal do Rio de Janeiro (UFRJ) José Luís Fiori, houve uma intensificação dos conflitos militares, principalmente após o ataque de 11 de setembro de 2001, realizado em Nova York:

> [...] a intensidade das guerras aumentou depois do atentado de 11 de setembro de 2001, quando o governo americano declarou sua "guerra global ao terrorismo", seguida do ataque e da invasão do Afeganistão e do Iraque. E, depois disso, foram vinte anos de guerra que destruíram literalmente sete países, mataram ou feriram mais de 1 milhão de pessoas, e jogaram nas fronteiras da Europa mais de 5 milhões de refugiados, predominantemente islâmicos (FIORI, 2022).

Coincidência ou não, desde o ataque de 11 de setembro de 2001, as oscilações do preço do barril do petróleo foram significativamente maiores e, em média, ficaram num patamar muito mais elevado em relação ao período anterior. De maio de 1987 a agosto de 2001, o preço do barril do petróleo Brent foi, em média, de US$ 19,17, com um desvio padrão de US$ 4,85 – que representou cerca de 25% da média. De setembro 2001 a dezembro 2015, a média do preço foi de US$ 70,59, e o desvio padrão, de US$ 31,75 – que representou 45% na média. Ou seja, desde 2001, quando os conflitos militares se expandiram significativamente em relação ao período anterior, principalmente em localidades produtoras de petróleo, os preços do barril oscilaram muito mais e se situaram num patamar bem mais elevado.

Como já mencionado, outros fatores tiveram um efeito decisivo para essa tendência. No entanto, parece inconteste que a dinâmica das guerras está fortemente atrelada à evolução do preço do petróleo. Não por acaso, enquanto o petróleo permanecer como a principal fonte energética global, os grandes produtores da *commodity* estarão envoltos por instabilidades sociais e econômicas, conflitos militares e outras perturbações.

Por isso, enquanto a Guerra da Ucrânia durar, apenas uma coisa é certa: oscilações frequentes e grandes variações, tanto para cima quanto para baixo, devem dar a tônica do preço do barril do petróleo.

Referências

FIORI, J. L. A questão do critério, as guerras e a confusão da esquerda. Extraclasse, *Opinião*, 26 mai. 2022. Disponível em: https://www.extraclasse.org.br/opiniao/2022/05/a-questao-do-criterio-as-guerras-e-a-confusao-da-esquerda/. Acesso em: 24 fev. 2023.

JAFFE, A.M.; ELASS, J. War and the oil price cycle. *Journal of International Affairs*, 69 (1), 121-137, Fall; Winter 2015. Disponível em: https://www.jstor.org/stable/jinteaffa.69.1.121. Acesso em: 24 fev. 2023.

A guerra e a bomba no posto de combustível[38]

José Sergio Gabrielli
William Nozaki

Os preços do petróleo devem permanecer altos em 2022. O barril do tipo Brent já chegou a atingir mais de US$ 130. A alta nos preços é provocada pela guerra entre a Rússia e a Ucrânia, mas também por fenômenos mais estruturais como: os investimentos em exploração e produção caíram antes da pandemia, especialmente fora da Organização dos Países Exportadores de Petróleo (Opep); a Rússia e a Opep se aproximaram, a fim de ampliar a sua capacidade de controle da oferta e dos preços do barril; e a retomada das atividades econômicas pós-covid-19 na China, em velocidade distinta dos demais países, criou uma defasagem entre a demanda oscilante e a oferta em recuperação.

O cenário é ainda mais preocupante considerando os impactos sobre o mercado de gás natural. Os custos da energia e do aquecimento no inverno do Hemisfério Norte tendem a ser crescentes, e a maioria dos países está adotando alguma medida para evitar que essa pressão altista seja repassada para os preços dos combustíveis em seus mercados domésticos.

No Brasil, até 2014, adotamos medidas para criar condições de ter uma maior resiliência ante as altas do preço internacional do petróleo. As refinarias passaram por um processo de ampliação de investimento e ajuste de suas unidades para que pudessem processar petróleo brasileiro, assim como a Petrobras ampliou a participação no segmento de distribuição de combustíveis.

---

38. Artigo publicado, originalmente, no jornal digital *Poder360* (www.poder360.com.br), em março de 2022.

No entanto, desde 2018, a Petrobras tem vendido as suas refinarias, e as consequências se evidenciam no caso emblemático da Bahia, onde a privatização da Refinaria Landulpho Alves (RLAM) não evitou que o estado tivesse os maiores preços de combustíveis do país. Embora a Petrobras não tenha repassado elevações externas por cinquenta e sete dias de 2022 (em 11 de março desse ano, aplicou reajustes significativos), isso não valeu, naquele período, para a nova operadora Acelen. Além disso, a Petrobras perdeu a capacidade de atuação sobre o segmento de distribuição com a venda da BR Distribuidora e da Liquigás.

O país virou importador de derivados e exportador de petróleo cru. Nesse cenário, aumenta a exposição aos riscos de desabastecimento e de prejuízos para a Petrobras na parcela importada de derivados. A situação só não é mais grave porque foi amortecida por uma ligeira apreciação do real e porque a alta qualidade e o baixo custo dos poços do pré-sal viabilizam atividades abaixo de US$ 30 por barril. O fato de a Petrobras ainda manter uma parte da sua capacidade de refino integrada à produção também permite a ampliação da lucratividade.

É exatamente isso, inclusive, que tem sido um dos instrumentos utilizados pelo governo Bolsonaro para impedir a internalização da volatilidade das altas do barril de petróleo. E, aqui, é importante sinalizar uma elevada contradição na estratégia da companhia e do atual governo. Ao mesmo tempo em que, desde o fim de 2021, há uma elevação do fator de utilização das refinarias e recuperação do *market share* da Petrobras – segundo a Associação Brasileira dos Importadores de Combustíveis (Abicom), os importadores privados já não estão realizando mais compras de combustíveis –, a empresa persiste com a privatização das refinarias.

Essa contradição entre a ação de curto prazo e o projeto de longo prazo da companhia deixa evidente que o segmento de petróleo ficará, cada vez mais, refém das perturbações estrangeiras. Ao que tudo indica, apesar do papel central do refino para lidar com a crise dos preços, a Petrobras continuará com a venda de suas refinarias, equívoco que colocará o país numa posição inédita de fragilidade externa. Na crise de 2008, por exemplo, a companhia foi capaz de adotar uma política autônoma de abastecimento, coordenando a produção e os preços dos combustíveis segundo os interesses nacionais.

Bloco V
O poder e a energia depois da guerra

A guerra econômica e energética entre Estados Unidos e Rússia impacta o mundo inteiro[39]

Rodrigo Leão

No centro da Guerra da Rússia e da Ucrânia está o futuro do abastecimento de energia em diversos lugares no mundo, principalmente na Europa. A Rússia é um dos maiores *players* da indústria de gás natural do mundo, sendo o principal fornecedor de gás natural para a Europa e um dos mais relevantes exportadores de GNL (Gás Natural Liquefeito) para a região. Todavia esse espaço é disputado pelos Estados Unidos com a sua crescente produção de *shale gas* e o desenvolvimento da indústria de liquefação de gás natural. Os desdobramentos desse conflito energético, que colocam frente a frente o papel da Rússia e dos Estados Unidos no abastecimento energético global, já afetam toda a população global, com elevação de preços e possibilidade de escassez.

Embora o estopim da crise que originou o conflito da Ucrânia seja o avanço da Organização do Tratado do Atlântico Norte (Otan) para o Leste Europeu e a estratégia da Rússia de aumentar a sua influência em territórios – também do Leste Europeu – onde haja maioria de população russa, o gás natural é um aspecto que não pode ser negligenciado na guerra.

Há uma espécie de "dilema energético" entre a Rússia e os Estados Unidos, envolvendo o fornecimento de gás natural para a Europa. De um lado, com o crescimento da indústria de *shale gas* e das exportações de GNL, os Estados Unidos buscam aumentar a sua inserção no abastecimento energético da Europa.

---

39. Artigo publicado, originalmente, na plataforma Broadcast Energia (broadcast.com.br), em março de 2022.

De outro, a partir de gigantescas obras de investimentos em gasodutos realizadas nos últimos anos, os russos esperam elevar a venda de gás natural para a Europa, mantendo o seu protagonismo.

De 2016 a 2020, as exportações de GNL dos Estados Unidos cresceram mais de quinze vezes, saindo de 4 bilhões de metros cúbicos (bcm) para 61,4 bcm. Nesse período, foram construídos dezessete novos terminais de liquefação nos Estados Unidos para exportar o *shale gas* que favoreceu, dentre outras regiões, a própria Europa. Em 2020, de tudo o que foi exportado de GNL dos Estados Unidos, 42% tiveram como destino a Europa. Pelo lado europeu, o GNL americano respondeu por 22% das importações, segundo dados da petrolífera britânica BP. Considerando todas as compras de gás natural (GNL e gasodutos), os Estados Unidos foram responsáveis por 5% das importações europeias.

No mesmo período, a produção russa de gás natural subiu 8% e a exportação de GNL mais do que dobrou. Todavia o gás russo enviado para a Europa via gasodutos caiu 13%, embora as exportações de GNL tenham crescido, mas numa taxa menor do que a americana. Ainda assim, em 2020, a Rússia foi responsável por fornecer 38% do gás natural recebido pela Europa por gasodutos e 15% do GNL. Ao todo, o país foi responsável por vender 33% de todo o gás consumido pela Europa.

Visando frear essa perda de importância, os russos buscam iniciar a operação do gasoduto Nord Stream 2 (que liga o gás russo ao mercado alemão), que pode aumentar em até quase 30% a capacidade de fornecimento de gás natural para a Europa. Desde o início da construção, o gasoduto é alvo de críticas do governo americano. Em 2019, o senado impôs sanções à Rússia por conta desse projeto. O senador republicano Jim Risch, à época, disse que, para conter a influência maligna da Rússia e proteger a integridade do setor de energia da Europa, é necessário impor sanções que impedirão a conclusão do gasoduto Nord Stream 2.

A tentativa russa de manter a sua influência energética na Europa tem provocado reações americanas, uma vez que o país visa ocupar, crescentemente, esse espaço. E esse pano de fundo é fundamental para entender o papel do gás natural no atual conflito entre a Rússia e a Ucrânia. Ou seja, uma possível adesão da Ucrânia à Otan faria com que todos os gasodutos que conectam o gás russo à Europa estivessem sob a mira das forças militares de algum país-membro da Otan. Os gasodutos Nord Stream 1 e 2 passam próximo aos países bálticos (Estônia e Letônia); o gasoduto Druzbha passa pela Polônia; enquanto o Brotherhood corta a Eslováquia. O único gasoduto que, atualmente, não está próximo a fronteiras da Otan é o Turkstream, que atravessa o Mar Negro, onde se encontra a Crimeia e a Ucrânia.

Os Estados Unidos e a Alemanha já concordaram em promover sanções para o uso do Nord Stream 2, e a entrada da Ucrânia na Otan é estratégica para que os Estados Unidos se aproximem do Turkstream. Por outro lado, a anexação da Crimeia e a ocupação do sul ucraniano estão relacionadas ao interesse russo de manter a Europa dependente do seu gás natural. Esse "choque estratégico" entre as duas regiões gera tensões para além de sanções que colocam em risco projetos futuros de investimento. Tais tensões promovem uma ameaça ao fornecimento atual de gás natural na Europa e no mundo, no contexto da guerra.

Ao bloquear a compra de petróleo russo, Biden coloca sob pressão os preços do barril que já vinham sob forte crescimento. As sanções financeiras impostas, por sua vez, dificultam e até impedem que as transações físicas de petróleo e GNL da Rússia sejam realizadas, gerando uma ameaça de escassez no fornecimento energético de países da Europa, assim como de outros países. A Forbes estima que já há uma interrupção, com os atuais níveis de sanções, do comércio de cerca de 3 milhões de barris por dia no mercado internacional. Se as sanções avançarem, de um lado ou de outro, a turbulência no mercado de gás natural tende a se agravar.

Essa possibilidade de escassez de oferta e altas de preços já é uma realidade. A Europa poderia ficar sem 40 milhões de toneladas de gás natural – cerca de 10% de seu consumo anual – caso as remessas russas fossem interrompidas, pressionando a região a explorar fontes alternativas do combustível. O preço do contrato futuro TTF – referência na Europa – do gás natural atingiu, no dia 7 de março de 2022, o seu recorde histórico.

A continuidade dessa disputa tende a agravar esse cenário. A guerra econômica e energética promovida por americanos e russos afetará o mundo inteiro, pressionando a oferta e os preços em níveis não vistos nas últimas décadas.

Os Estados Unidos usam as exportações de GNL para ganhar espaço na geopolítica energética[40]

Rodrigo Leão

Os Estados Unidos, que eram o terceiro maior exportador de Gás Natural Liquefeito (GNL) em 2020, alavancaram a sua produção nos últimos dois anos e alcançaram, em 2022, a posição de maior exportador de GNL do mundo, superando o Qatar e a Austrália. Além do aumento da produção, os Estados Unidos redirecionaram, significativamente, as suas exportações da Ásia para a Europa, num movimento que visa, ao mesmo tempo, minar o papel da Rússia na região e a política chinesa de maior uso do gás natural como fonte de transição energética.

Segundo dados da União Geográfica Internacional (IGU, na sigla em inglês), até 2020, Qatar e Austrália lideraram o *ranking* dos maiores exportadores, bem à frente dos Estados Unidos. Naquele ano, os dois países venderam cerca de 11 bilhões de pés cúbicos por dia (pcd), enquanto os Estados Unidos negociaram apenas cerca de 6,5 bilhões de pcd. Já em 2022, as exportações dos dois primeiros países ficaram estagnadas, e as dos Estados Unidos subiram para 11,5 bilhões.

Em 2020, de acordo com a petrolífera britânica BP, cerca de 42% das exportações americanas se destinavam à Europa e 43%, à Ásia. A China era responsável por 17% de tudo o que era exportado para o continente asiático. Todavia, aproveitando-se desse fenomenal aumento da produção e do acirramento das relações com a China e a Rússia por conta da guerra envolvendo a Ucrânia, os Estados Unidos alteraram, radicalmente, o fluxo do seu comércio de GNL.

---

40. Artigo publicado, originalmente, na plataforma Broadcast Energia (broadcast.com.br), em abril de 2022.

No primeiro trimestre de 2022, o GNL americano foi redirecionado para a Europa, reduzindo, fortemente, a participação dos mercados asiáticos. A Cheniere Energy Inc., o maior exportador de GNL dos Estados Unidos, estima que 75% dos embarques para sair de seus terminais desde o início do ano foram para a Europa. No mesmo período, os embarques de GNL para a China, o Japão e a Coreia caíram 11%, 14% e 7%, respectivamente, em comparação com a mesma época do ano passado, segundo a Wood Mackenzie.

A justificativa dos especialistas para esse redirecionamento foi a dificuldade encontrada no mercado spot de GNL para exportar à Ásia. A demanda asiática de GNL continua a diminuir em face da alta demanda de importação europeia. Os compradores asiáticos exigem GNL adicional, mas a alta volatilidade e os problemas de liquidez perturbaram o funcionamento normal do mercado spot de GNL.

Embora esse fator seja importante para entender a migração do mercado asiático ao europeu, é impossível dissociar essa mudança do contexto geopolítico. Ao elevar as suas exportações para a Europa, os americanos buscam reduzir o peso do gás russo no continente europeu, o que facilitaria a implementação de mais sanções ao gás russo. Simultaneamente, criam uma dificuldade adicional para a China continuar utilizando o gás natural como energético para limpar a sua matriz, obrigando o país asiático a recorrer a fontes mais sujas para continuar atendendo ao seu consumo interno.

Não por acaso, por conta da sua alta demanda, a China tem sido obrigada a aumentar, rapidamente, a sua produção doméstica de gás e elevar as importações de gasodutos da Rússia. Todavia esse processo tem claros limites no curto prazo, ou seja, há uma barreira física tanto para aumentar a produção interna como para importar gás natural russo. Com efeito, o país já voltou a queimar mais carvão para compensar uma diminuição nos embarques de GNL.

Esse cenário atinge outros países da Ásia, como o Japão. O país concordou, em fevereiro de 2022, em abrir mão do GNL americano para a Europa, por conta da guerra. Como contrapartida, os japoneses estão considerando elevar o uso da energia nuclear. O apoio público ao reinício das usinas nucleares do país vem crescendo, de acordo com uma recente pesquisa de opinião. O Japão tem trinta e quatro unidades nucleares que poderiam ser reiniciadas eventualmente, com nove já permitidas. Mas, mesmo que reinicie todas as trinta e quatro unidades amanhã, isso não substituiria todos os requisitos de importação de GNL do país.

Todavia, há uma diferença importante entre o caso chinês e o japonês. Enquanto um renascimento nuclear no Japão pode ajudar a reduzir as emissões de carbono, a China se voltou para o carvão a fim de reabastecer, parcialmente, os seus suprimentos de GNL perdidos. O rápido crescimento da demanda de eletricidade chinesa, resultante da pandemia de covid-19, elevou a geração de carvão chinês e ajudou a impulsionar as emissões globais de gases de efeito estufa da eletricidade para novos patamares em 2021.

Isso reduz a pressão sobre a indústria de óleo e gás americana acerca da redução das emissões de carbono e coloca em cima dos chineses uma maior responsabilidade nessa questão. Com o impulso do uso do carvão, especialistas do Ocidente já questionam se o país conseguirá cumprir o seu compromisso de atingir o pico de emissões até 2030 e de eliminá-las até 2060.

Além disso, as maiores exportações para a Europa vão reduzindo a dependência que a região tem de gás russo. Quando o período de frio mais rigoroso se encerrar, isso poderá reduzir a força da Rússia para lidar com as sanções ocidentais, embora uma eventual interrupção generalizada de gás russo para a Europa possa representar um grande drama para o abastecimento local.

Independentemente disso, o que fica claro é que a aceleração das exportações de GNL e a condução do seu comércio não é apenas um fenômeno economicamente vantajoso, mas, como sempre na indústria energética, é um ativo geopolítico valiosíssimo para pressionar os seus principais rivais.

A guerra e a pandemia mostram que a transição energética na Europa ainda está distante[41]

William Nozaki
Rodrigo Leão

A Alemanha anunciou, em março de 2022, a estruturação de um plano de contingência visando se preparar para uma possível escassez de petróleo e gás russo nas semanas ou nos meses seguintes. Esse plano passa muito mais por medidas de contenção da demanda do que pela adoção de fontes renováveis para substituir o gás natural russo. E, caso essas medidas sejam insuficientes, a estratégia não é apostar em energias limpas, mas sim em outras fontes como a nuclear. O peso relevante de petróleo e gás no consumo energético associado a inúmeras dificuldades técnicas e regulatórios são barreiras consideráveis para alavancar as fontes limpas a curto prazo.

Em 30 de março de 2022, o Ministro da Economia, Robert Habeck, divulgou o início da montagem de um plano de contingência energética por conta das crescentes tensões para manter o comércio de gás russo. "Não há escassez de oferta atualmente, mas devemos aumentar nossa preparação e estar prontos para o caso de uma escalada da Rússia", disse o ministro (REUTERS, 2022).

O presidente russo, Vladimir Putin, anunciou que pretende operacionalizar todo o comércio de gás por meio do rublo em substituição ao euro. Isso seria uma forma de "escapar" de uma das sanções econômicas impostas pelo Ocidente de proibir negócios em rublos. Ou seja, Putin quer forçar os países europeus a voltar

---

41. Artigo publicado, originalmente, na plataforma Broadcast Energia (broadcast.com.br), em abril de 2022.

a utilizar o rublo para reinseri-lo no circuito financeiro global. Nesse cenário, as empresas alemãs teriam duas opções: (i) ceder às pressões russas e não cumprir as sanções estipuladas pelos países europeus; ou (ii) interromper a compra do gás russo e colocar a segurança energética alemã sob ameaça.

Apesar de a motivação ser uma possível escassez de oferta, o plano privilegia medidas que visam conter a demanda por energia do país. Num primeiro estágio, o plano busca negociar medidas para a redução de indústrias não essenciais. Nos estágios seguintes, outras indústrias e serviços não essenciais também são objeto de ações de contenção de demanda. E, num último estágio, o alvo é o consumo residencial.

A priorização pela redução do consumo como forma de se proteger de uma escassez de gás natural russo é a proposição de outros institutos especializados em energia. O *think tank* europeu IDDRI também sugere um conjunto de ações focadas no consumo para diminuir a dependência energética da Rússia.

Em um Policy Brief publicado em março de 2022, o IDDRI propõe alguns princípios para acelerar o fim das importações de gás natural da Rússia para a Europa. Para conseguir isso, os países europeus devem acelerar a implementação de suas políticas de descarbonização, em particular estratégias de redução da demanda de energia. Isso significa aumentar a ambição na área de modernização de edifícios, o que pode ter um impacto a curto prazo. Além disso, existem medidas cujo efeito se limita ao curto prazo, como o racionamento voluntário ou regulado do consumo de energia e a diversificação dos suprimentos, desde que não conduzam a um bloqueio do consumo de energia fóssil.

Todavia, a depender do grau de redução da oferta de gás russo, o foco apenas na demanda pode ser insuficiente para evitar um cenário ainda mais devastador. Nesse caso, seriam necessárias a adoção de medidas para ampliar a oferta de outras fontes energéticas que não o petróleo e o gás natural.

Os defensores das energias renováveis alegam que esse seria o momento adequado para acelerar a substituição do petróleo e do gás russo por fontes limpas. Esse desejo, porém, esbarra numa série de dificuldades. No petróleo, por exemplo, de acordo com dados da petrolífera britânica BP, a dependência líquida da Europa de importações em 2020 girou em torno de 9 milhões de barris por dia (Mbpd) – o equivalente a 18,77 exajoules –, sendo que 44% do petróleo foi oriundo da Rússia (4 milhões de barris por dia, ou 8,25 exajoules). O consumo total da Europa de renováveis naquele ano foi de 8,94 exajoules. Ou seja, para substituir todo o uso de petróleo russo, a Europa teria de, praticamente, dobrar a produção de renováveis. Se incluirmos o gás natural nessa conta, o valor seria consideravelmente maior.

Além da gigantesca escala necessária para substituir o petróleo e o gás russos, há inúmeros desafios técnicos e regulatórios a serem superados para alavancar o desenvolvimento de energia limpa na Europa. A capacidade de gerar, transportar e armazenar a baixo custo um combustível de substituição limpo como o hidrogênio ainda está a anos luz de distância.

A Siemens Gamesa, principal fabricante mundial de turbinas eólicas *offshore*, investe em um veículo-chave para atingir as metas climáticas. A empresa também está trabalhando em uma turbina gigante que seria dedicada, exclusivamente, à produção de hidrogênio verde. No entanto os resultados financeiros do projeto, até o momento, têm sido frustrantes, o que tem aberto uma discussão na empresa se agora é o momento ideal para alavancar o negócio. Os executivos da indústria dizem que, apesar das enormes ambições climáticas de muitos países, a Siemens Gamesa e os seus concorrentes estão lutando para ter lucro e manter os pedidos que chegam com rapidez suficiente para financiar as suas fábricas.

Há, ainda, questões regulatórias essenciais. Morten Pilgaard Rasmussen, diretor de Tecnologia da Unidade Eólica *Offshore* da Siemens Gamesa, disse que a identificação de áreas adequadas para turbinas eólicas e a obtenção de licenças necessárias para a construção levam muito tempo. E os impactos sobre a atividade de pesca e os exercícios navais, por exemplo, são alguns dos aspectos que dificultam o aval para o início dos negócios.

Isso mostra que uma completa substituição de gás russo por energia renovável ainda é algo completamente inviável e exige um conjunto imenso de ajustes empresariais, regulatórios e tecnológicos. Por isso, a curto prazo, já há alguns países trabalhando na possibilidade de aumentar o uso de energia não limpa como a nuclear.

A própria Alemanha já manifestou o interesse de instalar novas usinas nucleares com baixa emissão. Na Grã-Bretanha, o governo já cogitou a possibilidade de construir uma série de pequenos reatores de fusão nuclear, uma tecnologia promissora, mas ainda não comprovada, de acordo com Patricia Cohen e Stanley Reed (2022), do *The New York Times*.

Essa dificuldade não se manifestou somente no período de guerra. Durante a pandemia da covid-19, por exemplo, dada a queda histórica no preço do barril de petróleo, as empresas do setor passaram a adotar planos de resiliência e ajustes financeiros e operacionais. Os países com empresas especializadas passaram a sofrer mais intensamente com a redução na demanda por QAV, óleo diesel e gasolina provocada pela pandemia. Nesse sentido, alguns *players* chegaram a reduzir negócios em energia limpa, tendo em vista a dificuldade financeira de realizar novos investimentos por conta da queda do preço do barril do petróleo.

Voltando à guerra, é evidente que os renováveis são parte do portfólio de negócios que auxiliam nesse processo da redução de dependência da energia russa. Todavia, a curto prazo, eles são insuficientes, e, muito provavelmente, nem mesmo o uso de outras fontes é capaz de eliminar totalmente a necessidade do petróleo e do gás russo.

Não apenas a transição energética tem um longo caminho a percorrer, mas a própria "transição" para reduzir a dependência europeia do petróleo e do gás russo.

Referências

COHEN, P.; REED, S. Will War Make Europe's Switch to Clean Energy Even Harder? *The New York Times*, Economy, 22 mar. 2022. Disponível em: https://www.nytimes.com/2022/03/22/business/economy/ukraine-russia-europe-energy.html.

REUTERS. German economy minister raises gas supply warning. *DW*, Business, 30 mar. 2022. Disponível em: https://www.dw.com/en/german-economy-minister-raises-warning-level-for-gas-supplies/a-61300264.

Europa aposta no carvão para enfrentar crise de energia que se aproxima[42]

José Sergio Gabrielli

Os dados recentes sobre as fontes primárias de energia da Europa são surpreendentes, depois de intensas tentativas de descarbonização. Os países da União Europeia (UE), ao mesmo tempo em que decidem banir os novos veículos com motores a combustão até 2035, abrindo espaço para veículos elétricos e híbridos, aumentam – sim, aumentam – o consumo de carvão na geração elétrica.

Muitos acreditavam que, para atingir as metas acordadas em Paris em 2015 e confirmadas na Conferência das Nações Unidas sobre Mudanças Climáticas (COP26) de Glasgow, o mundo reduziria a utilização do carvão e lignita, tornando inviáveis muitos reservatórios dessas fontes fósseis de energia. Um terço das minas na Europa, na América do Norte e na Austrália se tornariam ativos inviáveis de produção até 2040, obrigando as empresas a saírem dessas atividades.

Há estimativas de que 82% a 88% das atuais 1004 Gigatoneladas (Gt) de reservas de carvão teriam que permanecer no subsolo, para limitar o aumento da temperatura média do planeta a 2°C. Mas não, os dados, depois da pandemia – e, principalmente, depois da Guerra da Ucrânia –, mostram uma trajetória oposta, pelo menos no curto prazo.

Os governantes da UE estão receosos de que as sanções contra a Rússia e os seus efeitos sobre as importações europeias de gás natural, assim como os efeitos da retomada do crescimento chinês sobre os mercados de Gás Natural Liquefeito (GNL) na Ásia-Pacífico e as dificuldades dos Estados Unidos suprirem as demandas continentais, considerando os baixos níveis de estocagem exis-

---

42. Artigo publicado, originalmente, no *site* de notícias Holofote (holofotenoticias.com.br), em julho de 2022.

tente, passaram a permitir um maior uso de carvão na geração elétrica desses países, reativando plantas que estavam hibernando sob as restrições ambientais anteriormente vigentes. Também há um crescente movimento de conversão de usinas termoelétricas movidas a gás natural para utilizarem carvão como fonte de energia.

Mesmo considerando as medidas como emergenciais, há expectativas de que elas possam durar alguns anos, comprometendo as metas de redução de emissões de gases de efeito estufa. As emissões do carvão são o dobro do gás natural na geração elétrica, e a Alemanha, a Itália, a Holanda, o Reino Unido, a Dinamarca e a Áustria pretendem utilizar mais carvão para complementar os seus estoques até novembro, sinalizando um aumento do seu uso nos próximos meses.

Em termos de equivalência de CO_2 por quilowatt-hora (kWh), a lignita produz 1,024 gramas de CO_2; o carvão, 0,864; o gás natural, 0,442; a energia nuclear, 0,117; a solar, 0,033; e a eólica, 0,009, mostrando que as energias renováveis são, de fato, extremamente benéficas para a transição energética no planeta.

Além das maiores emissões na queima do carvão, a sua extração dos reservatórios também libera metano, preso nas rochas carboníferas, agravando muito os impactos sobre o aquecimento global. Dados do Global Energy Monitor destacam que as minas de carvão operando no mundo, em 2021, emitiram 52,3 milhões de toneladas de metano, mais do que o gás natural (45 milhões) e o petróleo (39 milhões).

A Alemanha, campeã de medidas em favor de uma economia de baixo carbono e principal importadora de gás natural da Rússia, mudou de rumo e está aprovando alterações de sua legislação para possibilitar a expansão de até 10 Gigawatt (GW) de geração termoelétrica utilizando o carvão até 2024, substituindo 16% do seu mercado de gás imediatamente. Há estimativas de que o Produto Interno Bruto (PIB) alemão poderá se contrair em até 13% em 2022, caso o fornecimento de gás natural da Rússia seja completamente cortado.

A Alemanha tinha 20 GW de geração de lignita e 20 GW de carvão, mais do que os 31,7 GW de térmicas a gás natural operando no fim de maio. Na vigésima quinta semana de 2022, o gás natural gerava quase 16% da eletricidade da Alemanha, enquanto as fontes fósseis mais emissoras geravam 40,5% da eletricidade usada pelos alemães. Por outro lado, o Nord Stream 1, principal gasoduto ligando a Rússia e a Alemanha, operava com 35% de sua capacidade.

A Itália, que, hoje, tem apenas 5% de sua geração proveniente do uso do carvão e 40% proveniente do gás, pretende aumentar fortemente o uso do combustível mais emissor, da mesma forma que a Holanda, que está liberando o uso de suas antigas térmicas a carvão, as quais estavam paralisadas.

Por outro lado, alguns países da Europa procuram mudar a sua legislação para aumentar a possibilidade de expansão da oferta de gás em substituição ao gás russo. A Romênia, por exemplo, está permitindo, depois de muitos anos se opondo, a exploração de gás *offshore* no Mar Negro. A legislação aprovada quatro anos atrás criava dificuldades para a exploração e o desenvolvimento de atividades no Mar Negro, que a Exxon e a austríaca OMV pretendiam desenvolver nas águas da Romênia. Agora, o projeto está sendo retomado, e novos investimentos são previstos, podendo ampliar a oferta de gás romeno para a Europa.

Apesar da emergência, os contratos romenos não são dos mais atraentes economicamente para as empresas. O *government take* será de 60% das receitas, depois de deduzidos os investimentos e a depreciação; há um imposto de renda adicional progressivo de 15% a 70% dos ganhos, se o preço do gás for superior a US$ 18,15 por Megawatt-hora (MWh); e o custo deduzido é limitado a até 40% das receitas. O governo também está autorizado a tabelar os preços máximos para o gás a ser produzido, assim como adotar políticas que obriguem o fornecimento em caso de emergências de abastecimento. Também há a possibilidade de ampliação direta da empresa estatal da Romênia Romgaz, que pode entrar, substituindo a Exxon, em outro projeto *offshore* – o Neptun Deep –, em águas profundas do Mar Negro.

As relações entre a Romênia e a Europa no fornecimento de gás natural exigem, também, grandes investimentos em infraestrutura logística. Para acessar o Mar Cáspio, o Trans Adriatic Pipeline (TAP) é fundamental, e uma ampliação do trecho Grécia-Bulgária deve entrar em operação agora em 2022, possibilitando, também, a aquisição de GNL do sudeste da Europa.

A grande questão estratégica para a Europa é a garantia de seus estoques de gás natural, que estão em níveis baixos historicamente. A UE está obrigando as empresas que atuam no setor a garantir 80% da capacidade de estocagem antes do inverno e 90% para os invernos futuros, o que aumentará a pressão, tanto pela sua substituição por outras fontes como o carvão e a lignita quanto pelas restrições aos seus usos na geração elétrica e na indústria, para viabilizar a acumulação dos estoques. Os efeitos sobre os preços serão inevitáveis. Essas regulações estão previstas para entrarem em vigor até o fim de 2025.

Essas dificuldades da política energética europeia, condicionadas pelos objetivos de redução de emissões e com alvos de emissões líquidas neutras, demonstram a grande importância dos aspectos geopolíticos, que envolvem as relações entre Estados. A grande privatização dos vários segmentos do setor energético amplia essas dificuldades e reduz os instrumentos de intervenção. Há um intenso processo de municipalização, uma espécie de reestatização local das empresas de energia na União Europeia, e os agentes reguladores procuram enfatizar as medidas de curto prazo, motivadas, principalmente, pelas sanções contra a Rússia, na Guerra da Ucrânia, mas a possibilidade de prolongamento da crise pode vir a ameaçar as metas de transição energética até 2030.

Também nos Estados Unidos há movimentos de retorno do carvão. Recentemente, a Suprema Corte americana restringiu a capacidade do órgão ambiental dos Estados Unidos, o EPA, de regular as emissões de gases de efeito estufa das usinas de eletricidade. A medida da Suprema Corte foi motivada pelo *lobby* das carvoeiras da Virginia Ocidental, que argumentavam que as regulações da EPA estavam extrapolando os direitos dos Estados e, portanto, inviabilizando a utilização do carvão, mais barato, na produção de eletricidade. A perda de capacidade regulatória pode vir a ameaçar, no futuro, as metas de descarbonização do Presidente Biden para 2035.

Muito mais grave, do ponto de vista de impactos sobre o aquecimento do globo, é a situação do carvão na China, o país com a maior emissão de metano e o maior produtor de carvão do mundo. Considerando as condições geopolíticas mundiais, o aumento do preço do GNL e a Guerra da Ucrânia, a China autorizou a expansão de mais 300 milhões de toneladas métricas nas suas minas de carvão em 2022, volume equivalente à produção anual de toda a União Europeia. Somente a empresa Jinneng Holding Shanxi Coal Industry, a segunda maior produtora de carvão da China, planeja implantar cinco novas usinas termoelétricas a carvão até 2025, com capacidade de geração de 10 GW, correspondente a toda a produção de energia a carvão do Reino Unido.

As autoridades chinesas e o 14º Plano Quinquenal de Desenvolvimento são muito firmes na defesa da descarbonização da economia da China, pretendendo se transformar em emissora neutra em torno de 2060. Porém a crise de energia, depois da retomada pós-covid-19, o aumento dos custos da energia e a crise de fornecimento de gás natural causaram, pragmaticamente, o retorno da competitividade do poluente carvão, mais barato, no país. Até maio de 2022, a China anunciou planos de investimentos de US$ 1,5 bilhão para termoelétricas a carvão, capazes de aumentar a geração em 7,3 GW – o dobro do que tinha sido autorizado no mesmo período em 2021.

Até que ponto a pressão pelo baixo carbono prevalecerá sobre as necessidades econômicas de curto prazo e os interesses geopolíticos determinarão a trajetória dos próximos anos das emissões de gases de efeito estufa e seus impactos sobre as mudanças climáticas? O mundo não é tão "verde" como alguns imaginam!

O mundo depois da Ucrânia[43]

José Luís Fiori

> *Desde a década de 1970, está em curso uma grande "explosão expansiva" do sistema mundial. Nossa hipótese é que o aumento da "pressão competitiva" dentro do sistema foi provocado pelo expansionismo imperial dos Estados Unidos, pela multiplicação do número dos Estados soberanos dentro do sistema e pelo crescimento vertiginoso do poder e da riqueza dos Estados asiáticos, e da China em particular. O tamanho dessa "pressão competitiva" permite prever, neste início do século XXI, uma nova "corrida imperialista" entre as grandes potências* (FIORI, 2008, p. 24).

Após cento e quarenta dias do início da guerra na Ucrânia, já é possível identificar fatos, decisões e consequências estratégicas, econômicas e geopolíticas que são irreversíveis, e que podem ser considerados como as portas de entrada da "nova ordem mundial", da qual tanto falam os analistas internacionais. Nesse momento, do ponto de vista estritamente militar, ninguém mais acredita na possibilidade de vitória da Ucrânia, e muito menos na retirada das forças russas dos territórios que já conquistaram. O mais provável, inclusive, é que os russos sigam avançando sobre o território ucraniano mesmo depois da conquista de Donbass, pelo menos até o início das negociações de paz que envolvam a participação direta dos Estados Unidos em torno da proposta apresentada pela Rússia em 15 de dezembro de 2021, e que foi, então, rejeitada pelos norte-americanos.

Mesmo assim, não é improvável que as tropas ucranianas se retirem para uma posição defensiva e se proponham a levar à frente uma guerra de atrito prolongada por meio de ataques e reconquistas pontuais. Nesse caso, o conflito pode

---

[43]. Artigo publicado, originalmente, no *Jornal GGN* (jornalggn.com.br), em julho de 2022.

se estender por meses ou até anos, mas só será possível se os norte-americanos e os europeus mantiverem o seu apoio financeiro e militar ao governo da Ucrânia, que, rigorosamente, não dispõe da capacidade de sustentar sozinho um conflito dessa natureza. E terá cada vez menos capacidade, na medida em que a sua economia nacional vem se deteriorando aceleradamente e já se encontra à beira do caos.

Essa guerra, contudo, está sendo travada, de fato, entre os Estados Unidos e a Rússia, e é aí que se encontra o núcleo duro do problema da paz. Ou seja, são duas guerras sobrepostas, mas a chave da paz se encontra – nos dois casos – nas mãos dos Estados Unidos, o único país que pode tomar o caminho diplomático de uma negociação de paz, uma vez que a Rússia já fez a sua proposta e entrou em guerra exatamente porque ela foi rejeitada ou simplesmente desconhecida pelos americanos, pela Organização do Tratado do Atlântico Norte (Otan) e pelos europeus. E é aqui que se encontra o impasse atual: os russos já não têm como aceitar uma derrota; e, para os norte-americanos, qualquer negociação é vista como um sinal inaceitável de fraqueza, sobretudo depois de sua desastrosa "retirada do Afeganistão". Por isso mesmo, a posição oficial do governo americano é prolongar a guerra indefinidamente, por meses ou anos, até exaurir a capacidade econômica da Rússia de sustentar a sua posição atual na Ucrânia, e, mais à frente, de iniciar novas guerras.

Apesar disso, existe uma brecha para a paz que está se consolidando com o avanço da crise econômica e social dos principais países que apoiam a resistência militar do governo ucraniano. Com algumas repercussões políticas imediatas, em determinados casos, como a queda abrupta da popularidade do Presidente Biden, nos Estados Unidos; as derrotas eleitorais de Macron, na França, e de Draghi, na Itália; a queda de Boris Johnson, na Inglaterra; e a fragilidade notória do governo de coalizão de Sholz, na Alemanha – alguns dos principais países que desencadearam uma verdadeira guerra econômica contra a Rússia, propondo-se a asfixiar a sua economia no curto prazo, excluindo-a do sistema financeiro mundial, e a aleijá-la a longo prazo, com o banimento do petróleo e do gás russos dos mercados ocidentais.

Esse ataque econômico, fracassou nos seus objetivos imediatos, e, pior do que isso, vem provocando uma crise econômica de grandes proporções nos países que lideraram as sanções contra a economia russa, em particular nos países europeus. E o que é mais importante, os Estados Unidos e os seus aliados não conseguiram isolar e excluir a Rússia do sistema econômico e político internacional. Apenas 21% dos países-membros da Organização das Nações Unidas (ONU) apoiaram as sanções econômicas impostas à Rússia, e, nesses quatro meses de guerra, a Rússia conseguiu manter e ampliar os seus negócios com a China, a

Índia e com a maioria dos países da Ásia, do Oriente Médio (incluindo Israel), da África e da América Latina (incluindo o Brasil).

Nos últimos quatro meses de guerra, os superávits comerciais russos alcançaram sucessivos recordes, e as suas exportações de petróleo e gás, em maio de 2022, foram superiores ao período anterior à guerra (US$ 70,1 bilhões no primeiro trimestre e US$ 138,5 bilhões no primeiro semestre de 2022, o maior superávit comercial russo desde 1994). Isso aconteceu, surpreendentemente, no caso das exportações russas para os países europeus e para o mercado norte-americano, que cresceram nesse período, apesar do banimento oficial imposto pelo G7 e por seus aliados mais próximos.

A expectativa inicial do mercado financeiro era de que o Produto Interno Bruto (PIB) russo caísse 30%, a inflação chegasse à casa do 50% e a moeda russa, o rublo, se desvalorizasse algo em torno dos 100%. Depois de quatro meses de guerra, a previsão é de que o PIB russo caia uns 10%, a inflação foi contida um pouco acima do nível em que estava antes da guerra, e o rublo foi a moeda que mais se valorizou no mundo nesse período. Enquanto isso, do outro lado dessa nova "cortina financeira", a economia europeia vem sofrendo uma queda acentuada e pode entrar num período prolongado de estagflação: nesses quatro meses de guerra e de sanções, o euro se desvalorizou em 12%, e a inflação média do continente está em torno de 8,5%, alcançando cerca de 20% em alguns países bálticos; e a própria balança comercial da Alemanha, maior economia exportadora da Europa, teve um saldo negativo no último mês de maio, no valor de US$ 1 bilhão.

Tudo indica, portanto, que as "potências ocidentais" possam ter calculado mal a capacidade de resistência de um país que, além de ser o mais extenso, é também uma potência energética, mineral e alimentar, sendo também a maior potência atômica mundial. Um fracasso (das previsões) econômicas, do ponto de vista "ocidental", que vem repercutindo também no plano diplomático, em que a deterioração da liderança americana vem ficando cada vez mais visível, como se pode observar na viagem improvisada de Biden à Ásia, no insucesso da Cúpula das Américas, na baixa receptividade das posições americanas e ucranianas entre os governos africanos e na mais recente e desconfortável visita do presidente americano à Arábia Saudita e ao seu principal desafeto da Casa de Saud, o príncipe Mohammad bin Salman, que é acusado pelos próprios americanos de haver matado e esquartejado um jornalista que lhe fazia oposição.

Quando se olha para esses fatos e números, consegue-se, também, visualizar algumas das características da nova ordem mundial que está nascendo à sombra dessa nova guerra europeia, como já aconteceu no caso da Primeira e da Segunda Guerra Mundial.

i) Pelo "lado oriental", caso a Rússia não seja derrotada – e o mais provável é que não o seja –, seu simples ato de insubordinação contra a ordem imposta na Europa pelos Estados Unidos e pela Otan, depois de 1991, por si só, já inaugura uma nova ordenação internacional, com o surgimento de uma potência com capacidade e disposição de rivalizar com o "ocidente" e sustentar, com as próprias armas, os seus interesses estratégicos com as "linhas vermelhas" e o seu próprio sistema de valores. Uma nova potência capitalista que rompe o monopólio da "ordem internacional pautada pelas regras" definidas há, pelo menos, três séculos pelos canhões e pelas canhoneiras euro-americanas, e sobretudo por seus povos de língua inglesa. A Rússia rompe, assim, definitivamente, qualquer tipo de aproximação com a União Europeia – em particular, com os países do G7 –, optando por uma aliança geopolítica e uma integração de largo fôlego com a China e a Índia. E contribui, dessa forma, para que a China assuma a liderança e redefina, radicalmente, os objetivos do grupo do BRICS+, que era um bloco econômico e, agora, está sendo transformado num verdadeiro bloco alternativo ao G7, depois da provável inclusão de Argentina, do Irã, do Egito, da Turquia e da própria Arábia Saudita. Com cerca de 40% da população mundial e um PIB quase igual ao do G7, já é, hoje, uma referência mundial em franco processo de expansão e projeção global do seu poder.

ii) Pelo "lado ocidental", por sua vez, o fato mais importante – caso se confirme – será a derrota econômica das "potências econômicas ocidentais" que não terão conseguido, em conjunto, asfixiar nem destruir a economia russa. O uso militar das "sanções econômicas" será desmoralizado, e as armas voltarão a prevalecer na Europa. Primeiro, com a ascendência da Otan, que substituirá, no curto prazo, o governo dividido e fragilizado da União Europeia, transformando a Europa num "acampamento militar" – com 300 mil soldados sob a bandeira da Otan – sob o comando real dos Estados Unidos. No médio prazo, entretanto, essa nova configuração geopolítica deve aprofundar as divisões internas da União Europeia, incentivando uma nova corrida armamentista entre os seus Estados-membros, liderada, provavelmente, pela Alemanha, que, após setenta anos de tutela militar americana, retoma o seu caminho militarista tradicional. Assim, a Europa volta ao seu velho "modelo westfaliano" de competição bélica e, com isso, liquida a sua utopia da unificação, desfaz-se, definitivamente, do modelo econômico de sucesso puxado pelas exportações e sustentado pela energia barata fornecida pela Rússia.

iii) Por fim, pelo lado do "império americano", a grande novidade e a mudança foi a passagem dos norte-americanos e dos seus aliados mais próximos para uma posição defensiva e reativa. E essa foi, ao mesmo tempo, a sua principal derrota nessa guerra: a perda de iniciativa estratégica, que passou, no campo militar, para as mãos da Rússia, no caso da Ucrânia; e, no campo econômico, para as mãos da China, no caso do *Belt and Road*. As "potências ocidentais" parecem ocupadas em "tapar buracos" e "refazer conexões" perdidas ao redor do mundo, enquanto o próprio conflito vai explicitando a perda da liderança ocidental no sistema internacional, com o rápido encolhimento da hegemonia secular dos valores europeus e da supremacia militar global dos povos anglo-saxônicos.

iv) Nessa crise, ficou claro, mais do que nunca, o verdadeiro tamanho do G7, que costuma falar em nome de uma "comunidade internacional" que não existe mais ou que foi sempre uma ficção ou uma "narrativa" dos sete países que já foram os mais ricos e poderosos do mundo. Mais do que isso, o próprio poder do "capital financeiro" desregulado e globalizado está sendo posto em xeque, com a explicitação da face parcial e bélica da "moeda internacional" e o desnudamento da estrutura de poder estatal que se esconde por trás do sistema internacional de troca de informações financeira de pagamentos, o Swift (Society for Worldwide Interbank Financial Telecommunication), que tem sua sede em Bruxelas, mas que é controlado, de fato, pelos Bancos Centrais de dez Estados apenas (os mesmos do G7 mais a Suécia, a Suíça e os Países Baixos) – ou seja, o mesmo grupo de Estados e bancos nacionais que controlaram o sistema político e econômico internacional nos últimos trezentos anos e, agora, estão sendo questionados por essa "rebelião eurasiana". Afinal, um "segredo de polichinelo" que foi guardado por muito tempo e com muita cautela: o "capital financeiro globalizado" tem dono, obedece a ordens e pertence à categoria das "tecnologias duais": pode ser usado para acumular riqueza, mas também pode ser usado como arma de guerra.

Resumindo: a nova ordem mundial está cada vez mais parecida com o seu modelo original criado pela Paz de Vestfália de 1648. A grande diferença é que, agora, esse sistema incorporou, definitivamente, a China, a Rússia, a Índia e mais cento e oitenta países, e não terá mais uma potência ou uma região do mundo que seja hegemônica e defina, unilateralmente, as suas regras. Em poucos anos, o sistema interestatal se universalizou, a hegemonia dos valores europeus está acabando, o império americano encolheu, e o mundo está passando de um "unilateralismo quase absoluto" para um "multilateralismo oligárquico agressivo", em trânsito na direção de um mundo que viverá, por algum tempo, sem uma potência hegemônica.

Referência

FIORI, J. L. O sistema interestatal capitalista no início do século XXI. *In*: FIORI, J. L.; MEDEIROS, C.; SERRANO, F. *O mito do colapso do poder americano*. Rio de Janeiro: Record, 2008.

Faixa de Gaza:
o ocaso de um conflito[44]

José Luís Fiori

> *Netanyahu opposed Oslo from the beginning. He saw Israel as a Jewish community besieged by hostile Arabs and Muslims who wanted destroy it. He considered the Arab-Israeli conflict a perpetual fact of life that could be managed but would never be resolved* (BENN, 2016, *on-line*).

Muitas vezes, a releitura da história é o melhor caminho para entender um conflito tão violento, assimétrico e prolongado como a guerra entre judeus e palestinos, que já dura cerca de setenta anos e é, talvez, o mais longo da história moderna. Muitos consideram tratar-se de uma "guerra religiosa" entre duas seitas monoteístas que reivindicam a mesma origem, e que compartem o mesmo fundamentalismo dogmático. Entretanto, por mais surpreendente que seja, a disputa entre judeus e palestinos não tem relação com o Islã ou com o islamismo. Pelo contrário, a sua origem social e intelectual tem a ver com a perseguição dos judeus nos países católicos da Europa Central, sobretudo no Império Austro-Húngaro (1867-1918), durante a segunda metade do século XIX. Foi aí que nasceu o jornalista judeu Theodor Herzl (1860-1904), o grande promotor, organizador e primeiro presidente da Organização Sionista Mundial, fundada na cidade da Basileia, Suíça, em 1897.

Herzl havia publicado em Viena, no ano anterior, o livro *O estado judeu* – uma espécie de "pedra fundacional" do sionismo –, no qual ele propunha que os ju-

---

44. Artigo publicado, originalmente, no portal *Unisinos* (www.ihu.unisinos.br), sob o título "Faixa de Gaza 2021: um meteorito no céu do futuro", em junho de 2021.

deus de todo o mundo se reunissem num mesmo Estado nacional e independente. Uma ideia que estava de acordo com o espírito do seu tempo e com as ideias nacionalistas que agitavam a Europa Central, que acabaram implodindo o Império Austro-Húngaro. Com a diferença, com relação aos sérvios, tchecos, húngaros, croatas e outras nacionalidades que reivindicavam a mesma coisa, que os judeus estavam reivindicando um território imaginário de onde haviam se retirado há 1.800 anos. Um território que esteve, primeiro, sob domínio do Império Romano e, depois, sob o domínio islâmico do Império Otomano (1300-1919), que não proibiu a religião judaica, e onde os judeus sempre encontraram refúgio contra a perseguição cristã, desde os tempos da Inquisição Ibérica (1478-1834) e durante toda a história do Império Habsburgo ou Austríaco (1526-1867), que era profunda e radicalmente católico.

Muito provavelmente, o projeto de Theodor Herzl teria caído no vazio e se transformado em mais uma das "desilusões nacionalistas" do século XIX, se não fosse pelo fato de ele ter recebido o apoio da Grã-Bretanha quase no fim da Primeira Guerra Mundial, quando Arthur Balfour – Ministro de Relações Exteriores britânico – declarou que "o governo de Sua Majestade encarava favoravelmente o estabelecimento na Palestina, de um lar nacional para o Povo Judeu". E essa "Declaração Balfour", feita no ano de 1917, adquiriu muito mais importância no momento em que a Liga das Nações concedeu à Grã-Bretanha, em 1922, um "Mandato Internacional" sobre a Palestina, que então era habitada por uma maioria árabe e muçulmana, com a participação de apenas 11% de judeus, sendo que a maioria havia emigrado para ali no início do século XX, já atendendo ao apelo de Herzl.

Por isso, não é necessário dizer que esse movimento imigratório aumentou imensamente depois que os britânicos assumiram o governo da Palestina, e quase 350 mil judeus de todo o mundo imigraram para lá entre 1922 e 1935, provocando uma primeira revolta palestina, contra o governo britânico, entre 1936 e 1939. Uma revolta que, depois, se manteve em estado crônico até a Grã-Bretanha decidir se desfazer do seu mandato e abandonar a Palestina, em 1947, quando os judeus já representavam 33% da sua população total.

Foi nesse momento que a Organização das Nações Unidas (ONU) referendou o projeto britânico da criação de "dois Estados" dentro do território, por meio de sua Resolução nº 181: um para os judeus e outro para os árabes. A proposta foi imediatamente aceita pelos judeus e rejeitada pelos árabes, por razões mais ou menos óbvias. A ONU havia sido recém-criada e jamais teria tomado tal decisão se não contasse com o apoio decisivo da Grã-Bretanha e dos Estados Unidos. No caso norte-americano, depois de intenso debate, o governo de Henry Truman, afinal, posicionou-se a favor da criação de Israel, sobretudo porque o Oriente Médio, onde se situa o pequeno território disputado, encontrava-se próximo do novo "centro dourado" do petróleo mundial. Foi assim que nasceu, no dia 14 de maio de 1948, o Estado de Israel, concebido por Theodor Herzl e apadrinhado pelas duas grandes potências anglo-saxônicas. E, por isso mesmo, imediatamente teve início a primeira guerra entre Israel e os Estados árabes do Egito, da Síria, do Líbano e da Jordânia. A guerra durou um ano e terminou com a vitória de Israel e a anexação israelita dos territórios da Cisjordânia e de Jerusalém Oriental, além da entrega da Faixa de Gaza aos árabes, onde haviam se refugiado cerca de 700 mil palestinos expulsos de suas terras pela Resolução da ONU, já mencionada, e pela derrota árabe em 1948.

Em 1949, portanto, já estavam definidos os termos básicos de uma equação que não fecha até hoje, e que está na origem desse confronto recente entre judeus e palestinos, em maio de 2021. Basta dizer que, ainda hoje, setenta anos após a repartição forçada do território palestino, vivem, aproximadamente, 13 milhões de pessoas entre o Rio Jordão e o Mediterrâneo, metade da qual ainda é palestina: 3 milhões que vivem na Cisjordânia, sob ocupação militar israelense; 2 milhões que vivem como "cidadãos vigiados" dentro do próprio Estado de Israel; e, finalmente, 2 milhões que vivem na Faixa de Gaza, uma estreita faixa de terra que tem 412 quilômetros de comprimento e apenas 6 quilômetros de largura, um dos territórios mais densamente povoados do mundo, com escassez de água e uma infraestrutura sanitária, educacional e de comunicação extremamente precárias. Uma espécie de "território sitiado", uma vez que Israel mantém o controle militar das suas fronteiras, dos seus portos e do seu espaço aéreo.

Num primeiro momento, logo depois do armistício de 1949, a Faixa de Gaza foi mantida sob o governo palestino entre 1949 e 1959, passando para o Egito entre 1959 e 1967. No entanto, depois da nova derrota árabe na "Guerra dos Seis Dias", em 1967, Israel ocupou e incorporou o seu território, junto à Península do Sinai, as Colinas de Golã e Jerusalém Oriental, e a Faixa de Gaza ficou, então, sob domínio israelense até a assinatura dos Acordos de Paz de Oslo, em 1993, quando foi devolvida à Autoridade Palestina (AP), criada em 1994 exatamente para administrar os territórios de Gaza e da Cisjordânia. Mesmo assim, foi só em 2005 que o Primeiro-Ministro israelita Ariel Sharon determinou a retirada completa de todos os judeus da Faixa de Gaza. E foi em seguida que o Hamas – uma nova facção palestina criada em 1988 – venceu as eleições internas e assumiu o governo da Faixa de Gaza, em 2007, depois de uma guerra fratricida com as forças do Al-Fatah, a corrente hegemônica da OLP, liderada, naquele momento, por Yaser Arafat (1929-2004) e, depois de sua morte, por Mahamoud Abbas. Como resposta imediata, Israel decretou o bloqueio econômico e militar completo – por terra, mar e ar – da Faixa de Gaza e, pouco depois, elegeu como seu Primeiro-Ministro Benjamin Netanyahu, em 2009, um crítico ferrenho dos Acordos de Paz de Oslo e da retirada unilateral dos judeus da Faixa de Gaza.

Fonte: Pena (2023, *on-line*).

Benjamin Netanyahu tomou posse como primeiro-ministro menos de dois anos depois da vitória do Hamas, e menos de dois meses após o primeiro grande bombardeio aéreo e terrestre israelense da Faixa de Gaza, que durou vinte e um dias e matou 1.400 palestinos e 15 israelenses, no início de 2009. Netanyahu também esteve à frente do novo bombardeio e da invasão territorial de Gaza, no ano de 2014, que durou cinquenta e um dias e deixou 2.205 palestinos e 71 israelitas mortos; e, agora, de novo, no conflito de maio de 2021, que durou onze dias e matou 232 palestinos e 27 israelitas. Nesse mesmo período, em acordo com grupos religiosos de extrema-direita, o governo de Netanyahu patrocinou a ocupação judaica dos territórios palestinos da Cisjordânia, onde já vivem cerca de 600 mil colonos israelenses. Trata-se de um projeto claro e explícito de incorporação de quase toda a Cisjordânia ao território de um "novo Israel", com supremacia incontestre dos judeus e sua capital na cidade de Jerusalém. Não é necessário dizer que esse novo projeto descarta, de forma definitiva, a ideia da criação de um Estado Palestino, que havia sido inventada pelos ingleses e patrocinada pela ONU e pelos Estados Unidos, tendo sido referendada pelos Acordos de Paz de Oslo.

O novo projeto liderado por Benjamin Netanyahu e apoiado pela extrema-direita religiosa de Israel avançou a passos gigantescos nos últimos cinco anos, com o aval do governo norte-americano de Donald Trump, e, hoje, parece rigorosamente irreversível. Neste momento, os Estados Unidos de Joe Biden estão sem um projeto e uma ideia clara do que querem e do que ainda podem fazer, mas parece que também já entenderam que falar de "dois Estados" é apenas uma homenagem ao passado e uma declaração indireta de impotência, não havendo mais nada a fazer além de tentar diminuir os danos de um conflito que se tornou crônico. E agora, mesmo que acabe a "era Netanyahu" e que assuma uma nova aliança de forças liderada pelo centrista Yair Lapid, envolvendo sete partidos extremamente heterogêneos, o governo deverá ser muito fraco e transitório, e só sobreviverá com o apoio do nacionalista de extrema-direita religiosa Naftli Benett, que é inimigo figadal da ideia dos "dois Estados".

Portanto, desse ponto de vista, o projeto do "novo Israel" de Benjamin Netanyahu deverá seguir em frente, sobretudo quando se tem em conta que, pelo outro lado, a Autoridade Palestina está cada vez mais fraca e sem credibilidade mesmo entre os palestinos, enquanto a força militar do Hamas vem crescendo, mas seguirá sendo impotente frente ao gigantesco poder militar israelita, pelo menos enquanto estes seguirem apoiados pelos Estados Unidos. Ao longo de setenta anos de conflito, Israel se transformou numa potência atômica, com uma ajuda militar norte-americana de US$ 3,8 bilhões anuais, enquanto os palestinos sobrevivem graças a uma ajuda internacional filantrópica, que vem sendo indispensável até para o funcionamento da burocracia da Autoridade Palestina na Cisjordânia, e do próprio Hamas, na Faixa de Gaza.

No momento, não há a menor perspectiva de novas negociações de paz na região, e é pouco provável que isso volte a acontecer. O eixo geopolítico do mundo está se deslocando para a Ásia, e a importância estratégica do petróleo do Oriente Médio tende a diminuir nos próximos cinquenta anos. Além disso, o conflito entre judeus e palestinos, ou mesmo entre judaísmo e islamismo, é inteiramente alheio e irrelevante para as civilizações asiáticas. E, mesmo no caso das potências ocidentais, esse conflito deverá perder densidade à medida que se equacione a relação entre Estados Unidos e Irã e se ampliem os chamados Acordos de Abraham, assinados no fim da administração Trump, com o reconhecimento e a aceitação do Estado de Israel por vários países árabes, além de Egito e Jordânia.

Se isso tudo ocorrer, o mais provável é que o conflito entre judeus e palestinos vá perdendo a sua centralidade, e que a própria "causa palestina" vá ficando cada vez mais isolada e esquecida, apesar dos apoios e dos protestos retóricos das grandes potências, e dos próprios povos árabes. Um triste destino de dois povos que passariam quase despercebidos dentro do sistema internacional, caso não tivessem sido transformados em "inimigos siameses" pela xenofobia religiosa e pelo racismo dos "povos cristãos" da Europa Central, e pelo desejo norte-americano de construir uma cabeça de ponte militarizada no território petroleiro do Oriente Médio.

Talvez, algum dia, as potências anglo-saxônicas e os povos cristãos peçam desculpas ao povo palestino, como alguns já fizeram no passado com relação à sua perseguição dos judeus, e como a França e a Alemanha acabaram de fazer, com relação ao genocídio das populações da Namíbia e de Ruanda, respectivamente. Mas, se isso acontecer, deverá ser num futuro muito, muito além do horizonte visível do sistema mundial.

Referências

BENN, A. The end of the Old Israel. *Foreign Affairs*, jul./ago. 2016. Disponível em: https://www.foreignaffairs.com/articles/israel/2016-06-08/end-old-israel. Acesso em: 8 fev. 2023.

PENA, R. F. Alves. Questão palestina. *Brasil Escola*, 2023. Disponível em: https://brasilescola.uol.com.br/geografia/questao-palestina.htm. Acesso em: 8 fev. 2023.

O dilema de Taiwan e a nova "ordem mundial"[45]

José Luís Fiori

> *For more than 70 years, China and Taiwan have avoided coming to blows. The two entities have been separated since 1949, when the Chinese Civil War, which had begun in 1927, ended with the Communist's victory and the Nationalist's retreat to Taiwan [...]. In recent months, however, there have been disturbing signals that Beijing is reconsidering its peaceful approach and contemplating armed unification* (MASTRO, 2021, p. 1-2).

A retirada das tropas americanas do Afeganistão deixa atrás de si um vácuo de poder e uma zona de grande turbulência no centro da Ásia, nas "costas" da China. Deixa por fazer, também, uma "negociação de paz" e uma "divisão de poder" em Cabul que produzirá efeitos em cadeia, por um longo tempo, em boa parte da Ásia e do Oriente Médio. Uma negociação de paz que não contará com a participação direta dos Estados Unidos, principal responsável e maior derrotado na Guerra do Afeganistão, que envolverá, de uma forma ou de outra, países que não participaram diretamente do conflito, mas que serão afetados por seus desdobramentos nos próximos anos, como é o caso do Paquistão, da Índia, da China e da própria Rússia, que tem presença militar importante no Quirguistão e no Tajiquistão. Deve-se também incluir Irã e Turquia, que atuam como uma cadeia de transmissão geopolítica na direção do Oriente Médio, de onde os Estados Unidos também estão se retirando, ou, pelo menos, reduzindo a sua presença militar.

---

45. Artigo publicado, originalmente, no jornal *Sul 21* (sul21.com.br), em agosto de 2021.

Mesmo assim, e apesar da complexidade desse quebra-cabeças no centro da Ásia, a nova ordem mundial "sino-americana" deverá nascer, de fato, do outro lado da China, a partir de uma disputa que já dura setenta anos, em torno da ilha e do controle do Estreito de Taiwan, onde se tem se assistido, nos últimos meses, a uma escalada de ameaças e "exercícios de guerra" cada vez mais frequentes e perigosos, envolvendo as Forças Armadas chinesas e americanas, junto aos seus principais aliados no sul e no sudeste asiático. Agora, na recente comemoração dos 100 anos do Partido Comunista Chinês (PCC), o governo chinês tornou púbico um plano estratégico de assalto e ocupação militar de Taiwan, já contabilizando a resposta previsível dos Estados Unidos. Apesar de todos saberem que, nesse caso, a surpresa do primeiro ataque é um elemento fundamental e que, portanto, a divulgação desse plano é apenas mais um passo na escalada psicológica do clima de guerra na região. Por outro lado, os Estados Unidos já mudaram a sua "grande estratégia" e estão deslocando o seu foco do Atlântico, do Leste da Europa e da Rússia na direção do Pacífico e da Ásia, hoje epicentro dinâmico da expansão do poder e da riqueza mundiais, e do crescimento competitivo dos arsenais militares do mundo. O mais provável é que substituam, progressivamente, o seu "espantalho russo" pelo seu novo grande inimigo chinês.

Mas atenção, porque essa mudança americana não foi provocada pela explosão econômica da China, e sim pela decisão chinesa de construir um poder naval autônomo – decisão que só foi efetivada, de fato, a partir da primeira década do século XXI. Um poder naval chinês que seja capaz de desbloquear a livre-circulação de seus fluxos comerciais e energéticos por meio dos estreitos de Taiwan e de Malaca, e de permitir a projeção internacional do seu poder marítimo. Um projeto que se acelerou, definitivamente, depois da posse do Presidente Xi Jinping, em 2013, e do seu anúncio de que a China se propõe a ser um poder militar global até meados do século XXI, decisões que redefiniram, imediatamente, a importância estratégica das duas grandes "linhas de ilhas" que bloqueiam a saída marítima chinesa como se fossem uma "Grande Muralha" invertida. Bem no centro da primeira dessas duas cadeias de ilhas está Taiwan, uma espécie de porta-aviões inimigo situado a apenas 130 quilômetros da costa chinesa.

Em 1954, o secretário de Estado norte-americano John Foster Dulles afirmou que a ilha de Taiwan não passava de um "punhado de rochas"[46]. Ao mesmo tempo, foi o próprio Dulles que ameaçou a China com um ataque atômico, caso tentasse retomar à força esse "penhasco" onde se refugiou, em 1949, o general

---

46. Expressão utilizada pelo secretário de Estado norte-americano John Foster Dulles (1988-1959) para caracterizar a irrelevância geográfica da ilha de Taiwan, em 1954 (KISSINGER, 2011, p. 161).

nacionalista Chiang Kay-shek, junto do que restou de suas tropas derrotadas pela revolução comunista liderada por Mao Tsé-Tung. Apesar do aparente paradoxo, Dulles tinha razão, porque a ilha de Taiwan era apenas um punhado de rochas que os próprios americanos transformaram num território estratégico para barrar a expansão do poder chinês. A mesma ambiguidade existiu pelo lado do império chinês, que só deu alguma importância a Taiwan muito tarde, após a sua conquista pelos holandeses, em 1624, e pelos espanhóis, em 1626, e depois de a ilha virar refúgio dos últimos soldados da Dinastia Ming derrotados pela Dinastia Qing, que conquistou a ilha em 1683. Esta só a transformou oficialmente em província do Império em 1885, dez anos antes de entregá-la ao Japão como tributo por sua derrota na guerra de 1895, contra os japoneses; estes a converteram numa colônia que só foi devolvida à China em 1945, depois da rendição japonesa na Segunda Guerra Mundial. E assim mesmo, quatro anos depois, a ilha voltou a ser o refúgio do general Chiang Kay-shek.

Em 1949, Taiwan tinha apenas 7 milhões de habitantes e só sobreviveu como "província rebelde" graças à proteção militar dos Estados Unidos. Na prática, Taiwan se transformou num "Estado vassalo" dos Estados Unidos, com a pretensão irrealizável de "reconquistar" e "reunificar" a China. O mesmo objetivo invertido do governo chinês, uma vez que nenhum dos dois jamais aceitou a ideia americana de criação de "duas Chinas". E foi aqui que começou a história contemporânea desse "penhasco", que adquiriu importância estratégica cada vez maior com o passar das décadas, confirmando a tese de que é a luta pelo poder que define a importância da geografia, mesmo que ela não disponha de nenhum recurso natural significativo. Começando em 1954, logo depois do fim da Guerra da Coreia, quando a China tentou retomar as ilhas de Quemoy e Matsu, no "caminho" de Taiwan, mas foi repelida pelos porta-aviões norte-americanos. Logo em seguida, foi assinado o "Acordo de Defesa Mútua", que transformou Taiwan também num "protetorado militar", uma vez mais defendido pelas forças norte-americanas em 1958, quando as tropas chinesas voltaram a ser repelidas das duas pequenas ilhas, e quando a União Soviética ameaçou, pela primeira vez, utilizar armas atômicas caso os Estados Unidos atacassem o território chinês.

Desde então, e até o início da década de 1970, vigorou uma espécie de "coexistência combatente" entre China e Taiwan, na qual os Estados Unidos instalaram, finalmente, as suas próprias bases militares. No entanto, a situação mudou radicalmente depois da assinatura do Comunicado de Shangai, em 1972, que consagrou a reaproximação entre os dois países depois do reconhecimento, por parte dos Estados Unidos, de que o território de Taiwan faz parte e é inseparável do território chinês, porque só existe uma China, com capital em Pequim. Depois desse reconhecimento, os Estados Unidos transferiram a sua embaixada para Pequim, cancelaram o Acordo de Ajuda Mútua com Taiwan, desmontaram a sua base militar na ilha e, finalmente, retiraram as suas tropas do território de Taiwan. E foi essa vitória chinesa que abriu as portas para a integração econômica que transformou, em poucos anos, Taiwan no segundo maior investidor "estrangeiro" na economia continental da China.

A situação de calmaria, entretanto, modificaria-se uma vez mais na década de 1990, após o fim da Guerra Fria, quando o primeiro governo eleito de Taiwan propôs a independência da ilha, mesmo sem contar com o apoio explícito dos Estados Unidos. A proposta provocou imediata mobilização militar da China, trazendo de volta ao Estreito de Taiwan os porta-aviões da Sétima Frota dos Estados Unidos. Tudo indica que exatamente naquele momento começou a ser concebida a nova estratégia chinesa de criação de um poder naval autônomo, capaz de derrotar as forças americanas no Mar do Sul da China e em Taiwan. Como resultado dessa decisão, a China começou a adquirir ou produzir os oitenta submarinos convencionais e atômicos de que dispõe atualmente, ao lado de três porta-aviões (o terceiro ainda inacabado) e mais 1.275 novos barcos que foram somados à sua guarda costeira, transformando-a no maior poder naval entre todos os seus vizinhos asiáticos (JESUS JUNIOR; GODINHO, 2019).

Os Estados Unidos controlam, hoje, todos os pontos estratégicos entre o mar do Japão, o Oceano Índico e o Pacífico Sul, capazes de bloquear, instantaneamente, os fluxos comerciais e energéticos indispensáveis à sobrevivência diária da China. Depois da decisão chinesa de criar um poder naval próprio, e após o gigantesco crescimento da economia chinesa, a situação ficou intolerável para os chineses. Estes, agora, já podem se propor a controlar o Mar do Sul da China e vencer os Estados Unidos em todos os cenários de guerra, além de dispor de poder naval, aéreo e terrestre para ocupar Taiwan, mesmo no caso do envolvimento de tropas americanas, a menos que os Estados Unidos decidam utilizar armamento atômico, com consequências imprevisíveis para os dois lados, uma vez que a China, provavelmente, responderia utilizando as próprias armas atômicas táticas.

Os norte-americanos têm plena consciência de que o controle de Taiwan deixou de ser apenas uma disputa territorial chinesa e passou a ser uma condição essencial para que a China tenha acesso soberano ao Pacífico e ao Mar da Índia. E os Estados Unidos também sabem que os chineses podem ocupar e vencer Taiwan em poucos dias ou semanas, mesmo com a intervenção americana. Ao mesmo tempo, sabem que a sua derrota na batalha em torno da ilha afetaria o seu poder naval no sul do Pacífico, e a sua credibilidade frente a seus aliados regionais e em todo o mundo. Por outro lado, os chineses têm plena consciência de que a sua vitória militar não encerraria o problema de sua "província rebelde", e que, depois da vitória sobre Taiwan, a ilha poderia se tornar cenário de uma guerra de guerrilha sem fim, financiada pelos americanos e pelos seus aliados regionais, como aconteceu de forma invertida com os Estados Unidos na Guerra do Vietnã, nos anos 1960-1970.

Por isso, se estivéssemos frente a uma partida de xadrez, poderíamos dizer que os chineses estão com as "pedras brancas" e são eles que deverão abrir o jogo e mover as suas peças primeiro. Mas os norte-americanos possuem a "vantagem da defesa"[47] e só moverão as suas "pedras pretas" depois dos chineses. Se a China atacar Taiwan, teremos uma ordem mundial; mas, se não o fizer, teremos outra "ordem" inteiramente diferente, e o mesmo aconteceria caso os norte-americanos ultrapassassem a "linha vermelha" definida pelos chineses. Nesse contexto, quem "piscar primeiro" ou cometer um "erro de cálculo" poderá enfrentar consequências catastróficas. Por isso, o mais provável, a curto prazo, é que Taiwan se transforme no foco central em um conflito permanente (como Berlim, no início da Guerra Fria), a partir de onde irão nascendo e se definindo os "protocolos básicos" da nova "ordem internacional".

Se isso ocorrer, há que se manter a cabeça fria, porque talvez o mundo possa estar chegando, por esse caminho, ao seu "novo normal", diferente do que se poderia pensar à primeira vista, porque, em última instância, como já dissemos em outro artigo:

> o que estabiliza a ordem hierárquica desse sistema interestatal – sempre de forma transitória – não é a existência de um líder ou "*hegemon*", é a existência de um conflito central, e de uma guerra virtual entre as "grandes potências". Uma espécie de ponto de referência para o cálculo estratégico de todos os demais Estados, que atua também como um freio ao arbítrio unilateral dos mais poderosos. Como ocorreu com a disputa entre o Império Habsburgo e a França, no século XVI; ou com a disputa entre a França e a Grã-Bretanha nos séculos XVIII e XIX; ou, mais recentemente, com a disputa entre os Estados Unidos e a União Soviética, depois da Segunda Guerra Mundial (FIORI, 2007, p. 31 e 32).

A grande diferença, em relação à Guerra Fria é que, agora, são duas grandes civilizações que estão lutando, mas, ainda assim, estão lutando com as mesmas armas, pela mesma riqueza capitalista e pelo mesmo poder global.

---

47. Carl von Clausewitz dizia que, na guerra, é "mais fácil conservar do que adquirir; de onde se segue imediatamente que, supondo que os meios são iguais dos dois lados, a defesa é mais fácil do que o ataque. Mas de onde provém essa maior facilidade da conservação e da proteção? Do fato de que todo o tempo que se escoa inutilizado se torna proveito do defensor" (CLAUSEWITZ, 2010, p. 427).

Referências

CLAUSEWITZ, C. von. *Da guerra*. São Paulo: Martins Fontes, 2010.

FIORI, J. L. *O poder global e a nova geopolítica das nações*. São Paulo: Boitempo, 2007.

JESUS JUNIOR, H.; GODINHO, N. V. R. A modernização naval chinesa e as implicações no Mar do Sul da China. *Revista da Escola de Guerra Naval*, vol. 25, n. 3, p. 791-826, set-dez. 2019.

KISSINGER, H. *Sobre a China*. São Paulo: Objetiva, 2011.

MASTRO, O. S. The Taiwan Temptation. *Foreign Affairs*, jul./ago. 2021. Disponível em: https://www.foreignaffairs.com/print/node/1127523. Acesso em: 13 fev. 2023.

Davos, Kiev e Brasília: o ocaso de um projeto[48]

José Luís Fiori

> *The institutions of the neoliberal project were designed not to liberate markets but to encase them, to inoculate capitalism against the threat of democracy, to create a framework to contains often--irrational human behavior* (FOROOHAR, 2022, on-line).

À primeira vista, o título deste artigo mistura coisas muito diferentes entre si, mas seu objetivo é demonstrar exatamente o contrário: que os acontecimentos das primeiras semanas de 2023, ocorridos nessas três cidades do "mundo ocidental", têm uma relação muito grande entre si. Ou, pelo menos, têm tudo a ver com a desconstrução de uma crença, um projeto e uma estratégia que se transformaram na bússola da política internacional dos Estados Unidos, depois da sua crise no início dos anos 1970 – em particular, após o fim do Sistema de Bretton Woods e da derrota na Guerra do Vietnã, em 1973. Nesse momento, foi criado o Simpósio Europeu de Gestão, que, depois, se chamaria Fórum Econômico Mundial e se transformaria, nos anos 1990, no lugar de encontro anual de uma nova elite econômica e política mundial que foi nascendo à sombra do processo da globalização financeira e do novo Sistema Monetário Internacional, baseado, exclusivamente, no dólar e na dívida pública americana e gerido, em última instância, pelo Fed, o Banco Central dos Estados Unidos.

Na virada do milênio, a reunião anual de Davos já havia sido transformada na vitrine em que se expunham as grandes celebridades desse novo mundo, e

---

48. Artigo escrito em janeiro de 2023.

na qual a nova elite mundial debatia os problemas enfrentados pelo projeto da globalização. Por ali, passavam centenas de executivos e tecnocratas das grandes corporações e bancos internacionais, políticos, jornalistas, líderes religiosos, intelectuais orgânicos e dirigentes de organizações não governamentais que analisavam os países, os governos e os programas para os quais poderiam deslocar os seus investimentos e as cadeias de produção, que viraram a nova "varinha mágica" do desenvolvimento capitalista dos "países atrasados". Aos poucos, foi se consolidando um novo grupo de poder ou "burguesia internacionalizada", cada vez mais autônoma e impermeável com relação aos conflitos locais e às pressões democráticas dos cerca de duzentos estados nacionais existentes. Um dos pontos, aliás, em que o projeto da globalização econômica alcançou pleno sucesso, ao lograr autonomizar quase completamente as decisões dos mercados financeiros internacionais com relação aos governos locais da maioria dos Estados nacionais (com exceção, evidentemente, dos Estados Unidos e, em alguma medida, também da China). Não foi por acaso que, no mesmo período, a "estatura política" dos governantes nacionais foi ficando menos relevante, sobretudo no Ocidente, onde os políticos tradicionais foram sendo substituídos por atores de cinema, animadores de televisão, esportistas de sucesso, palhaços de circo, alcóolatras, psicopatas e celebridades de qualquer outro tipo que fossem festejadas pelas grandes massas como "figuras rebeldes", quando, na verdade, não passavam de "figuras excêntricas" que atuavam, na maioria dos casos, como marionetes dos novos grandes centros internacionalizados de decisão financeira.

    O que passou menos percebido naquele momento de virada e mudança da estratégia internacional dos Estados Unidos foi a criação simultânea de uma espécie de "comitê central" das grandes potências ocidentais (mais o Japão), o chamado G7, no ano de 1975, quase ao mesmo tempo em que se instituía um novo sistema internacional de pagamentos, o Swift, com sede formal em Bruxelas e dirigido por um comitê formado pelos Bancos Centrais dos mesmos países do G7, além de Suíça, Suécia e Países Baixos. Um comitê que passou a centralizar todas as informações e a controlar todas as operações financeiras realizadas em todo o mundo, por cima do controle dos bancos centrais de cada país. E, assim, o projeto da globalização financeira foi assentando suas bases e impondo a sua legitimidade, na medida em que os demais países foram delegando ou sendo obrigados a delegar a sua soberania financeira para os bancos centrais desse novo grupo de poder internacional, o G7+, ou Swift. Um movimento de transferência, centralização e controle de informações e decisões que alcançou o seu ápice no início da Guerra Global ao Terrorismo, declarada pelos Estados Unidos em 2001. Naquele momento, o governo norte-americano exigiu de seus principais aliados o repasse do sistema de informações e o poder de decisão, em última instância, dentro do Swift, para o seu próprio Banco Central e o seu Departamento de Justiça, que passaram a controlar e a operar uma capacidade sem precedentes de arbítrio e uso de "informações sigilosas", e de imposição de sanções financeiras, contra todo e qualquer país considerado seu inimigo ou competidor.

Já era possível ver, então, o que, após o início da Guerra da Ucrânia, ficou absolutamente transparente, mesmo para os menos avisados: o projeto da globalização neoliberal nunca foi apenas um imperativo dos mercados e esteve sempre associado ao projeto de poder global dos Estados Unidos. Na verdade, a história da internacionalização capitalista dos últimos cinquenta anos é inseparável da estratégia de poder internacional adotada pelos Estados Unidos em resposta à sua crise do início dos anos 1970. Uma estratégia que alcançou o seu pleno sucesso nos anos 1990, depois do fim da União Soviética e da Guerra Fria, e após a estrondosa vitória militar americana na Guerra do Golfo. Uma expressão cabal dessa vitória foi a inclusão da Rússia no grupo do G7, em 1998, que passou a se chamar G8, até 2014, quando a Rússia foi afastada após a intervenção dos Estados Unidos e da Organização do Tratado do Atlântico Norte (Otan) na Ucrânia, e depois das respostas dadas pelos russos, com a incorporação da Crimeia ao seu território. O exato momento em que começa a implosão do projeto e da estratégia da globalização, acelerada, logo em seguida, pelo início da "guerra econômica" declarada pelo governo de Donald Trump contra a economia chinesa.

Essa fratura aumentou ainda mais após a decisão tomada pelos países da Otan, no dia de 18 de janeiro de 2023, na cidade de Ramstein, na Alemanha, de enviar um contingente de tanques Leopard 2 (alemães) e Abrams (norte-americanos) para a Ucrânia, aumentando, significativamente, o envolvimento da Otan numa guerra cada vez mais direta com a Rússia, e deixando a Europa cada vez mais fraturada e distante da utopia da globalização. Basta ver a rapidez com que os países do G7 abriram mão de um de seus segredos ou fetiches mais bem guardados – o da "neutralidade" da moeda e das finanças internacionais – e passaram a utilizá-los como armas de guerra contra a Rússia e, de alguma forma, também contra a China.

Nesse sentido, pode-se afirmar, com toda certeza, que a busca da primazia militar mundial por parte dos Estados Unidos foi o que acabou destruindo o seu próprio projeto econômico de globalização neoliberal. Não por acaso, em 2023, o Fórum Econômico de Davos escolheu como tema de discussão o problema da "cooperação em um mundo fraturado", e o esvaziamento notório da reunião deixa claro que essas fraturas já são irreversíveis. Não há mais nenhum governo sério no mundo que ainda acredite ou aposte no "futuro da globalização", e todos estão se armando para enfrentar um longo período de retorno aos seus próprios espaços econômicos nacionais e regionais. Entre o projeto de poder e primazia militar global e o projeto dos mercados autorregulados, ganhou o projeto do império que acabou levando o mundo a uma guerra quase permanente, a partir de 2001, e a uma guerra europeia que deverá se prolongar por muito tempo ainda, e sempre na beira de uma catástrofe nuclear.

O problema, contudo, é que as consequências mais nefastas dos últimos cinquenta anos de globalização não param por aí. O próprio sucesso da desregulação e da internacionalização dos mercados, e da acumulação exponencial da riqueza privada, acabou provocando, ao mesmo tempo, um aumento geométrico da desigualdade da riqueza entre países, classes e indivíduos, e o fortalecimento – como já vimos – de uma "burguesia global" que cresceu, nesses cinquenta anos, de costas para as suas sociedades de origem, mas com um enorme poder de mando frente aos seus Estados nacionais. E isso contribuiu, decisivamente, para o esvaziamento das instituições democráticas tradicionais, que foram perdendo legitimidade frente às grandes massas da população excluída da festa da globalização, atropeladas, além disso, pelos processos de suas desindustrializações nacionais e desmontagem de suas legislações trabalhistas e organizações sindicais, com o crescimento simultâneo de um imenso *lumpenzinato*, sem identidade coletiva ou nenhuma imagem social e utópica de futuro. Foi por essa mesma trilha que se perderam os partidos social-democratas e, de certa forma, a esquerda em geral, cada vez mais fragmentada e dividida entre as suas múltiplas causas e utopias comunitárias.

Por outro lado, esse mesmo contexto global tem incentivado o aparecimento e a expansão das "revoltas fascistas" que se multiplicam por todos os lados, destruindo, quebrando e atacando tudo e todos que eles consideram "cúmplices do sistema", incluindo os Estados nacionais, que perderam a sua eficácia dentro dessa ordem econômica neoliberal que vigorou nos últimos cinquenta anos. E é aqui que se inscrevem também os ataques contra os palácios dos Três Poderes, em Brasília, no dia 8 de janeiro de 2023. Uma explosão de barbárie fascista e paramilitar que lembra, formalmente, o ataque ao Capitólio, mas que, no caso brasileiro, apareceu como último capítulo de um governo absolutamente caótico e autodestrutivo, que logrou juntar, sob uma mesma tutela militar de extrema-direita, o fanatismo religioso, a violência fascista e um grupo de economistas ultraliberais que mais se pareciam com "fantasmas de Davos", correndo atrás de um mundo que já acabou.

Por isso, quando se olha a partir dessa perspectiva para o que aconteceu no início de 2023, em lugares tão distantes como Davos, Kiev e Brasília, consegue-se entender melhor o que há de comum entre a violência que está destruindo a Ucrânia e a violência dos que destruíram os palácios de Brasília. Em claves diferentes, são produtos do mesmo desastre provocado por uma utopia econômica que foi atropelada e destruída pela disputa de poder global entre as grandes potências, e sobretudo pela expansão permanente do poder militar dos Estados Unidos, que foram – paradoxalmente – os grandes "inventores" e os maiores beneficiários do projeto da globalização neoliberal.

Por isso que, em 2023, as luzes de Davos se apagaram sem deixar nenhum brilho e as suas celebridades foram saindo e desaparecendo da Montanha Mágica, em silêncio e cabisbaixas. A festa acabou, e o "Homem de Davos" (1973-2023) morreu, nas trincheiras da Ucrânia, nas barricadas de Brasília e em tantos outros lugares do mundo onde avançam a desigualdade econômica, as fraturas sociais, as divisões geopolíticas e a violência fascista provocadas, em última instância, pela crença cega nos mercados autorregulados e globais. Mas atenção, porque, se o "Homem de Davos" morreu, o desastre que ele deixou atrás de si deve atormentar o mundo ainda por muito tempo.

Referência

FOROOHAR, R. After Neoliberalism. *Foreign Affairs*, nov./dez. 2022. Disponível em: https://www.foreignaffairs.com/united-states/after-neoliberalism-all-economics-is-local--rana-foroohar. Acesso em: 13 fev. 2023.

Posfácio

O "duplo movimento" e a conquista da soberania[49]

José Luís Fiori

> *Durante um século, a dinâmica da sociedade moderna foi governada por um "duplo movimento": o mercado se expandia continuamente, mas esse movimento era enfrentado por um contramovimento que cerceava essa expansão em direções definidas. Embora tal contramovimento fosse vital para a proteção da sociedade, ele era, em última análise, incompatível com a autorregulação do mercado e, portanto, com o próprio sistema de mercado (POLANYI, 1980, p. 137).*

Em 1944, o cientista social austro-húngaro Karl Polanyi (1886-1964) formulou uma hipótese extremamente instigante sobre a evolução das sociedades liberais e das economias de mercado que se formaram na Europa nos séculos XVIII e XIX. Para Polanyi, essas sociedades são movidas por duas grandes forças que atuam de forma simultânea e contraditória, apontando, a um só tempo, na direção da abertura, da desregulação e da internacionalização dos seus mercados e dos seus capitais e também na direção da proteção, da regulação estatal e da nacionalização desses mesmos mercados. Karl Polanyi nunca disse que se tratava de um movimento pendular ou cíclico, tampouco falou que era uma lei de sucessão universal e obrigatória da história do capitalismo. Mesmo assim, esse "duplo movimento" parece manifestar-se quase sempre na forma de uma sucessão temporal, na qual os "surtos internacionalizantes" do capitalismo promovem o aumento simultâneo da desigualdade entre os povos e as nações e acabam provocando uma

---

[49]. Artigo publicado, originalmente, no jornal *Sul 21* (sul21.com.br), em setembro de 2022.

"reversão protecionista" das economias, das sociedades, da natureza e dos estados nacionais que reforçam, nesses períodos, a sua luta pela soberania e pela independência com relação aos demais estados do sistema, e, em particular, com relação ao poder imperial ou hegemônico das grandes potências.

Pelo menos o que aconteceu na Europa no fim do século XIX e no início do século XX foi isto: um grande movimento de internacionalização liberal do capitalismo que foi sucedido por infinitas revoltas sociais e uma violenta reversão nacionalista. E, nesta terceira década do século XXI, já ninguém mais tem dúvida que está em curso, em todo o mundo capitalista, uma nova "inflexão nacionalista", e uma universalização de revoltas sociais que se propagam por todos os lados exigindo a intervenção dos estados e de suas políticas públicas para reverter a catástrofe social provocada pela globalização neoliberal das décadas anteriores.

Nunca se sabe de antemão qual é a causa imediata e o momento preciso em que começam essas ondas, seja numa direção, seja na outra. Mas, no início do século XXI, não há dúvida de que os sinos começaram a dobrar anunciando a "morte da globalização" no momento em que os Estados Unidos desencadearam as suas "guerras sem fim", logo no começo do novo século, e, mais ainda, no momento em que explodiu a grande crise econômico-financeira de 2008, cujos efeitos sociais e ecológicos adversos foram exponenciados pelas políticas anticíclicas dos próprios norte-americanos e dos seus principais sócios do G7.

E foi sobre esse pano de fundo já instalado que repercutiram os efeitos multiplicadores da pandemia da covid 19 e da recente Guerra da Ucrânia, completando a ruptura das cadeias globais de produção e comércio – sobretudo de energia, grãos e tecnologias de ponta – e acelerando a chegada da nova "era nacionalista". O que surpreendeu muitos analistas foi o fato de que tenham sido os próprios Estados Unidos que assumiram, a partir de 2017 – em particular, durante o governo de Donald Trump –, a liderança mundial da reação nacionalista contra o movimento internacionalizante que eles mesmos desencadearam e lideraram a partir da década de 1970. Depois de Trump, o governo de Joe Biden se propôs a retomar o caminho do liberal-internacionalismo, mas ele mesmo percebeu, rapidamente, que essa proposta já havia esgotado o seu potencial expansivo e que não lhe restava outro caminho que não fosse o do "nacionalismo econômico" e o da proteção social da população americana por cima de qualquer outro objetivo internacionalista que não seja o das suas próprias guerras imperiais ao redor do mundo. Apesar disso, e ao menos que haja uma guerra atômica – o que seria catastrófico para toda a humanidade –, o mais provável é que os Estados Unidos mantenham a sua presença militar e a sua centralidade global durante o século XXI.

Porém é visível e notória a sua perda de liderança fora do seu círculo de aliados e vassalos mais próximos, zona em que se situa, tradicionalmente, a América Latina – e, de forma muito particular, o Brasil, que sempre operou como ponta de lança dos Estados Unidos dentro do continente latino. Mesmo assim, a América Latina é, hoje, um dos poucos lugares do mundo onde a revolta social contra o fracasso da globalização neoliberal vem sendo capitalizada pelas forças progressistas e por coalizões de governo com participação de partidos de esquerda. Serão grandes os desafios e as dificuldades que enfrentarão esses novos governos de esquerda, num contexto internacional de crise econômica e de guerra entre as grandes potências. Mas, ao mesmo tempo – segundo a hipótese de Karl Polanyi –, este momento poderá se transformar numa oportunidade extraordinária para a América Latina avançar na luta, na conquista e na consolidação de sua soberania dentro do sistema internacional. Os Estados Unidos estão enfrentando grandes desafios, em vários planos e regiões do planeta, e têm aumentado a pressão pelo alinhamento da América Latina, mas a sua liderança regional também é declinante, como foi possível observar na última Cúpula das Américas, promovida pelos Estados Unidos e realizada na cidade de Los Angeles, em 2022. Na verdade, os norte-americanos estão sem disposição real e sem recursos suficientes para se envolver, simultaneamente, na Europa Central, na Ásia, no Oriente Médio e, ainda, na América Latina. Uma boa hora, portanto, para renegociar os termos da relação do continente com os Estados Unidos, sem medo nem bravatas. E, nesse momento, a política externa e a liderança brasileira serão absolutamente fundamentais.

O Brasil é o país latino-americano onde se pode identificar uma "flutuação histórica" mais parecida com a do "duplo movimento" de que fala Karl Polanyi. Em particular, nas últimas três ou quatro décadas, em que o país viveu uma sucessão de pequenos ciclos de abertura e internacionalização seguidos por contramovimentos protecionistas, como aconteceu nos anos 1990 e no início do século XXI, e voltou a acontecer depois do golpe de estado de 2015/2016. E agora, de novo, tudo indica que essa última onda de abertura, desregulação e privatizações que foram responsáveis pelo aumento da desigualdade, da miséria e da fome no país está chegando ao fim, e o Brasil poderá, então, retomar o caminho interrompido da reconquista dos direitos sociais e trabalhistas de sua população, da proteção de sua natureza e da expansão de seus graus de soberania internacional.

O Brasil tem a seu favor, nessa conjuntura mundial de guerra entre as grandes potências e de crises energética, alimentar e hídrica em quase todo o mundo, a sua própria autossuficiência em fontes de energia, em grãos e em disponibilidade de águas. O seu maior problema não está desse lado, mas na forma desigual como essa riqueza está distribuída e na grande resistência de sua classe dominante a qualquer tipo de política redistributiva. E, nesse ponto, não há como se enganar: é impossível avançar no plano da soberania externa do país sem avançar na luta contra a sua desigualdade social interna, o que exigirá do novo governo brasileiro a declaração de uma verdadeira guerra interna contra a miséria e a desigualdade de sua população. A raiz última desse problema remonta, sem dúvida, aos trezentos e cinquenta anos de escravidão, que ainda pesarão, por muito tempo, sobre as costas da sociedade brasileira, somando-se às consequências sociais deletérias da longa ditadura militar do século passado, período em que os militares dividiram ainda mais os brasileiros ao criar a figura do "inimigo interno" do país, formado por seus próprios compatriotas, que foram combatidos com as armas do próprio Estado brasileiro. Uma aberração histórica, que também pesará ainda por muito tempo sobre o país e que foi imposta ao Brasil pela vassalagem internacional dos seus militares. Nesse sentido, também não haverá como avançar na luta pela soberania do país sem fazer uma revisão radical das posições interna e externa das Forças Armadas brasileiras.

A resistência será enorme e virá de uma coalizão de forças que se consolidou, nos últimos anos, dentro do país, à sombra dos fanatismos ideológico e religiosos de uma "nova direita". Esta somou o seu fascismo caboclo ao ultraliberalismo econômico da "velha direita" primário-exportadora e financeira, e é liderada, agora, pelo *agrobusiness* do Centro-Oeste, formando uma coalizão de poder "liberal-teológico-sertanejo" que financia a sua "vanguarda miliciana carioca", o que inclui, também, os militares brasileiros, que voltaram à cena aliados à direita, como sempre, mas agora convertidos ao catecismo econômico neoliberal.

Assim mesmo, apesar desses obstáculos internos, é possível que o Brasil supere esse momento amargo da sua história e retome o caminho de construção da sua soberania, demarcando o seu lugar dentro desse novo mundo multipolar e agressivo que está se configurando à nossa frente. O Brasil não tem inimigos na América Latina, e seria um absurdo ou uma loucura iniciar uma corrida armamentista com os nossos vizinhos, ou mesmo submeter-se à corrida militar de outros países dentro do continente latino-americano. Pelo contrário, o Brasil deve procurar ocupar, no futuro, o lugar de uma "grande potência pacificadora" dentro do sistema no seu próprio continente e dentro do sistema internacional.

Assim mesmo, uma coisa é certa, se o Brasil quiser redesenhar a sua estratégia internacional e assumir essa nova posição continental e internacional,

> não há dúvida de que terá que desenvolver um trabalho extremamente complexo de administração de suas relações de complementariedade e competição permanente com os Estados Unidos, sobretudo, e também –

ainda que seja em menor grau – com as outras grandes potências do sistema interestatal. Caminhando através de uma trilha muito estreita e durante um tempo que pode prologar-se por várias décadas. Além disso, para liderar a integração da América do Sul e o continente latino-americano dentro do sistema mundial, o Brasil terá que inventar uma nova forma de expansão continental e mundial que não repita a "expansão missionária" e o "imperialismo bélico" dos europeus e dos norte-americanos (FIORI, 2010, *on-line*).

Referências

FIORI, J. L. A inserção internacional do Brasil e da América do Sul. *Vermelho – A esquerda bem-informada*, 2010. Disponível em: https://vermelho.org.br/2010/02/11/fiori-a-insercao-internacional-do-brasil-e-da-america-do-sul/. Acesso em: 13 fev. 2023.

POLANYI, K. *A grande transformação*. Rio de Janeiro: Campus, 1980.

Entrevistas com José Luís Fiori

A peste, o petróleo e a guerra[50]

Qual o tamanho e quais os principais aspectos desta crise que estamos vivendo no mundo? Já é possível prever alguma coisa do futuro? Faz sentido comparar essa crise com a crise econômica de 1929? Aliás, há alguma comparação possível?

Por enquanto, a crise que estamos vivendo tem duas grandes "causas" ou dimensões fundamentais: uma biológica ou epidemiológica, que é a pandemia causada pelo novo coronavírus, que já atingiu mais de cento e noventa países e mais de 1 milhão de pessoas ao redor do mundo; e a outra econômica ou energética, associada à guerra de preços e à queda do preço do barril de petróleo, que caiu de US$ 70 para US$ 23 por barril de petróleo equivalente (bpe) em apenas uma semana, provocando um terremoto financeiro em todo o mundo. É a maior crise da indústria do petróleo dos últimos cem anos, mas ela acabou se confundindo com a pandemia, que se transformou no fator determinante da queda da produção e da demanda do óleo em todo o mundo – particularmente, na China, nos Estados Unidos e na Europa. Por isso, pode-se dizer, para simplificar a conversa, que a dimensão determinante da crise mundial, neste momento, é a sua dimensão epidemiológica.

Os germes e as grandes epidemias têm vida própria e reaparecem por meio da história com uma frequência cada vez maior, apesar de que o reaparecimento periódico não obedeça a nenhum tipo de regra ou de ciclo conhecido e previsível. No caso específico dessa última epidemia, não se decifrou, ainda, o vírus, não se conhece o seu desenvolvimento nem se sabe da possibilidade de que ele tenha recidivas onde já foi controlado. Portanto, desde logo, partindo de um ponto de vista estritamente biológico e médico, ainda é muito difícil fazer qualquer tipo de previsão sobre o futuro dessa primeira grande peste do século XXI.

---

50. Entrevista concedida à jornalista Eleonora de Lucena, diretora do site *Tutameia*, em 8 de abril de 2020.

Nesses momentos de grande medo e imprevisibilidade, é muito comum que se façam comparações, com a intenção de ajudar a pensar e a prever o futuro, mas essas comparações são sempre limitadas e, às vezes, prejudicam mais do que ajudam, mesmo quando se restrinjam ao campo econômico. No caso das comparações com 1929, ou mesmo com a crise financeira de 2008, é importante levar em consideração que estamos falando, nos dois casos, de crises endógenas da economia capitalista, enquanto, no caso da crise atual, estamos falando de uma crise que atinge a economia capitalista, mas que foi provocada por um fator externo à própria economia, e que não obedece às chamadas "leis econômicas", mesmo quando possa provocar um estrago econômico e social equivalente ao das crises econômicas que foram mencionadas.

Da mesma forma, é muito comum comparar ou associar as grandes epidemias com as guerras, como se as duas viessem sempre juntas. Ou, ainda, dizer que as grandes pestes produzem sempre grandes inflexões, mudanças ou rupturas na trajetória das sociedades e do próprio sistema mundial. Nenhuma dessas teses têm sustentação empírica ou validez universal. É verdade que, quando as grandes pestes surgem ou se difundem junto a grandes guerras, elas tendem a ser mais rápidas e violentas, como foi o caso, por exemplo, da Gripe Espanhola, que se difundiu logo depois da Primeira Guerra Mundial e que matou em torno de 50 milhões de pessoas em apenas dois anos, entre 1918 e 1920. No entanto, existem inúmeras outras epidemias que surgiram e se difundiram sem nenhuma relação com guerras, como foi o caso – só para citar algumas mais recentes – da febre amarela, do sarampo, da malária, da varíola, da tuberculose ou mesmo da epidemia de HIV, que já infectou mais de 40 milhões de pessoas e matou mais de 20 milhões de pessoas em todo o mundo, sem ter nenhuma ligação direta ou causal com grandes guerras.

Da mesma forma, pode-se dizer – mesmo com o perigo do anacronismo histórico – que a Peste de Justiniano (527-569), que durou dois séculos e matou mais 100 milhões de pessoas, teve uma relação muito estreita com o fim do Império Romano. E isso se poderia dizer – talvez com muito maior razão – da Peste Negra, que matou metade da população europeia no século XIV e teve um papel decisivo no nascimento do sistema interestatal europeu. O historiador inglês da Universidade de Oxford, Mark Harrison, sustenta, inclusive, a tese de que foi a Peste Negra que provocou a centralização do poder dos estados e a sua delimitação territorial, como forma de controlar e limitar o contágio, difundindo novas práticas higiênicas entre as populações que ainda viviam sob a servidão feudal. Aliás, acho que essa tese faz todo sentido e ajuda a entender a reação "egoísta" dos Estados nacionais, ao longo dos tempos, toda vez que tiveram que se enfrentar com epidemias contagiosas que se expandem por cima de suas fronteiras territoriais. Mesmo assim, todas as demais epidemias ou pestes que mencionamos podem ter provocado grandes avanços médicos ou sanitários, mas não produziram nenhuma grande ruptura histórica, nem alteraram a rota expansiva do sistema mundial. Ou seja, a crise atual não é da mesma natureza que as crises de 1929 e de 2008, e não envolverá, necessariamente, nenhuma grande "ruptura histórica".

Talvez por isso seja também muito comum comparar as epidemias com as guerras, ou mesmo falar das grandes epidemias como se fossem guerras? Qual a sua opinião sobre essa outra comparação?

Acho que é uma comparação muito forte e que pode ser útil para mobilizar as populações e os atores sociais e econômicos mais importantes para o combate à doença. E, de fato, as grandes pestes costumam produzir consequências econômicas de curto e médio prazos parecidas com as das guerras. Além disso, nas grandes epidemias, como nas grandes guerras, os Estados nacionais são obrigados, igualmente, a assumir o comando estratégico do combate ao "inimigo comum", estatizando atividades relevantes e implementando políticas econômicas típicas das chamadas "economias de guerra".

Mas, ao contrário das guerras, as epidemias não costumam destruir cidades, infraestruturas e equipamentos físicos, de fábricas ou de qualquer outra atividade econômica. Por outro lado, as guerras envolvem, pelo menos, dois atores ou estados que se consideram inimigos e que têm uma materialidade e uma identidade emocional que provoca uma imediata solidariedade nacional por cima das próprias classes sociais. Enquanto as epidemias contagiosas, como a que estamos vivendo, não têm uma materialidade clara e afetam as classes sociais de um mesmo país de forma inteiramente diferente, provocando uma reação defensiva de tipo "egoísta", por parte dos Estados, das classes e dos indivíduos, sendo muito comum a estigmatização dos grupos sociais mais vulneráveis ou contagiados. Por fim – e esta é uma diferença fundamental –, nas guerras, sempre existem os vencedores e os perdedores, e cabe ao vencedor impor as regras de sua "paz hegemônica", que devem ser, necessariamente, acatadas pelos derrotados.

Já no caso das grandes pandemias, como a que estamos enfrentando, não há vitoriosos e perdedores nítidos, e não há nenhuma força material que imponha qualquer tipo de acordo em torno do que poderia ser um eventual plano de reconstrução coletiva. Ou seja, as guerras são muito mais destrutivas, mas as saídas das pandemias são muito menos solidárias. Hoje, muitos falam de um mundo novo que poderia nascer dessa experiência traumática, e até apostam em mudanças humanitárias do capitalismo, mas não vejo a menor possibilidade de que isso aconteça. O próprio avanço da epidemia já está provocando uma guerra sem quartel entre as nações pelos equipamentos médicos, e essa guerra dever seguir e até aumentar depois da epidemia, junto aos ressentimentos que ficarão dessa megaexperiência de egoísmo coletivo explícito.

Para você, quais as consequências dessa crise para a geopolítica global? Você acha que é correto pensar que a China se consolida como liderança global?

Do meu ponto de vista, essa pandemia não produzirá nenhuma grande inflexão geopolítica dentro do sistema mundial. O que ela fará é acelerar a velocidade das transformações que já estavam em curso e que seguirão se aprofundando. Alguém já disse que é na hora das grandes pestes que conhecemos a verdadeira natureza de uma sociedade. Pois também acho que essa nova peste está apenas desvelando o que já existia, mas ainda estava encoberto pelo que talvez se pudesse chamar de o último véu de hipocrisia do que muitos analistas chamam de "ordem liberal", ou de "hegemonia americana" do século XX.

A epidemia de covid-19 foi identificada na China, no fim de dezembro de 2019, mas, hoje, já está claro que o seu epicentro se deslocou para a Europa e os Estados Unidos, e que a sua duração não será nunca menor do que seis ou sete meses, sendo ainda difícil quantificar o tamanho do estrago e da destruição humana e econômica desses países. Mas ninguém tem dúvida de que, se ela se estender para o sul, terá um efeito muito maior e devastador sobre a população e a economia dos países "periféricos" da África, do Oriente Médio e da América Latina. E, depois que a epidemia passar ou for controlada, como sempre acontece, serão as grandes potências que se recuperarão na frente, começando pela China e pelos Estados Unidos.

Nesse sentido, o mais provável é que essa epidemia aumente a desigualdade e a polarização do mundo, que já vinham crescendo de forma acelerada desde a crise financeira de 2008. E deve acentuar a nova virada nacionalista do sistema interestatal, que já vinha se manifestando desde o início do século XXI, e que assumiu alta velocidade depois que os Estados Unidos de Donald Trump mandaram para o espaço as suas antigas convicções multilateralistas e globalistas, começando pela própria política econômica. A Rússia deverá sofrer um novo baque econômico com a epidemia e com a crise da indústria do petróleo, mas isso não afetará a sua nova posição como grande potência militar dentro do sistema mundial. Na União Europeia, por sua vez, a pandemia deve apenas acelerar e, quem sabe, concluir o processo de implosão ou desintegração do seu projeto unitário, que já vinha se decompondo desde a crise de 2008 e que entrou em alta rotação depois do Brexit. E a China seguirá o curso do seu projeto expansivo programado para a metade do século XXI, aproveitando as oportunidades e as brechas abertas pela decomposição europeia, pela desvinculação norte-americana da antiga utopia da ordem liberal e da economia globalizada.

A aposta do poder americano, neste momento, está inteiramente depositada na manutenção da sua supremacia, no campo da moeda, das finanças e do controle naval de todos os mares e oceanos do mundo. Nesse ponto, não há que ter ilusões: o epicentro da crise de 2008 foi nos Estados Unidos, mas, depois da crise e durante a segunda década do século XXI, os Estados Unidos foram o país que mais cresceu entre os considerados desenvolvidos, chegando a aumentar a sua participação no Produto Interno Bruto (PIB) mundial de 23% para 25%. Na mesma década, os Estados Unidos aumentaram o seu poder financeiro global junto à capacidade de utilizar a sua moeda e o seu mercado financeiro para hostilizar os seus inimigos e concorrentes. E, nesse período, o mercado de capitais americanos aumentou 250%, ficando com 56% da capitalização financeira global.

Os grandes bancos americanos dominam, hoje, as finanças globais mais do que em 2010, e cerca de 90% das transações financeiras globais são feitas em dólares. Em outras palavras, não há nada que impeça que os Estados Unidos superem essa nova crise e recuperem, rapidamente, a sua capacidade econômica e financeira global, na frente de todos os demais países desenvolvidos, com exceção, talvez, da China. Ou seja, olhando para a frente, há que se colocar essa pandemia dentro de uma trajetória mundial de grandes transformações que já estavam em curso, incluindo a competição e o conflito entre a China e os Estados Unidos, que deve aumentar em escala exponencial depois da epidemia, sobretudo se Donald Trump for reeleito.

No estopim da crise no campo econômico está, também, a disputa pelo mercado de petróleo. Como essa luta deve evoluir? Quais devem ser os papéis da Rússia, da Arábia Saudita, da China e dos Estados Unidos?

A pressão sobre os preços e os níveis de produção mundial de petróleo já vinha se acentuando desde antes da epidemia e se materializou na ruptura das negociações da Organização dos Países Exportadores de Petróleo (Opep) e no início da guerra de preços entre a Rússia e a Arábia Saudita. Não há dúvida, no entanto, de que a pandemia de covid-19 e a consequente queda da demanda mundial de óleo foram decisivas para que o preço do petróleo caísse de US$ 70 para US$ 23 por barril, dando início à maior crise da indústria petroleira dos últimos cem anos, segundo muitos especialistas da área.

Não se sabe ainda por quanto tempo se prolongarão a epidemia e o baque da economia mundial, nem tampouco se sabe o tamanho e a duração da recuperação econômica depois do fim da pandemia. Mas uma coisa é certa: se os preços do petróleo se mantiverem nos níveis atuais, eles terão um impacto muito grande sobre a geoeconomia mundial do petróleo. A indústria americana do *shale oil* teria que ser protegida pelo governo ou quebraria, e, nesse caso, os Estados Unidos perderiam a posição que conquistaram nos últimos três anos, de maior produtor mundial de petróleo. Esses preços afetariam, também, a capacidade fiscal da Rússia e da Arábia Saudita, e atingiriam em cheio os países petroleiros que trabalham com altos custos de produção, como é o caso do Irã, da Venezuela, do Iraque, da Nigéria etc.

Por isso, é muito provável que se siga uma nova crise da dívida soberana desses países dependentes da exportação do petróleo, como no caso quase imediato do Equador e do México, mas também do Iraque e da Nigéria, dentre outros. Nesse momento, tudo leva a crer que as negociações que foram retomadas acabem levando a um acordo, mas não é provável que os novos preços sejam superiores aos US$ 35 por barril, e mesmo esse preço seria insuficiente para alterar a situação do petróleo americano; e, ainda mais, dos países que dependem inteiramente da sua exportação de óleo. Seja como for, as perspectivas pela frente são muito ruins para a indústria do petróleo como um todo, e, como efeito derivado, para todo o mercado financeiro mundial – em particular, o norte-americano, envolvido até o pescoço com as cadeias de investimento e pagamento da indústria do óleo e com a própria valorização do petróleo como ativo financeiro.

Os Estados Unidos se movimentam, neste momento, no Caribe. Uma invasão norte-americana na Venezuela é um cenário possível? Quais as chances de essa investida ser bem-sucedida? Como reagiriam a China e a Rússia nessa hipótese? Qual seria o papel do Brasil?

No início do mês de março, publicamos um artigo com William Nozaki anunciando essa possibilidade por meio de um raciocínio e de um argumento deduzido a partir de várias evidências que pareciam ainda desconectadas. Mas, hoje, essa ameaça já se materializou com o cerco naval da Venezuela, em nome do combate ao tráfico de drogas que acontece sobretudo na Colômbia e no México. Já se falou de defesa da democracia, de necessidade humanitária, de combate ao comunismo etc., mas, agora, trocou-se pelo combate ao tráfico de drogas para o mercado consumidor norte-americano. Os motivos alegados já são, a esta altura, inteiramente irrelevantes; o que importa é a decisão e a ação norte-americana, o seu bloqueio naval, as suas sanções comerciais e a tentativa de estrangulamento financeiro da economia e do Estado venezuelanos.

Creio que a invasão militar direta ainda é improvável, e, se ocorrer, será por meio de bombardeios navais. Antes disso, entretanto, os Estados Unidos apertarão o cerco cada vez mais para provocar pânico e aumentar o estresse psicológico do governo e da população venezuelana. Inclusive com o boicote à capacidade médica venezuelana de combate à epidemia de covid-19. Creio que a Rússia e a China manterão o seu apoio ao atual governo venezuelano, mas não sei calcular a sua capacidade de bloquear ou desativar esse tipo de guerra que os americanos estão promovendo. Do ponto de vista militar e estratégico, a Colômbia é muito mais importante do que o Brasil. As bases americanas já estão instaladas no território colombiano, e a fronteira entre a Colômbia e a Venezuela é mais extensa e ativa do que a fronteira brasileira.

Atualmente, o Brasil não tem capacidade militar nem financeira para enfrentar a Venezuela, mas, com certeza, lhe será destinado um papel que o comprometa nessa ação, como fechar a fronteira sul da Venezuela, ou controlar e intervir na Bolívia e no Equador, que completam o quadro geopolítico junto do Peru, da Amazônia Sul-Americana, onde é muito provável que ocorram novas revoltas populares, na sequência da epidemia. A disputa dos Estados Unidos com a China e a Rússia já colocou a luta pelo controle da Amazônia Sul-Americana dentro do mapa geopolítico e econômico da competição entre as grandes potências econômicas e militares do sistema mundial, e este parece ser um processo irreversível.

Os novos acordos militares entre o Brasil e os Estados Unidos, negociados pelo governo Temer e completados pelo atual governo brasileiro, como no caso do recente acordo RDT&E, que foi assinado pelas autoridades brasileiras dentro do Comando Sul das Forças Armadas dos Estados Unidos para a América Latina e o Caribe, inscrevem-se, diretamente, dentro dessa estratégia americana, à qual o Brasil, agora, está inteiramente subordinado. Amplos setores das Forças Armadas brasileiras acreditam e apostam na possibilidade de que esses novos acordos possam transformar o Brasil numa espécie de "protetorado militar" dos Estados Unidos, com acesso a algumas tecnologias militares mais avançadas, que são entregues a alguns aliados mais estreitos dos Estados Unidos. Mas, nesse caso, não fica claro para que serviriam essas armas. É ridículo imaginar que elas seriam suficientes para defender o país do ataque das grandes potências militares do sistema mundial, e, nesse caso, elas só seriam "úteis" contra os vizinhos mais fracos da América Latina, o que representaria uma tragédia para as futuras gerações brasileiras. Além disso, seria importante que esses militares, que não têm a representação da sociedade brasileira para tomar uma decisão dessa gravidade, lembrassem, por um minuto que fosse, que o Iraque também foi armado pelos

Estados Unidos para lutar contra o Irã e, depois, foi inteiramente destroçado pelos próprios Estados Unidos.

Quais os impactos da crise sobre a economia? O atual arranjo produtivo da chamada globalização (com fragmentação da produção e precarização do trabalho) pode resistir a essa hecatombe?

Seus impactos imediatos serão devastadores. A epidemia de covid-19 não se destaca por sua taxa de mortalidade, que é bem menor do que muitas outras grandes epidemias, mas pela velocidade do seu contágio e da sua expansão universal. Ela foi identificada na China, no fim do mês de dezembro de 2019, mas, em três meses, já atingiu quase duzentos países e mais de 1,5 milhão de pessoas. Uma peste velocíssima e que já é praticamente universal, sem que se consiga prever o seu tempo de desenvolvimento futuro. Alguns especialistas falam em seis a sete meses, outros em dois a três anos, mas seu impacto econômico foi quase instantâneo, atingindo a oferta e a demanda, com uma queda da produção e um aumento vertiginoso do desemprego em quase todos os países do mundo, seguindo-se pela quebra das grandes cadeias globais de produção e de pagamento ao redor do mundo, com efeito imediato sobre os circuitos financeiros mundiais. Hoje, as perspectivas futuras já são muito ruins, mas elas podem piorar ainda mais, dependendo da duração da epidemia e da paralisia econômica dos Estados Unidos, e da profundidade de seu impacto sobre a economia europeia, sobretudo com relação ao seu sistema monetário, que está ameaçado de naufragar junto da própria União Europeia.

Não se deve esquecer que, se esse "apagão" econômico do Ocidente se prolongar, ele acabará dificultando também a recuperação da economia chinesa, que ficará, temporariamente, afastada dos grandes mercados consumidores de sua produção industrial. O Fundo Monetário Internacional (FMI) está revendo as suas previsões a cada semana, mas já não tem dúvidas de que, em 2020, a economia mundial terá uma grande recessão, com altíssimas taxas de desemprego, muito pior do que na crise de 2008. Para os Estados Unidos, em particular, estão prevendo uma queda do PIB que deverá ser o dobro da que ocorreu naquela grande crise. E a própria China está revendo para baixo as suas previsões iniciais para a economia, que já eram muito ruins, para eles e para todo o mundo. A única pergunta que permanece sem resposta é sobre a provável duração desse baque econômico. Alguns falam em um semestre; outros, em até três anos; e, no caso da maioria dos países mais pobres, já se fala da década de 2020 como uma década inteira perdida.

Muitos têm apontado que a crise vai enterrar as ideias neoliberais e que o Estado voltará a ser considerado como essencial na condução do enfrentamento da crise. Isso faz sentido?

Num primeiro momento, como em todas as situações de guerra, ou de grandes catástrofes, o Estado será obrigado a centralizar o comando e o planejamento sanitário e econômico do país, e levar à frente uma política econômica "heterodoxa" de aumento expressivo dos seus gastos, e de multiplicação do dinheiro disponível para as pessoas e as empresas. Mas nada disso garante que, depois da crise, os países mantenham essa mesma política de cunho mais fortemente keynesiano.

As grandes potências deverão rever as estratégias de globalização de suas cadeias produtivas, e a Rússia, a China e alguns países europeus procurarão aumentar os seus graus de liberdade com relação ao sistema financeiro e monetário norte-americano. E todos deverão aumentar o grau de proteção mercantilista de seus territórios e de sua economia. Mas os países periféricos e mais fracos, pelo contrário, deverão enfrentar as "dívidas da epidemia" com a volta radicalizada a suas políticas anteriores de austeridade fiscal e de venda acelerada do patrimônio público na "bacia das almas", na busca impossível do "equilíbrio perdido". Não é improvável que, nesse momento, na década de 2020, se multipliquem as revoltas sociais ao redor do mundo e a mudança de governos nos países que ainda mantenham a prática de fazer eleições periódicas e regulares.

É possível prever uma crise financeira que resulte num encolhimento desse setor na economia mundial?

Se a epidemia e a recessão econômica se prolongarem, é muito provável que tenhamos uma crise financeira mais grave pela frente, apesar de que os governos e os bancos centrais dos países mais ricos tenham reagido de forma bastante rápida, mais rápida do que em 2008. E, nesse momento, é do interesse direto dos Estados Unidos e do Fed (o banco central norte-americano) repetirem o que fizeram naquela última crise financeira, assegurando liquidez em dólares para os Bancos Centrais das principais economias capitalistas dependentes do seu sistema financeiro. Seja como for, não devemos nunca esquecer a lição fundamental do historiador Fernand Braudel, sobre a história do capitalismo: na origem do capitalismo, na primeira hora de sua existência, estabeleceu-se uma relação muito estreita entre os príncipes e os banqueiros, e, desde então, eles permanecem unidos, numa espécie de casamento indissolúvel, ao longo de toda a história capitalista. E tudo indica que seguirão juntos e inseparáveis, defendendo-se mutuamente e mantendo os seus espaços relativos de poder, até o fim da história capitalista, se é que ela terá um fim.

O governo brasileiro tem se mostrado inepto no enfrentamento da crise. O que é possível prever sobre os desdobramentos da crise no país do ponto de vista sanitário, social e econômico?

A epidemia apenas explicitou o que já se sabia: que o Brasil é presidido, neste momento, por um cidadão inteiramente desequilibrado, inepto e ignorante; e que a economia brasileira está nas mãos de um pequeno financista que só tem uma única ideia fixa na cabeça e, por isso, não consegue entender, pensar e reagir de forma um pouco mais inteligente e eficiente frente ao tamanho da crise que o país está enfrentando. Na verdade, não se trata de um governo, trata-se de um amontoado de pessoas reunidas pelos seus medos, pelas suas fobias e pelo seu ódio ao petismo, ao lulismo, à China ou seja lá ao que for. Ou seja, um governo inteiramente despreparado e sem comando, e, portanto, incapaz de enfrentar uma crise dessas proporções. Foram lentos e estão divididos frente à epidemia, e mal conseguem se mover no plano econômico para fazer o que todos os governos do mundo estão fazendo, isto é, emitir e distribuir o dinheiro indispensável para que as pessoas – sobretudo os desempregados e subempregados – e as empresas possam seguir comprando, pagando e cumprindo com seus compromissos financeiros durante a paralisia inevitável da atividade econômica, e durante a longa recessão que teremos durante muito tempo.

Segundo o próprio Ministério da Saúde, a epidemia, no Brasil, está recém na sua primeira fase e deve se agravar no mês de maio e junho de 2020, chegando até, no mínimo, setembro. Além disso, o contágio epidêmico parece ainda não ter alcançado as populações mais pobres e marginalizadas das grandes cidades brasileiras – São Paulo e Rio de Janeiro, em particular. Sabidamente, o Brasil está entre as sociedades mais desiguais do planeta, e isso o torna extremamente vulnerável frente a uma epidemia contagiosa que, quando alcançar as populações e as comunidades mais pobres, terá um efeito devastador.

Hoje, os governadores dos estados têm atuado de forma mais eficiente do que o Governo Federal, mas, logo à frente, o problema será alimentar a população de desempregados e miseráveis de todo o país, sobretudo de suas grandes cidades, e aqui não há como se enganar: os prognósticos para um país tão desigual e sem governo são os piores possíveis.

Você imagina que Jair Bolsonaro possa sair do governo em meio a essa crise? Por *impeachment*? Por golpe? Ou por algum outro arranjo que ainda não vislumbramos?

Depois de um ano de pirotecnias verbais e gestuais, esse senhor não se sustenta mais por si mesmo. Ele foi instalado na Presidência da República por uma operação política, jurídica e militar, nacional e supranacional bem-sucedida, mas ele é inteiramente incapaz de governar ou mesmo de tomar alguma decisão um pouco mais difícil e que demande um nível intelectual um pouco mais elevado. Sua inépcia pessoal e sua total ignorância o impedem de saber o que fazer frente a situações desse tipo. Ele é uma espécie de boneco mecânico que foi programado para fazer sempre a mesma coisa, como se fosse um boneco que só sabe cuspir e que reage frente a tudo sempre da mesma maneira, cuspindo, em qualquer circunstância. Isso já estava claro desde o início, mas ficou muito mais visível no momento em que ele foi obrigado a enfrentar uma situação que não estava prevista no seu programa, e começou, então, a dizer bobagens e a fazer agressões a esmo. Só que, nesse caso, ameaçando a vida dos próprios brasileiros.

Frente a uma pandemia mundial, ele já não tem como jogar bananas, dizer palavrões e agredir quem quer que seja; a sua única habilidade de paranoico agressivo ficou inteiramente fora de foco. Assim mesmo, o mais provável é que esse senhor siga sentado na cadeira presidencial por inteira falta de alternativa de seus principais sustentadores: os financistas de plantão e os generais aposentados que o cercam. Por isso, esse senhor deverá seguir onde está, fazendo as suas asnices diárias que nos envergonham como brasileiros, e o país deverá seguir desgovernado a despeito da junta militar que cuida do capitão, mas não tem comando direto sobre a hierarquia das Forças Armadas. E, hoje, existem poucos economistas que queiram substituir o pequeno ministro de uma ideia só, porque o desastre econômico já vai muito avançado para que alguém queira pagar a conta e ficar com o abacaxi na mão. Portanto o nosso prognóstico político e econômico para o Brasil é muito ruim, e a situação deverá ficar ainda pior quando começarem a surgir os primeiros focos de rebeldia social inorgânica, movidos pela fome e pela miséria, que crescerão de forma geométrica no ano de 2020.

As oposições terão força política para agir nesse quadro?
Força política é uma coisa que se conquista no dia a dia, com a capacidade de saber o que dizer e de saber o que fazer frente aos desafios e às oportunidades que se abrem na hora das grandes crises. Ninguém é forte de antemão, e, na hora das grandes catástrofes, muitas fronteiras se desfazem. Como dizia o poeta Antônio Machado, em plena Guerra Civil espanhola: nessas horas, "o caminho se faz ao caminhar".

Os Estados Unidos mantêm o poder, e a competição com a China deverá promover um salto tecnológico espetacular[51]

Na época da invasão do Afeganistão, você escreveu que os Estados Unidos estavam sendo empurrados por uma espécie de regra básica e universal do sistema interestatal: a necessidade de suas grandes potências seguirem se expandindo para manter a posição já adquirida. Algo que você chamou, num outro livro, de "paradoxo do hiperpoder". Mesmo assim, depois dessa derrota consagrada pela ocupação talibã de Cabul no dia 15 de agosto de 2021, você acha que os norte-americanos têm menos poder do que antes?

Bem antes dos atentados de 11 de setembro de 2001, logo depois do fim da Guerra Fria, um grupo de trabalho criado pelo Presidente George Bush e liderado por Dick Cheney já havia definido como principal objetivo estratégico dos Estados Unidos, na virada do século XXI, consolidar o poder conquistado em 1991, impedindo o aparecimento de um novo concorrente regional ou global do tipo da União Soviética. Naquele momento, falaram da necessidade de algo parecido com um novo Pearl Harbour para mobilizar apoios e viabilizar a imposição "legítima" do poder global americano. Por isso, hoje, está absolutamente claro o que, na época, era menos visível devido ao trauma provocado pela derrubada das Torres Gêmeas de Nova York: os atentados do 11 de Setembro cumpriram o papel do "acontecimento traumático" preconizado pelo grupo de trabalho de Dick Cheney, e, em sentido mais amplo, o ataque imediato ao Afeganistão teve menos a ver com a caça de Osama bin Laden e a destruição das redes de apoio da Al-Qaeda do que com a necessidade americana de reafirmar, ativamente, o seu poder e a

---

51. Entrevista concedida à jornalista Claudia Antunes, do jornal *O Globo*, em 2 de setembro de 2021.

sua decisão de exercê-lo por meio de suas armas. O Talibã não estava envolvido com os atentados, e, até hoje, não foram apresentadas provas inequívocas de que o antigo "guerreiro da liberdade", inventado e formado pelos Estados Unidos para combater a União Soviética no próprio Afeganistão, tenha sido o verdadeiro cérebro ou responsável pelos atentados de Nova York. De qualquer forma, o ataque ao Afeganistão serviu como cartão de apresentação da nova "guerra global ao terrorismo" declarada pelo Presidente Bush, que foi uma guerra tipicamente imperial, por duas razões fundamentais: dentro dos Estados Unidos, justificou a criação de uma brecha legal que permitia e ainda permite ao governo declarar guerras e atacar "terroristas" em qualquer parte do mundo sem necessitar da aprovação prévia do Congresso americano; e, em segundo, durante alguns anos, pelo menos, permitiu que os norte-americanos definissem quem fossem os terroristas em qualquer lugar do mundo, por cima da soberania dos povos escolhidos e atingidos pelos ataques punitivos das forças norte-americanas.

A "guerra ao terror" significou um passo à frente no objetivo americano de criação e consolidação de um império militar global. Tudo isso são fatos que, hoje, já pertencem à história. Mas a Guerra do Afeganistão pode e deve ser lida de um ponto de vista mais amplo e de longo prazo, a partir da própria história de formação e expansão do sistema interestatal "inventado" pelos europeus. Durante toda a história desse sistema, sempre existiram Estados ganhadores e Estados perdedores, e seus "Estados-membros" foram obrigados a competir e fazer guerra para sobreviver numa disputa permanente pela conquista do poder global, e pela acumulação de uma riqueza capitalista que se transformou numa peça fundamental da própria luta pelo poder. Costumo sempre citar um autor alemão, Norbert Elias (1993), que disse, numa obra clássica, que a regra básica desse sistema interestatal e capitalista era que, nele, quem não subia caía; uma regra que se aplica a todos, especialmente para as grandes potências, que já se encontram na frente dessa corrida sem fim. Ou seja, mesmo as chamadas "grandes potências" desse sistema estão obrigadas a se expandir aumentando o seu poder e a sua riqueza para seguir ocupando as posições que já ocupam. Por isso mesmo, no sistema em que vivemos, a preparação para a guerra e o início de novas guerras é uma necessidade quase impositiva de todas as grandes potências, e, em particular, da "potência líder" ou "hegemônica", que, no caso, vem a ser os Estados Unidos. Como escrevo e repito muitas vezes, o poder é fluxo, é conquista, e só existe enquanto é exercido, e é imposto, mesmo que seja por meio de guerras que, afinal, se transformam em derrotas, como no caso de quase todas as guerras das quais os Estados Unidos participaram depois da Segunda Guerra Mundial.

O poder internacional precisa ser temido mais do que amado, como diria Maquiavel, e ele é temido por sua capacidade de destruição, e não por sua capacidade de construção ou reconstrução. É por isso que os Estados Unidos perderam a guerra do Afeganistão, mas seguem mantendo o seu poder de punir e destruir quando acharem necessário. Nesse sentido, por mais absurdo que possa parecer, nesse sistema internacional em que vivemos, é mais importante que a sua potência dominante faça guerras sucessivas e demonstre o seu poder militar do que as ganhe. Assim, não há a menor dúvida de que os Estados Unidos acabam de sofrer uma derrota verdadeiramente humilhante no Afeganistão, mais humilhante até do que o seu fracasso no Iraque. Apesar disso, seguirão em frente e já estão envolvidos numa competição sem limites com a China, que pode não acabar em uma guerra direta, mas que deverá ser o guarda-chuva sob o qual serão travadas as novas guerras locais desta primeira metade do século XXI.

Você também disse que a chamada "guerra ao terror" era um projeto imperial que se propunha a combater um "método", na ausência, naquele momento, de interesses ou ameaças nacionais concretos que justificassem as guerras que se seguiram aos atentados. Essa "guerra ao terror" ainda tem a mesma importância e o mesmo lugar dentro do sistema internacional, já na terceira década do século XXI?

O "terrorismo" sempre existiu, ao longo de toda a história, como uma forma particular de luta de grupos, etnias, seitas e "nações" em defesa de seus direitos contra potências mais poderosas. E seguirá existindo, com toda certeza, em qualquer tempo e em qualquer lugar do futuro, com consequências mais ou menos dramáticas, mesmo quando não alcancem o nível de intensidade e dramaticidade do atentado das Torres Gêmeas, ou, mais ainda, do atentado de Sarajevo, que esteve na origem da Primeira Guerra Mundial e, portanto, poderia-se dizer, também, do fim de, pelo menos, quatro grandes impérios multinacionais.

Não há dúvida de que "a guerra global ao terrorismo", declarada pelo Presidente George Bush em 2001, ocupou um lugar particular na história de expansão do poder americano. E também é verdade o que você diz, que, naquele momento, não havia, no cenário mundial, nenhum país que pudesse ameaçar o poder militar dos Estados Unidos. Mas, hoje, a situação é distinta: a guerra global ao terrorismo acabou se transformando numa "guerra santa", quase inteiramente travada dentro do mundo mulçumano e contra o governo de Estados situados na região do Grande Médio Oriente. Em algum momento, os Estados Unidos chegaram a bombardear o território de seis países ao mesmo tempo, todos eles de maioria muçulmana, e sempre em nome do combate ao terrorismo fundamentalista islâmico. O resultado final dessas guerras foi um gigantesco morticínio, e um verdadeiro terremoto demográfico, com a fuga de milhões de pessoas de suas terras, quase sempre na direção da Europa. E, em nenhum caso, os norte-americanos e seus aliados cristãos e da Organização do Tratado do Atlântico Norte (Otan) conseguiram construir Estados democráticos, ou impor os seus próprios valores, que acabaram sendo rechaçados de forma explícita e humilhante, como aconteceu, recentemente, com as declarações de vários líderes talibãs de que não queriam, rigorosamente, saber nem incorporar os valores, os costumes e as instituições ocidentais. Criou-se uma situação realmente grotesca no Conselho de Defesa dos Direitos Humanos das Nações Unidas, quando as potências ocidentais recém-derrotadas demonstravam grande preocupação pelo respeito talibã aos direitos humanos cristãos e ocidentais, depois de terem iniciado uma guerra para castigar Osama bin Laden que durou vinte anos, matou cerca de 100 mil afegãos e provocou uma onda de mais de 2 milhões de refugiados expulsos de suas casas na direção da repulsa xenófoba dos países e dos povos que foram os seus próprios agressores. De qualquer forma, você tem razão ao dizer que, hoje, os Estados Unidos já estão desafiados e competindo com outras grandes potências e estão deixando de lado o seu projeto imperial "da guerra global ao terrorismo". Os inimigos, agora, são outros, mas a saga do poder americano segue em frente.

Você já identificava, na época, fragmentação e incerteza política dentro dos Estados Unidos, com o *impeachment* de Clinton pelos republicanos de Gingrich e a eleição contestada de Bush filho. Nesse sentido, Trump foi realmente uma exceção, como muita gente o vê hoje, ou uma continuidade?

Acho que não é necessário relembrar a Guerra Civil Americana (1851-1865), a mais violenta de todo o século XIX; ou os presidentes americanos que foram assassinados; ou mesmo os números da violência racial do sul dos Estados Unidos até hoje; ou, ainda, o tamanho da população carcerária norte-americana para demonstrar que a divisão e a violência fazem parte essencial da história americana. Não se trata de um fenômeno recente, nem de uma exceção, assim como o próprio Trump não é uma exceção. Pode ser uma figura exótica e extremamente inculta, mas não teria chegado aonde chegou se não fosse a expressão de uma parte importante não apenas da sociedade, mas também do *establishment* norte-americano, incluindo suas elites militares e empresariais. A sua própria estratégia internacional não caiu do céu, nem saiu de sua cabeça de animador de televisão e especulador imobiliário. Pelo contrário, o seu nacionalismo e o seu anticosmopolitismo sempre existiram e tiveram presença ativa ao longo da história dos Estados Unidos, e, mesmo no século XX, quando os Estados Unidos se transformaram realmente numa potência global e o liberal-internacionalismo se transformou na principal bandeira de sua política externa, sua sociedade seguiu dividida entre esse cosmopolitismo e o nacionalismo provinciano, tacanho e agressivo de boa parte de sua população, sobretudo das regiões agrícolas do centro-oeste americano, liberal e, em geral, mais intelectualizadas. Não há dúvida de que essa divisão e polarização social e política aumentou muito nas últimas décadas, ao mesmo tempo que a desigualdade e a fragmentação da sociedade americana atingiram níveis altíssimos, sobretudo depois da grande crise financeira de 2008. É desse período o aumento do peso das seitas religiosas e do fanatismo racista que acabou permeando o Partido Republicano com o movimento Tea Party, até a sua culminação, com a vitória de um *outsider* como Donald Trump. A força desse movimento conservador e de extrema-direita é muito grande e seguirá atuando e fragilizando internamente o Estado americano e a sua própria capacidade de se impor internacionalmente. Daí vieram a energia e a inspiração do discurso raivosamente provinciano e antiliberal de Donald Trump – discurso que não morreu e deverá reaparecer nas eleições parlamentares de 2022, quando o Partido Republicano deverá recuperar a maioria no Senado e ser capaz de paralisar o governo Biden.

Você fala da existência de um "buraco negro", dentro do sistema internacional, que se desloca no decorrer do tempo e no qual se concentra a energia destrutiva e bélica do sistema. E chega a dizer que o Oriente Médio ocupou esse lugar nas últimas décadas. Mas agora, depois da saída americana do Afeganistão e do Iraque, para onde você acha que o ponteiro desse relógio ou dessa bússola se deslocará? A China já é esse inimigo, é possível falar numa bipolaridade agora?

É verdade que falei de "buraco negro" num artigo logo antes do início da Guerra do Iraque, em 2003, para chamar a atenção ao fato de que o sistema interestatal sempre possui algum lugar no mundo em que se concentra o seu "foco bélico", no qual as grandes potências "exercitam" os seus novos armamentos e enviam sinais para aliados e inimigos sobre o seu real potencial militar. Foi o que aconteceu, por exemplo, com a Guerra do Golfo em 1991/1992, quando os Estados Unidos expuseram ao mundo os seus novos arsenais teleguiados, que deixaram claro o distanciamento, naquele momento, entre o poder de fogo dos americanos e o dos demais países e eventuais concorrentes. Esse "buraco negro" se desloca no espaço e no tempo, exercendo, ao mesmo tempo, uma espécie de força gravitacional sobre todo o sistema, mantendo-o junto e hierarquizado. Depois da Segunda Guerra Mundial, esse centro gravitacional saiu da própria Europa e se deslocou na direção dos ponteiros do relógio: para o nordeste e o sudeste asiático, com as guerras da Coreia e do Vietnã, entre 1951 e 1975; e, depois, para a Ásia Central, com as guerras entre o Irã e o Iraque, e contra a invasão soviética do Afeganistão, na década de 1980; com a Guerra do Golfo, no início dos anos 1990; e com as guerras do Iraque e do Afeganistão, na primeira década do século XXI; que, depois, se transferiu para a Líbia, a Síria etc. Os ponteiros desse relógio já estão se deslocando para algum novo foco, mas, nesse caso, há que distinguir um foco de tensão e negociação permanente, como é o caso de Taiwan, de um foco de guerra aberta que ainda não está claro onde se situará agora, nesta terceira década. A China já é o novo grande inimigo bipolar dos Estados Unidos, mas, com certeza, não será o epicentro ou o "buraco negro" do sistema.

Outro aspecto são as divergências entre os Estados Unidos e os seus aliados tradicionais na Europa, que se manifestaram na invasão do Iraque. Você identificou na Alemanha o núcleo dessa tensão e falou do temor de uma aproximação entre Berlim e Moscou. O quão mais forte ou mais fraca essa tendência está hoje?

Essa é uma ideia central do geopolítico inglês Halford Mackinder (1861-1947), que foi formulada, teoricamente, no início do século XX, e um papel central na estratégia geopolítica de conquista do poder global por parte das duas grandes potências anglo-saxônicas que dominaram o sistema interestatal nos últimos duzentos anos: impedir ou bloquear, de qualquer maneira, o surgimento de uma aliança estratégica entre a Alemanha e a Rússia. Essa tese foi formulada no início do século XX, mas foi de fato uma sistematização e uma racionalização daquilo que a Inglaterra já vinha fazendo desde o fim das Guerras Napoleônicas, quando o *Foreign Office* inglês definiu, pela primeira vez, a Rússia imperial dos Romanov como principal concorrente do poder britânico na Europa, na Ásia Central e, inclusive, na América. A mesma estratégia depois se manteve no século XX, com relação à Rússia comunista de Lenin a Gorbachev, e segue vigente hoje, com relação à Rússia nacionalista e conservadora de Vladimir Putin. No fim do século XIX, em particular durante o século XX, essa estratégia de isolamento da Rússia adquiriu nova dimensão e um objetivo mais específico, a partir da "primeira unificação" da Alemanha, em 1871, de não permitir jamais que a Rússia e a Alemanha estabelecessem entre si algum tipo de aliança estratégica ou integração econômica que lhes permitisse hegemonizar a Europa e, como consequência, controlar o poder mundial, segundo a teoria de Mackinder. Essa mesma ideia foi retomada pelo diplomata americano George Kennan, que defendia a necessidade de "contenção permanente" da União Soviética, ideia que foi referendada por Winston Churchill em seu famoso discurso no Westminster College, na cidade de Fulton, Missouri, em 5 de março de 1946, quando propôs a criação de uma espécie de "cortina de ferro" separando a Europa Ocidental da União Soviética e de seus países aliados da Europa Central. E essa mesma doutrina estratégica segue vigente até hoje, e já se transformou numa espécie de paradigma ou cacoete mental da maior parte do *establishment* militar e diplomático norte-americano.

A estratégia do governo Bush, de ataque e "conversão" do Grande Médio Oriente, começando pelo Afeganistão e pelo Iraque, provocou uma fissura grave entre os Estados Unidos e os seus aliados europeus continentais. Essa fissura se transformou num verdadeiro abismo durante o governo de Donald Trump, que hostilizou, sistematicamente, a Alemanha de Angela Merkel. E agora, finalmente, os Estados Unidos estão se retirando do Oriente Médio e da Ásia Central, e deslocando as suas linhas de defesa e ataque para a região do Índico e do Sul do Pacífico, cercando e procurando conter a China. A diferença é que, nesse caso, o país que está sendo cercado é um parceiro econômico fundamental da economia capitalista mundial e um parceiro indispensável da Alemanha, seja como potência exportadora seja como país com alto potencial tecnológico necessitado dos investimentos chineses. O governo Biden está procurando reverter o isolacionismo e a animosidade de Trump contra a Alemanha, mas essas coisas não se revertem com tapinhas nas costas, e a experiência Trump não só pode se repetir daqui a três anos, como ela é, rigorosamente, inesquecível. Rompeu-se ali uma relação de confiança mútua, como se rompeu, agora, a confiança dos pequenos protetorados militares dos Estados Unidos na Ásia e na África, depois que os americanos deixaram para trás o Afeganistão afundado na sua própria miséria. Por tudo isso, resumindo, acho que a tendência à aproximação entre a Alemanha e a Rússia deve aumentar nos próximos anos, não apenas como distanciamento dos Estados Unidos, mas também como forma de equilibrar a influência mundial crescente dos chineses.

Uma das principais justificativas de Biden para manter a saída do Afeganistão, apesar das críticas, é que os Estados Unidos precisam se concentrar no que ele chamou de "batalhas do futuro", que são, principalmente, a competição com a China, mas, em especial, no campo de tecnologia, incluindo as voltadas para a "transição verde". Ele vai conseguir, ou o sistema político americano continua tão fragmentado que vai tornar isso impossível?

Isso é verdade, mas o importante é entender que os novos "adversários" americanos nasceram da própria estratégia expansiva e agressiva dos Estados Unidos nos últimos trinta anos, desde o fim da Guerra Fria. Foi a estratégia expansiva e agressiva que apressou o surgimento de uma resistência de dentro do próprio núcleo das velhas grandes potências do sistema interestatal, e da Rússia – no campo militar – e da China – em particular, no campo econômico e, cada vez mais, também, no campo militar. Um momento decisivo dessa inflexão aconteceu na Geórgia, em 2008, quando o poder imperial dos Estados Unidos e da Otan encontrou o seu primeiro limite depois do fim da Guerra Fria. A chamada "Guerra da Geórgia" foi muito rápida e talvez até passasse despercebida na história do século XXI, se não tivesse acontecido o inesperado: a intervenção das Forças Armadas da Rússia, que, em poucas horas, cercaram o território da Geórgia, numa demonstração contundente de que a Rússia havia decidido colocar um limite à expansão das tropas da Otan para o Leste, vetando a incorporação da Geórgia como novo Estado-membro da organização. Foi exatamente naquele momento que a Rússia demonstrou, pela primeira vez, a sua decisão e a sua capacidade militar de se opor ou de vetar o arbítrio unilateral dos Estados Unidos dentro da nova ordem mundial do século XXI. Anos depois, em 2015, a Rússia deu um novo passo nessa mesma direção, quando interveio, na Guerra da Síria (2011-2019), sem consultas prévias e sem subordinação a nenhum outro comando que não fosse o de suas próprias Forças Armadas. Com a sua intervenção militar na Síria, a Rússia já não estava se propondo apenas a vetar decisões e iniciativas estratégicas dos Estados Unidos e da Otan; impôs, pelas armas, o seu direito de também arbitrar e intervir nos conflitos internacionais, mesmo que fosse contra os mesmos inimigos, e a partir dos mesmos valores defendidos por europeus e norte-americanos. E, a partir de 2013, em particular depois do início da presidência de Xi Jinping, a China também assumiu plenamente o projeto de afirmação de sua hegemonia militar regional, no Estreito de Taiwan e no Mar do Sul do Pacífico, anunciando a decisão de ser uma potência militar global até o ano de 2050.

O território e o armamento desses três países são gigantescos; eles controlam, em conjunto, cerca de um quarto da superfície territorial do mundo e mais de um terço da população global, e já não admitem mais invasões ou conquistas do tipo clássico. Por isso, a sua luta deve se deslocar para os territórios periféricos do sistema e para os espaços e fluxos sem fronteiras por onde circulam os recursos e a energia do sistema interestatal capitalista, onde deve assumir a forma de uma "guerra híbrida" quase permanente, travada em vários pontos simultaneamente, com mudanças súbitas e inesperadas de cenário, e com alianças cada vez mais instáveis, como se todo mundo fosse reproduzir no futuro, e em escala planetária, o que foi a história da formação da própria Europa.

De qualquer maneira, essa competição subterrânea e contínua entre os "três gigantes" deverá promover um dos saltos tecnológicos mais espetaculares de toda a história. E, uma vez mais, como sempre ocorreu ao longo dos anos, esse salto tecnológico deverá ser liderado pela pesquisa e pela inovação da indústria bélica, envolvendo uma mudança na matriz energética que move, atualmente, a infraestrutura militar desses países e de todo o mundo. Não será uma guerra, mas uma longa "preparação para a guerra", uma guerra que talvez nunca ocorra explicitamente, mas que será travada de forma oculta, em todos os planos, na terra, no mar, no ar, no mundo submarino e no espaço sideral. Muito provavelmente, será um desses momentos em que a humanidade cruzará uma das "fronteiras" que alguns analistas chamam de "ponto de singularidade". Ray Kurzweil, por exemplo, "prevê que o crescimento da capacidade tecnológica envolvendo computadores, robótica e biotecnologia alcançará um ponto 'tendente ao infinito', entre 2029 e 2045, o que significaria que as inteligências artificiais teriam superado as capacidades de todos os humanos combinados; a partir daí, a biologia humana e a máquina fariam parte de um mesmo complexo, sem que se pudesse distinguir onde um começa e o outro termina".

Referência

KURZWEIL, R. *The singularity is near*. Nova York: Viking Books, 2005.

Os europeus temem a superioridade dos russos e uma crise energética[52]

Você acredita que a invasão da Ucrânia pode, de fato, descambar para uma guerra de maiores proporções, envolvendo outras nações europeias ou mesmo os Estados Unidos?

Depois que uma guerra começa, é muito difícil prever até onde irá e quando terminará, a menos que exista um perdedor, claro. Nesse caso, dependerá muito do objetivo imediato e da velocidade da operação militar russa. Mas, no momento, parece pouco provável uma guerra mundial envolvendo as grandes potências do sistema, uma espécie de terceira guerra mundial. Os países europeus e a própria Organização do Tratado do Atlântico Norte (Otan) não têm capacidade militar suficiente para enfrentar a Rússia neste momento, e os Estados Unidos saíram muito divididos e fragilizados – interna e externamente – da sua recente humilhação militar no Afeganistão e da política de suas "intervenções militares" com o objetivo de mudar os governos ou os regimes da Líbia, do Iraque, da Síria, do Yemen e do próprio Afeganistão. Para não falar da "insuficiência" de suas sanções econômicas contra o Irã, a China e a própria Rússia.

O que Putin pretende exatamente? O problema central é a expansão da Otan ou também existe uma pretensão expansionista?

A história da Rússia começa em Kiev, por volta de 800 d.C., e, nesses longos séculos, o território atual da Ucrânia pertenceu à Rússia, e, depois, à Polônia, à Lituânia, à Áustria e, finalmente, de novo à Rússia e à União Soviética, no século XX. Na verdade, a Ucrânia só se transforma numa república por obra da Revolução Bolchevique de 1917, e vira um estado nacional autônomo em 1991, como parte da "punição" imposta à Rússia depois da derrota soviética na Guerra Fria. Neste

---

52. Entrevista concedida ao jornalista Rodrigo Martins, da revista *Carta Capital*, em 24 de fevereiro de 2022.

momento, os russos estão questionando a expansão da Otan sobre a Ucrânia, mas sobretudo estão se propondo a modificar os termos desse "acordo de paz" que lhe foi imposto na década de 1990. Desse ponto de vista, da história de larga duração dos povos, é possível até dizer que o território ucraniano tem uma relação mais longa e mais estreita com a Rússia de Ivan III e IV, e com o Império dos Romanov, do que a relação de Taiwan com a China continental, que só se estreitou depois do século XVII. Mesmo assim, não creio que o objetivo atual da Rússia seja anexar a Ucrânia, muito menos se expandir para além do seu território atual. Mas não há dúvida de que a Rússia está se propondo, agora, pela via das armas, a fazer o que havia proposto pela via diplomática: neutralizar, militarmente, a Ucrânia e rever parte de suas perdas impostas pela sua derrota do fim do século passado.

O que esperar da China em meio a esse conflito? Quais pistas podem ser extraídas da "carta aos povos do mundo", divulgada no início de fevereiro de 2022 pelos governos de Moscou e Pequim.

Creio que a China manterá a sua defesa da paz e da soberania dos estados nacionais, mas, ao mesmo tempo, prestará a sua solidariedade e o seu apoio à reivindicação russa de segurança de sua fronteira ocidental e de suspenção do expansionismo bélico e catequético dos Estados Unidos e da Otan, que é, na verdade, um braço armado norte-americano.

Enquanto Biden encampa um discurso agressivo contra a Rússia, as potências europeias – à exceção do Reino Unido, um tanto submisso aos desígnios de Washington – demonstram certa cautela em relação ao conflito na Ucrânia. Qual é o principal temor dos europeus?

Em primeiro lugar, os europeus temem a superioridade militar dos russos com relação a todos os seus exércitos nacionais. De um ponto de vista estritamente realista, os europeus sabem que são, hoje, um protetorado atômico dos Estados Unidos, e, no caso da Alemanha, um país que ainda está, literalmente, ocupado por tropas e armamentos americanos. Em segundo lugar, os europeus têm uma dependência energética muito grande do petróleo e do gás russos – mais de 40% do gás consumido pelos europeus vem da Rússia. E, apesar das declarações ribombantes de alguns líderes europeus, em particular os alemães, a Europa não tem como substituir a energia russa a curto e médio prazos. E, se forem obrigados pelos americanos a cortar os seus "laços energéticos" com a Rússia, terão de enfrentar, de imediato, racionamento, inflação, perda de competitividade e, muito provavelmente, revoltas sociais de uma população que já foi atingida de maneira pesada pelos efeitos da pandemia de covid-19. Sobretudo porque a Rússia deverá responder às sanções das potências ocidentais, e os europeus serão atingidos de forma mais imediata caso a Rússia suspenda, por exemplo, a exportação de alimentos ou de minérios, atingindo a população e as empresas da Europa. Sem contar a capacidade muito superior dos russos de fazer ciberataques a empresas e instituições governamentais europeias, se, por acaso, a Rússia decidir responder às sanções econômicas e financeiras que estão sendo anunciadas sem ter muito em conta a resposta que receberão dos russos. É um quadro muito complicado e indefinido para todos, mas, com certeza, o lado mais frágil é o dos europeus, a médio prazo.

Estamos assistindo ao declínio do Ocidente? As sanções e as ameaças feitas pelos Estados Unidos e pelas potências europeias parecem ter sido solenemente ignoradas pelo governo russo, enquanto os chineses acompanham tudo a distância, fazendo ouvidos moucos...

O historiador e filósofo alemão Oswald Spengler (1880-1936) anunciou o "declínio do Ocidente" logo depois do fim da Primeira Guerra Mundial, e vários outros autores bateram nessa mesma tecla ao longo do século XX, incluindo os autores que discutiram a "crise da hegemonia americana" nas décadas de 1970 e 1980. Mas eu repito aqui o que já disse em outra entrevista: esses processos históricos são lentos e passam por caminhos muito sinuosos. Às vezes, avançam; outras vezes, recuam. Nesse caso, houve uma aceleração do tempo histórico nessas duas últimas décadas, em particular, desde o momento em que a Rússia voltou à condição de segunda maior potência militar do mundo, enquanto a China decidiu acelerar a modernização de sua Marinha e de sua capacidade balística, além de começar o seu grande projeto de construção e incorporação de mais de sessenta países ao redor do mundo, no seu *Belt and Road*. Na verdade, se você quiser simplificar esse processo mais recente, poderíamos dizer que a grande inflexão aconteceu quando a Rússia interveio na Guerra da Geórgia, em 2008, dizendo um "basta" à expansão da Otan, e, depois, interveio na Guerra da Síria, em 2015, por sua própria conta e obedecendo ao seu próprio comando. Com pleno sucesso militar, e deixando claro que já existia no mundo uma potência com capacidade de arbitrar, sancionar e punir por sua própria conta, mesmo que fosse – como nesse caso – em nome de valores e objetivos buscados também pelas "potências ocidentais", como era derrotar o chamado Estado Islâmico. Mas não há dúvida de que essa inflexão acelerou ainda mais no momento em que a China de Xi Jinping colocou sobre a mesa os seus objetivos estratégicos para as próximas décadas e, ao mesmo tempo, chamou o Ocidente a respeitar o fato de que, agora, existem múltiplas culturas e civilizações dentro do mesmo sistema interestatal em que todos estão. A "declaração" da Rússia e da China, do dia 7 de fevereiro de 2022, consagra essa convergência e anuncia o fim do poder e da ética mundial unipolar imposta pelo Ocidente nos últimos trezentos anos da história do sistema mundial. Assim mesmo, uma coisa que chama a atenção nessa "carta aos povos do mundo" da Rússia e da China é a defesa do que eles chamam de valores da liberdade, da igualdade, da paz e da democracia, respeitando-se a visão de cada povo com relação a cada uma desses "valores" que eles também chamam de universais.

A volta de Lula é um alento para a América Latina e para um mundo em transe[53]

Como você enxerga o papel do Brasil sob o novo governo Lula na geopolítica internacional?

Neste momento, há dois consensos internacionais que são importantes para responder à sua pergunta. O primeiro é que o mundo está numa transição extremamente tensa e turbulenta, que deverá durar – pelo menos – durante toda a primeira metade do século XXI: com o fim da ordem internacional do pós-Guerra Fria, há uma ascensão da Ásia ao centro do tabuleiro econômico e geopolítico mundial, paralelamente ao declínio da hegemonia ética e cultural do mundo eurocêntrico no sistema internacional e ao questionamento cada vez mais ostensivo do poder militar global dos "povos de língua inglesa". O segundo é que o "mundo ocidental" carece de governantes com a liderança indispensável para atravessar essa "zona de turbulência". Ainda é impossível prever se essa transição se dará por meio de uma reforma e uma negociação prolongada, ou se envolverá uma nova "guerra hegemônica", mas certamente serão tempos muito difíceis. Nesse contexto, o retorno de Lula ao governo brasileiro e ao cenário internacional é um alento não apenas para a América Latina, mas para todo o mundo, por sua experiência acumulada, seu carisma e sua enorme visão e capacidade estratégica. Um retorno que assume um destaque ainda maior quando se vê contrastado com o que passou com o Brasil nesses últimos quatro anos de desgoverno e isolamento internacional. A presença de Lula dentro do sistema internacional vai muito além de tudo isso, mas não há dúvida de que a sua figura cresce frente ao mundo por haver conseguido derrotar uma coalizão de forças de extrema-direita encasteladas no Estado e nas For-

---

53. Entrevista concedida aos jornalistas Pedro Camarão e Alberto Cantarice, da revista *Focus*, da Fundação Perseu Abramo, em 19 de novembro de 2022.

ças Armadas que usou todos os instrumentos do poder e do dinheiro sob controle do governo. Além disso, a vitória de Lula culminou, de certa forma, num conjunto de vitórias das forças progressistas e de esquerda nos principais países do continente, permitindo pensar na possibilidade de formação de um bloco regional de poder que ampliará em muito o volume da voz e da presença brasileira no cenário internacional. A partir daí, o mais provável é que o Brasil, com o governo de Lula, possa retomar a sua posição, mesmo entre as grandes potências do sistema, como uma nova grande potência pacificadora, credenciada, inclusive, pelo seu passado sem guerras nos últimos cento e cinquenta anos. Mas, como eu disse num artigo que escrevi recentemente, nesse ponto, não há como se enganar: ao propor ascender dentro do sistema internacional, terá que questionar, inevitavelmente, o *status quo* e os grandes acordos geopolíticos em que se sustenta a atual ordem ou desordem internacional. Como disse Norbert Elias (1993, p. 134), dentro desse sistema interestatal, "quem não sobe cai", mas, ao mesmo tempo, há que ter claro e estar preparado, porque "quem sobe" deverá ser bloqueado e submetido a todo o tipo de sanções por não se submeter à vontade dos donos do poder global. Como aconteceu no caso brasileiro, com os golpes de estado de 1964 e de 2015/2016, que contaram com a participação decisiva dos nossos militares e com o apoio externo dos Estados Unidos. Por isso mesmo, para o Brasil assumir essa nova política externa e aumentar os seus graus de autonomia internacional, "terá que desenvolver um trabalho extremamente complexo de administração de suas relações de complementariedade e competição permanente com os Estados Unidos, sobretudo, e também – ainda que seja em menor grau – com as outras grandes potências do sistema interestatal. Caminhando através de uma trilha muito estreita e durante um tempo que pode prologar-se por várias décadas. Além disso, para liderar a integração da América do Sul e o continente latino-americano dentro do sistema mundial, o Brasil terá que inventar uma nova forma de expansão continental e mundial que não repita a 'expansão missionária' e o 'imperialismo bélico' dos europeus e dos norte-americanos" (FIORI, 2010, *on-line*).

Qual é a contribuição para a multipolaridade? Forçar a mão para ampliar o Conselho de Segurança da Organização das Nações Unidas (ONU)?

O alinhamento natural do Brasil ao lado do bloco latino-americano e junto à comunidade das nações africanas, além de sua participação no BRICS, apontam na direção da multipolaridade e abrem portas para o exercício de uma "neutralidade ativa" no atual cenário internacional. Uma posição favorecida pela proximidade histórica do Brasil com os Estados Unidos, pela sua "afinidade genética" com a maior parte dos países da União Europeia e devido às grandes ondas migratórias que chegaram no país, também com os países árabes e com o Japão. Esse amplo espectro das relações do país candidatam o Brasil para ocupar uma posição e dar uma contribuição importante no processo em curso de definição das novas normas e de construção das novas instituições que deverão ordenar e reger a ordem internacional durante o século XXI. Com relação ao seu ponto, não é improvável que a evolução dos acontecimentos permita um consenso em torno da reformulação do Conselho de Segurança das Nações Unidas, mas, com certeza, isso não deve ser um ponto central da agenda externa do Brasil, porque as próprias Nações Unidas e todas as suas instâncias atuais estão paralisadas e perderam capacidade decisória; mais do que isso, perderam relevância e protagonismo eficaz neste momento de "desconfiguração" da geopolítica internacional.

A disputa entre a China e os Estados Unidos pode acabar se tornando uma oportunidade de desenvolvimento para o Brasil, uma vez que estadunidenses e europeus não querem mais depender totalmente da indústria chinesa?

Todas as grandes crises internacionais, envolvendo as grandes potências do sistema mundial, são oportunidades raras para os demais países com projetos nacionais e internacionais expansivos. É nesses momentos que os países que alguns chamam de "semiperiféricos" logram abrir espaços e avançar os seus projetos de mudança e escalada dentro das hierarquias mundiais de poder e riqueza. E também podem ser momentos em que outros tantos países naufragam e retroagem inapelavelmente, perdendo o "bonde da história" e caindo em estados profundos e prolongados de letargia econômica e destruição social. O que estamos vivendo neste momento é uma grande transformação mundial, que tem muito a ver, mas que não se restringe à disputa e à competição entre os Estados Unidos e a China. A Guerra da Ucrânia é, em última instância, uma disputa pela hegemonia militar dentro da Europa, e já logrou acelerar o processo de desmonte da União Europeia tão bem costurado pelas forças conservadoras europeias depois do fim da Segunda Guerra Mundial. São cada vez mais transparentes as disputas e os conflitos entre a Polônia e a Alemanha, entre a Itália e a França, e, também, entre a própria União Europeia e a Inglaterra. O declínio e a agressividade dos ingleses são cada vez maiores, e o projeto econômico da unificação está sendo minado pelas sanções econômicas americanas e europeias contra a Rússia. Essa será uma destruição profunda e prolongada, que vai afetar todo o chamado "mundo ocidental" e, portanto, também o Brasil. Por outro lado, o mundo árabe e todo o Oriente Médio estão se descolando do G7 e aproximando-se cada vez mais do sistema de alianças políticas e econômicas eurasianas. E é visível o avanço da extrema-direita na Europa, como na Hungria e na Polônia, e, agora, também, na Suécia, na Itália e na própria

França, no espaço aberto pelas antigas forças conservadoras e pela própria desidratação quase completa da social-democracia europeia. E, por cima de tudo isso, o que se assiste é a ascensão cada vez mais nítida da importância eurasiana e da liderança regional da China, que projeta o seu poder econômico pelo mundo inteiro, já sendo a primeira e a segunda maior parceira econômica de todos os países latino-americanos. Portanto, retomando a sua pergunta, não há dúvida de que vivemos um momento de grande oportunidade para o Brasil, mas, ao mesmo tempo, deve-se ter presente que essa crise e essa transformação deverão ter como consequência imediata uma desaceleração da economia mundial: em 2023, a Europa deve entrar em recessão ou estagnar, e o mesmo deve ocorrer nos Estados Unidos; e a própria China deve reduzir a sua demanda global de matérias-primas. Portanto não há "milagres econômicos" à vista, e a pressão distributiva deverá se intensificar em cima de orçamentos apertados e restringidos pelas baixas taxas de crescimento das próprias economias latinas.

A América Latina tem, no momento, muitos países que estão ou serão governados por grupos de esquerda, centro-esquerda e centro. Trata-se de uma oportunidade única para o desenvolvimento da região e também para criar mecanismos mais fortes de cooperação?

Com certeza, trata-se de uma oportunidade excepcional, mas não única. Sem que exista uma explicação convincente, a história da América Latina se caracteriza por grandes movimentos conjuntos e sincrônicos. Foi assim no século XIX e acentuou-se no século XX, depois das redemocratizações do pós-Segunda Guerra Mundial, e no momento das ditaduras militares dos anos 1960 e 1970. O mesmo voltou a acontecer com as novas redemocratizações dos anos 1980; com a onda neoliberal dos anos 1990; com a "virada à esquerda" do início do século XXI; e, à direita, na segunda década do século; e, agora, de novo, "à esquerda". Ao mesmo tempo, desde o fim da "era desenvolvimentista", o continente parece mover-se numa gangorra que ora aponta na direção neoliberal, ora na direção contrária, sem que seus principais governos consigam sustentar uma estratégia com sucesso e por um período prolongado. A diferença é que a estratégia econômica neoliberal vem se ligando cada vez mais a um modelo pinochetista associado a forças políticas de extrema-direita e declaradamente fascistas ou nazistas. Por isso, mais do que nunca, urge que essa nova onda de governos progressistas logre definir e levar à frente uma estratégia bem-sucedida de crescimento econômico. E sobretudo, mesmo sem um crescimento acelerado, que consiga implementar com sucesso uma estratégia de guerra econômica contra a desigualdade social, a indigência, a fome e a falta de moradia, saúde e educação que afetam até um terço da população latino-americana. Nessa nova tentativa, a esquerda e as forças progressistas em geral terão de conviver e enfrentar uma sociedade rachada de cima abaixo, extremamente polarizada em termos ideológicos, políticos e até mesmo religiosos. Com economias que se desindustrializaram quase todas, regredindo para um padrão primário-exportador fortemente dependente das flutuações dos mercados internacionais e com uma burguesia empresarial que expande os seus lucros mesmo sem crescimento do Produto Interno Bruto (PIB) e que, por isso mesmo, é cada vez menos sensível a qualquer tipo de projeto nacional e popular de desenvolvimento. Além disso, há que se ter em mente que vivemos um momento em que existem muitas "esquerdas", com posições, muitas vezes, diferentes e até divergente com relação à agenda de desafios que deverá ser enfrentada pelo novo governo brasileiro, e que, sobretudo, não há uma mesma "bússola utópica" capaz de harmonizar as divergências imediatas em nome de um sonho de futuro comum.

É de se prever um retorno do projeto de integração latino-americana que foi sempre apoiado pelos progressistas e descartado pelos conservadores de direita e de extrema-direita. O Brasil deverá aumentar a sua participação e liderar uma reativação dos vários fóruns regionais como a Comunidade dos Estados Latino-americanos e Caribenhos (Celac), a União de Nações Sul-Americanas (Unasul) e o Mercado Comum do Sul (Mercosul). Como já ficou comprovado no passado, até pela facilidade com que a direita os desativou, que esses fóruns são um instrumento importante de construção de consensos e de uma vontade coletiva comum. No entanto, eles padecem da falta de instrumentos eficazes para implementar políticas concretas, inclusive para impedir o seu desmonte nos momentos de mudança de governo. Haverá que se repensar e redefinir o que realmente se pretende alcançar em cada um desses fóruns, fortalecendo um núcleo que assuma a sua vanguarda e a projeção internacional, em que deverão estar, sem dúvida alguma, Brasil, Argentina e México.

Qual é a sua opinião sobre toda a pressão que a "entidade" mercado financeiro vem tentando fazer sobre o presidente eleito Luiz Inácio Lula da Silva, antes mesmo do início do seu governo, utilizando-se dos economistas e dos seus argumentos para justificar a necessidade do "equilíbrio fiscal" que quase sempre favorece os interesses do próprio mercado financeiro? E o que você acha do recente debate entre esses economistas e o grupo dos desenvolvimentistas?

Essa é uma discussão muito antiga e recorrente. Eu quase diria que os argumentos são quase sempre os mesmos há muitos séculos, sem que jamais se possa chegar a um acordo, uma vez que não se trata de um debate acadêmico ou teórico. Trata-se de uma decisão prática que deve ser tomada em função das condições conjunturais. As mesmas políticas econômicas podem ter resultados completamente diferentes, em distintos momentos históricos, dependendo da posição hierárquica que seu país ocupe no sistema de poder internacional. E, muitas vezes, não há como conciliar, nem é possível montar um jogo de soma positiva, sendo necessário fazer escolhas em que haverá ganhadores e perdedores. No Brasil, esse debate começou há muito tempo, já na segunda metade do século XIX, com a discussão entre os "metalistas" e os "papelistas", e as suas diferentes visões a respeito da "neutralidade da moeda". Uma discussão que antecipa o debate brasileiro do século XX entre monetaristas, liberais e ortodoxos, e desenvolvimentistas, protecionistas ou keynesianos, que começa logo depois da Segunda Guerra Mundial, entre Eugenio Gudin e Roberto Simonsen. E a ladainha é quase exatamente a mesma desde então, tanto de um lado quanto de outro. Vargas, inclusive, inaugurou uma solução prática para estimular a convivência entre esses dois grupos, que, depois, foi repetida por vários outros governos, colocando um "monetarista" ou "fiscalista ortodoxo" no Ministério da Fazenda e um "desenvolvimentista" ou "keynesiano" na presidência do Banco do Brasil e, depois de sua criação, no Ministério de Planejamento.

Pode-se mesmo dizer que essa divergência é mais do que secular – é milenar. Apesar disso, parece que ninguém consegue aprender que esse não é um debate acadêmico e não existem verdades absolutas em matéria de política econômica, porque qualquer decisão que seja tomada envolverá sempre uma arbitragem fundamentalmente política, e que tem que ser feita pelos governos em função de seus objetivos estratégicos e dos interesses que se proponham a defender ou priorizar. Para isso existem as eleições, para fazer escolhas muitas vezes dolorosas e dramáticas. Basta dizer que o senhor Paulo Guedes "furou o tal do teto de gastos" (que é uma invenção absolutamente original e brasileira) em cerca de R$ 400 bilhões e ninguém protestou, nem na Avenida Faria Lima, nem entre os economistas de plantão defensores do "bom-senso fiscal". Porém agora, com o simples anúncio de uma política social aprovada pelo povo brasileiro, já começou a gritaria dos "bons moços de Davos". A respeito desse assunto, sempre conto para os meus alunos uma história muito antiga e paradigmática: a disputa política entre o Imperador chinês Yung-Lo, que reinou entre 1403 e 1424, e o seu Ministro da Fazenda, Hsia Yüan-Chi.

Yung-Lo foi um dos imperadores chineses com maior visão estratégica e expansionista de toda a história da China. Foi ele que concluiu as obras do Grande Canal comunicando o Mar da China e a antiga capital Nanquim, com a região mais pobre do norte do império, e decidiu construir uma nova capital, que veio a ser Pequim. Um gigantesco projeto "desenvolvimentista" que mobilizou e empregou, durante muitos anos, milhares de trabalhadores, artesãos, soldados e arquitetos. Além disso, Yung-Lo se propôs a estender a hegemonia chinesa – política, econômica e cultural – em todas as direções, por meio de todas as fronteiras territoriais da China, e também na direção dos Mares do Sul, do Oceano Índico, do Golfo Pérsico e da Costa Africana. Foi durante o seu reinado que o Almirante Cheng Ho liderou seis grandes expedições navais que chegaram até a costa da África, no momento em que os portugueses estavam recém-chegando a Ceuta. Durante todo o seu reinado, as políticas "desenvolvimentistas" e expansionistas do Imperador Yung-Lo enfrentaram a oposição declarada de uma parte do mandarinato e das elites chinesas lideradas pelo seu próprio Ministro da Fazenda, Hsia Yüan-Chi, um crítico ferrenho do excesso de gastos do império e defensor implacável do "equilíbrio fiscal". Por isso, o Imperador Yung-Lo mandou prender o seu ministro da Fazenda em 1421, mas morreu pouco depois, e o novo imperador, Chu Kao-Chih, recolocou no ministério das finanças o antigo ministro, o qual interrompeu todas as obras e expedições expansivas de Yung-Lo em nome do "corte de gastos" e da "responsabilidade fiscal". Foi assim que o Império Ming perdeu o seu fôlego expansivo e fechou-se sobre si mesmo, caindo no isolamento quase total durante quase quatro séculos. Como disse um historiador inglês, "para levar à frente, naquele momento, a estratégia expansionista de Yung-Lo, teria sido necessária uma sucessão de líderes com a sua mesma visão vigorosa e estratégica, a visão de um construtor de impérios que não teve seguidores" (MOTE; TWITCHETT, 1988, p. 275). Mas não foi o que aconteceu, e, por isso, não é inteiramente absurdo pensar que a China acabou atrasando em quinhentos anos o seu projeto atual de projeção de influência e poder, graças à obsessão cega pelo "equilíbrio fiscal" do Ministro da Fazenda Hsia Yüan-Chi, um autêntico economista "ortodoxo" *avant la lettre*.

O mundo viu ascender, nos últimos anos, um movimento de extrema-direita muito forte, baseado em ideias conspiracionistas, que apela para as questões mais imediatistas da população e, principalmente, que utiliza informações falsas ou que distorcem a realidade. O fortalecimento desses grupos se deu, especialmente, por meio das plataformas digitais. Esses movimentos têm se consolidado, e, por exemplo, Donald Trump pode tentar voltar ao poder nos Estados Unidos. Na sua perspectiva, que passos devem ser seguidos para esvaziar essa extrema-direita?

Você tem razão, trata-se de um verdadeiro tsunami que vem crescendo há, pelo menos, duas ou três décadas e que, agora, está alcançando um nível de mobilização e agressividade sem precedentes. Em grande medida, isso ocorre pelas razões que já mencionamos: mudanças mundiais, fracasso das promessas da globalização econômica e perda de sintonia das forças progressistas, e da social-democracia em particular, com o futuro das novas gerações, e dos "condenados da terra" em geral. É um movimento que vem explodindo em vários lugares e países, de distintas maneiras, mas com um grande denominador comum, profundamente reacionário, contra todas as forças consideradas representantes do "sistema" ou do *status quo* nacional e internacional. Esse impulso esteve presente nos Estados Unidos de Donald Trump, mas começou muito antes, em Israel, passou pelo Brexit e está presente também na Rússia de Putin, assim como na Polônia, na Hungria, na Suécia, na Itália etc. Aqui se encontra, aliás, mais uma razão da importância do que está se passando na América Latina, o único lugar do mundo onde o descontentamento e a fadiga social dominante no "mundo ocidental e cristão" estão sendo capitalizados eleitoralmente pelas forças políticas de esquerda, centro-esquerda e progressistas em geral. Talvez até seja a razão pela qual essas figuras e militantes da extrema-direita mundial tenham escolhido a América Latina – em particular, o México – para realizar essa reunião imediatamente depois de sua derrota eleitoral no Brasil.

A Conferência Política de Ação Conservadora acaba de se reunir por dois dias no México, tutelada por Steve Bannon e reunindo líderes como Jose Kast, do Chile; Javier Milei, da Argentina; Santiago Abascal, da Espanha; Eduardo Bolsonaro, do Brasil; e Eduardo Verástegui, do México. Todos eles reunidos com ativistas de todos os lados, católicos, antiabortistas, antifeministas e contrários aos direitos da população LGBT, além de serem todos, evidentemente, anticomunistas. Os principais oradores do encontro foram o próprio Steve Bannon e Lech Walesa, para que se possa avaliar a extensão da onda que deverá ser enfrentada na própria América Latina. Deverá ser uma batalha longa e inusitada, porque a própria esquerda latino-americana nunca combateu um inimigo dessa natureza, uma batalha política e ideológica, uma verdadeira guerra cultural entre a "modernidade iluminista", ou alguns de seus herdeiros críticos, e essa "pós-modernidade medieval" obscurantista, religiosa, fanática e admiradora da violência. Quase diria que a esquerda terá que reler e repensar a mensagem crítica de Paulo Freire para inventar novos caminhos de mobilização, educação e conscientização coletiva, ou mesmo massiva. Por antigo que possa parecer, uma espécie de reinvenção dos antigos centros de cultura, conscientização e mobilização popular dos anos 1960, incluindo, agora, as redes instantâneas de comunicação postas à disposição da pedagogia da liberdade. Talvez não seja sem razão o ódio que o nome de Paulo Freire provoca entre figuras extremamente toscas e ignorantes, como se fosse uma reação quase instintiva frente a algo que os ameaça e assusta.

Referências

ELIAS, N. *O processo civilizador*. Rio de Janeiro: Jorge Zahar Editor, 1993. Vol. 2.

FIORI, J. L. A inserção internacional do Brasil e da América do Sul. *Vermelho – A esquerda bem-informada*, 2010. Disponível em: https://vermelho.org.br/2010/02/11/fiori-a-insercao-internacional-do-brasil-e-da-america-do-sul/. Acesso em: 13 fev. 2023.

MOTE, F. W.; TWITCHETT, D. *The Cambridge History of China*. Cambridge: Cambridge University Press, 1988. Vol. 7.

Conecte-se conosco:

f facebook.com/editoravozes

⊙ @editoravozes

🐦 @editora_vozes

▶ youtube.com/editoravozes

🟢 +55 24 2233-9033

www.vozes.com.br

Conheça nossas lojas:

www.livrariavozes.com.br

Belo Horizonte – Brasília – Campinas – Cuiabá – Curitiba
Fortaleza – Juiz de Fora – Petrópolis – Recife – São Paulo

  Vozes de Bolso

EDITORA VOZES LTDA.
Rua Frei Luís, 100 – Centro – Cep 25689-900 – Petrópolis, RJ
Tel.: (24) 2233-9000 – E-mail: vendas@vozes.com.br